KB138780

25주년 기념 전면개정판
80/20 법칙

일러두기 • 이 책에서 도표는 부 단위로, 주석은 장 단위로 번호를 새로 매겨 표기하였다.

THE 80/20 PRINCIPLE (4TH EDITION)

This revised 4th edition published by Nicholas Brealey Publishing in 2022
An imprint of John Murray Press
A division of Hodder & Stoughton Ltd,
An Hachette UK company

First published in 1997
Copyright © Richard Koch 1997, 1998, 2007, 2017, 2018, 2022
The right of Richard Koch to be identified as the Author of the Work has been asserted
by him in accordance with the Copyright, Designs and Patents Act 1988.

25주년 기념 전면개정판

THE 80/20

80/20 법칙

리처드 코치 지음 | 공병호 옮김

21세기북스

우리 시대의 마르쿠스 아우렐리우스,

팀 페리스에게 이 책을 헌정한다.

불변의 법칙을 이용한 인생 승리법

'80/20 법칙'은 삶과 사업 등 거의 모든 현상을 관통하는 불변의 법칙이다. 잠시 스쳐 지나가고 마는 유행이 아니라는 것이다. 사회가 어떻게 변화든, 기술 혁신이 어떻게 이루어지든, 사업의 생각과 선호가 어떤 변화를 경험하든지에 관계없이 '80/20 법칙'은 불변의 진리다.

투입의 20%가 성과의 80%를 낳는다는 이 법칙을 제대로 이해할 수 있다면 시간관리(리처드 코치는 '시간혁명'이라고 말한다)나 자기관리 그리고 인맥관리 등을 통한 성과 만들기는 물론 세일즈 및 마케팅 등 경영 성과의 극대화를 이루는 데도 도움을 받을 수 있다. 또한 행복이나 건강처럼 우리의 일상을 구성하는 많은 부분에서 효과를 거두는 것도 가능해진다. 눈썹이 휘날릴 정도로 이런저런 활동에 시간과 에너지를 투입하고 있는 사람이라면 반드시 '80/20 법칙'을 새겨봐야 한다. 경영자가 이 법칙을 배우고 이해하며 실천한다면 기업 운영에서도 큰 변화를 성취할 수 있을 것이다. 주목할 만한 점은 세상의 변화라는 측면에서 바라봤을 때면 '80/20 법칙'의 위치가 더욱 견고해지고 있다는 것이다. 기술 변혁과 온라인 세계의 약진은 이 법칙의 가치를 더욱 더 확실하게 만들어주고 있다.

자기계발서는 제품의 수명주기가 무척 짧은 상품이지만 리처드 코치의 『80/20 법칙』은 여전히 영향력을 발휘하고 있다. 이번에 출간된 이 책은 『80/20 법칙』이 출간된 이후 지난 25년 동안 일어났고, 일어나고 있는 중요한 변화의 많은 부분을 감안하여 반영되었다. 시대의 흐름과 기술의 발전을 통해 눈여겨봐야 하는 네 개 장을 꼽자면 다음과 같다.

첫째, 10장은 '80/20 법칙'을 적극적으로 활용하기 위한 의식과 무의식의 활용법을 다룰 텐데, 독자들은 특히 잠재의식과 '80/20 법칙' 활용 사이에 깊은 상호관계가 있음을 확인할 수 있을 것이다. 둘째, 17장에서는 아마존과 이베이, 페이스북 등 세상을 네트워크로 묶는 시대적 변화를 반영하여 네트워크 시대와 사업의 부상에 따른 80/20 법칙을 재해석한다. 셋째, 18장은 놀랍게도 세상이 80/20 법칙을 넘어 점점 90/10 혹은 99/1로 변모해가고 있다는 사실을 알려줌과 동시에, 불편한 진실이긴 하지만 10% 혹은 1%가 각각 90%와 99%를 차지하는 이유와 원인을 이해하도록 돕는다. 이런 시대 변화에 발맞춰 승리하는 쪽에서려면 우리는 무엇을 준비해야 하는지에 대한 아이디어를 얻을 수 있을 것이다. 넷째, 19장은 성공과 실패, 개인적 충만감과 분노, 행복과 불행의 차이를 만드는 다섯 가지 규칙을 정리해서 제시한다.

자기계발서 분야에서 25주년 기념 개정판을 내는 일은 대단히 예외적인데, 이는 그만큼 '80/20 법칙'의 위력이 시대와 무관하게 날로 강해지고 있다는 사실을 나타내주는 것이기도 하다. 이 책을 통해 '80/20 법칙'이 확대 적용될 수 있는가를 확인한 독자라면 다시 한 번 '80/20 법칙'의 재해석과 적용에 깊은 관심을 갖지 않을 수 없을 것이다.

공병호

여전히 유효한 80/20 법칙

2020년 말, 나는 팀 페리스 쇼에 출연하는 흥미로운 경험을 했다. 두 시간 반이 넘는 긴 인터뷰는 난생처음이었지만 매우 즐겁고 영광스러운 시간이었다. 방송 후에 여러 청취자께서 보내주신 피드백도 무척 고마웠다. 반농담조로 나는 내 인생이 팀 페리스 쇼에 출연하기 전과 후로 나뉜다고 말한다. 덕분에 멋진 투자 기회를 만나고 새로운 우정을 쌓았으며, 99.99%의 제안서와 초대장을 거절하는 것이 얼마나 중요한지 다시금 깨달았기 때문이다. 내가 쓴 책들, 특히 이 책의 판매량도 엄청나게 늘어났다.

이 책은 이미 수백만 부가 팔렸기 때문에 출간된 책을 완전히 다시 쓰는 새로운 시도를 해보는 것도 의미가 있겠다고 생각했다. 다시 쓰는 작업은 새 책을 쓰는 것만큼 시간이 오래 걸리지는 않았지만, 더 어려웠다. 처음부터 나는 새로운 자료를 많이 추가하더라도 책이 더 두꺼워지게 하지는 않으리라 다짐했다. 책을 써본 적이 있다면 책 쓰는 사람들이 얼마나 별스러운지, 책에 들어 있는 단어를 잘라내는 걸 얼마나 싫어하는지 알 것이다. 자식과도 같은 단어들을 덜어내는 일은 몹시 고통스럽다. 고통스러운 건 단어들도 마찬가지라서 난도질에 저항하며 비명을 지른다.

하지만 나는 해냈다. 그 결과 더 읽기 쉽고, 좀 더 명확하고, 훨씬 더 유용한 책이 탄생했다고 믿는다. 이전 판을 구매해 읽어봤다면 비교해서 판단할 수 있겠고, 이 책을 처음 접한다면 나를 믿고 읽으면 될 것이다. 내 친구들과 동료들도 인정했고, 쉽게 만족할 줄 모르는 내가 봐도 이 결과물은 매우 만족스럽다.

한편, 개정 3판의 서문에도 썼듯이 80/20 법칙은 그 법칙 자체로 새로운 반열에 올랐다. 이 책의 출간 뒤 10~20년 사이에 사업 세계와 사회 그리고 우리의 삶에는 정말 큰 변화들이 있었다. 이는 '80/20 법칙'이 어떻게, 또 왜 작동하는지에 대한 이해의 측면에 있어서도 마찬가지였다. 바로 이것이 이번 개정판을 내게 된 이유 가운데 하나다. '80/20 법칙'은 과거부터 지금까지 우리에게 유용함을 더해주었지만 미래에는 성공과 행복을 구하는 사람들에게 필수적인 도구가 될 것이다.

지난 몇 년 동안 어떤 일들이 일어났는가? 간략하게 말하면 다음과 같다.

첫째, 톱다운op-down 방식의 거대 조직이 물러나고 있다. 최소한 높은 성장과 높은 이익률을 만들어내는 능력 면에서 이 조직들은 자신의 자리를 구글, 페이스북, 우버, 아마존, 이베이 등과 같은 네트워크 벤처기업들에게 길을 내주고 있다. 이런 종류의 네트워크와 네트워크 기업이 사회에서 압도적인 우위를 차지하는 시대가 되자 이와 함께 '80/20 법칙'은 더욱 큰 영향력을 발휘하며 일반화되고 있다.

모든 네트워크는 플러스의 피드백 효과를 낳는다. 즉 네트워크가 커지면 커질수록 피드백 효과도 더욱 커지는 것이다. 부유하면 부유할수록 더욱 부유해지고, 유명해지면 유명해질수록 더욱 유명해진다. 영리조직이든 비영리조직이든 상관없이 모든 네트워크 조직은 세상을 더 나은 곳으로 만들어주고 있다.

이번 개정판에서 중점적으로 정리된 17장에서는 네트워크의 개념과 네트워크 사업이 무엇인지에 대해 설명할 것이다. 야심이 있고 생각이 제대로 박힌 사람이라면 누구나 네트워크 사업이나 조직을 위해 일할 수밖에 없는 이유에 대해서도 말하려 한다.

또한 수 세기 동안 우리가 인지해온 80/20 법칙이나 패턴은 점점 더 90/10 혹은 99/1로 접근해가고 있는데, 18장에서는 이런 현상의 원인과 결과를 다루기로 한다.

더불어 이 책은 성공과 실패, 개인적인 충만감과 개인적인 분노, 행복과 불행의 차이를 만드는 결정적인 몇 가지 법칙을 소개할 것이다. 19장에서는 지금도 살아서 작동하고 있는 다섯 가지의 거대한 규칙을 소개하려 한다.

내가 발견한 추가적인 사실이 한 가지 있다. 이는 『80/20 법칙』 초판에는 수록되지 않았던 것인데 이번에 새롭게 준비했다. '당신의 숨겨진 친구'라는 제목의 10장은 우리의 삶에 놀라운 영향력을 행사하는 잠재의식에 대해 다룬다. 이 '숨겨진 친구'는 우리 자신도 모르는 사이에 놀라운 스피드와 임팩트로 작동한다. 잘 훈련된 잠재의식은 당신 삶을 극적으로 바꾸어놓을 것이다. 이 숨겨진 친구를 잘 다루는 일에 큰 에너지가 필요한 것은 아니다. 이 장에서는 당신이 잠재의식을 훈련하는 방법과 다루는 방법을 설명한다.

지금까지 『80/20 법칙』은 36개 언어로 100만 부 이상이 팔렸는데, 나는 개정판이 이 수치를 두 배로 늘려줄 것을 감히 바란다. 『80/20 법칙』을 읽고 호응해준 세계의 모든 독자들에게 감사한 마음을 전하고 싶다.

리처드 코치

THE 80
20

CONTENTS

1부   80/20 법칙이란 무엇인가

80/20 법칙의 본질은 무엇일까? 바로 인생, 사업, 우주와 삼라만상이 불균형하다는 점이다.

우리의 인생은 모두 노력과 성과, 투입량과 산출량, 원인과 결과 사이의 대결이라 할 수 있다. 그런데 이런 대결은 불균형하게 이루어진다. 노력과 성과는 결코 비례하지 않는다. 큰 성과로 이끄는 쉬운 일이 있는가 하면 부진한 성과, 때로는 탐탁지 않은 결과를 불러오는 어려운 일도 있다.

이것이 바로 80/20 법칙의 핵심이다. 훌륭한 성과로 이끄는 방법, 원인, 아이디어, 투입량(즉 시간, 돈, 인력)은 따로 있다. 이 소수의 몇 가지를 제외한 대부분의 방법과 원인, 아이디어, 투입량은 부진한 결과를 가져올 뿐이다. 80/20 법칙의 요점은 훌륭한 성과로 이끄는 몇 가지 방법, 목적, 아이디어, 투입량을 찾아내서 그것만 사용하라는 것이다. 힘든 일은 피하라. 불가능한 일은 하지 마라. 해야 할 일을 신중하게 골라라. 한 번 사는 인생, 멋지게 살아야 하지 않겠는가?

그렇다면 어떻게 그것을 찾아낼 수 있을까? 20%의 투입량이나 작업 방식이 80%의 성과로 이어지는 경우가 많다는 사실을 기준점으로 삼으면 유용하다. 그래서 80/20 법칙이라고 부르는 것이다. 80%로 이끄는 20%를 찾아내라. 이를테면, 대개 우리가 사용하는 시간의 20%가 성과의 80%를 만들어낸다. 여러분이 세운 인생 계획의 20%가 행복의 80%를 가져다준다. 투자금의 20%가 투자수익의 80%를 창출한다. 중요한 20%의 친구와 함께 보내는 시간이 다른 사람들과 보내는 시간보다 수십 배는 가치 있다.

물론 80/20이 늘 정확히 맞지는 않는다. 이 수치는 70/30이될 수도 있고, 90/10 또는 95/5가 될 수도 있다. 하지만 단언하건대, 50의 노력이 50의 결과로 이어지는 경우는 거의 없다.

80/20 법칙은 우리 삶의 거의 모든 곳에, 거의 모든 대상에 적용되지만 이를 곧바로 알아채기란 쉽지 않다. 그러므로 80/20 패턴을 의식적으로 찾아내야 한다. 80/20 법칙으로 인생을 변화시킬 수 있는 주요 영역으로는 목표 달성, 시간 혁명, 인간관계, 영리한 게으름, 돈벌이, 행복, 잠재의식 활용, 네트워크가 있다. 이들 영역에서 핵심이 되는 20%를 찾고 거기에 집중하는 방법에 대해서는 앞으로 차차 설명할 것이다. 여기서 주목할 점은 매우 적은 투입량이 갖고자 하는 거의 모든 것(목표 달성 등)의 성과를 내는 데 결정적인 영향을 미친다는 점이다. 다음의 예를 생각해보자.

- 최고의 성취를 끌어내는 수백 가지 원인 중에 가장 큰 영향을 미치는 원인은 보통 단 아홉 가지뿐이다.
- 행복에 의미 있는 영향을 미치는 친구의 수는 극히 적다.
- 친구 이외에 행복도를 결정할 만한 요소는 다섯 가지뿐이며, 일부나 전체 요소는 얼마든지 통제할 수 있다.

삶과 일에 필요한 주요 투입량 중 일부는 그 자체로 산출량이 되기도 하며, 종종 시너지 효과를 내고, 복합적인 방식으로 존재한다는 흥미로운 연구 결과도 존재한다. 나는 이를 80/20 법칙으로 이어지는 연구를 개척한 경제학자 빌프레도 파레토의 이름을 따서 '파레토 투입량/산출량 법칙'이라고 부른다. 이러한 법칙이 적용되는 영역 즉, 시간, 돈, 경험, 지식, 기술, 통찰력, 뇌 기능, 인간관계, 네트워크, 에너지, 성공, 행복 등에는 하나의 공통점이 있다. 바로 어떤 과정에 필요한 주요 투입량이 곧 주요 산출량이며, 때로는 동일한 과정 내에서 원인이자 결과로 작용할 수 있고, 중요한 한 사건의 결과가 또 다른 사건의 원인이 되기도 한다는 점이다.

원인이자 결과인 돈을 생각하면 이해가 쉽다. 돈은 회사를 차리거나 확장할 때 사용된다. 회사를 운영한 결과로 돈이 많아지지만, 언제나 80/20 법칙에 따른 원인과 결과의 불균형이 존재한다. 창업 기업 중 소수만이 큰 수익을 창출한다. 창업주에게 천문학적인 부를 안겨준 아마존이나 애플 같은 기업 뒤에는 부를 창출하지 못하고 사라져 간 수많은 벤처기업이 존재한다.

성공과 성취도 마찬가지다. 상상을 초월하는 성공과 세상을 바꿀 만한 성취는 극소수가 독차지한다. 때로는 작은 성공이 큰 성공으로 이어지기도 하지만, 보통은 성공의 기회가 희박해질수록 그 기회를 누릴 수 있는 숫자는 급격히 떨어진다.

행복은 근본적으로 경제 현상이 아니므로 상대적으로 균등하게 배분된다. 하지만 행복은 성공의 원인이자 결과고, 인정하고 싶지 않아도 현대사회에서는 돈이 행복을 좌우하는 원인 및 결과가 되기도 한다. 행복한 부모가 자녀도 행복하게 키울 가능성이 크고, 부모가 불행하면 자녀도 불행하게 자랄 공산이 크다. 80/20 법칙의 관점에서 보면 행복 또한 선택할 수 있는 문제다. 높은 수준의 행복에 이르는 원인 몇 가지를 활용해 더 행복해진다면 우리 자신은 물론이고 우리가 삶에서 영향을 미치는 다른 사람들도 줄줄이 행복하게 만들 수 있다. 행복의 연쇄 반응은 눈에 띄진 않지만, 끝없이 이어지기 때문에 80/20 법칙을 이해하는 것은 매우 중요하고 유익하다고 하겠다.

그런 중요함을 강조하는 의미에서 이번 개정판에서는 각 장 앞에 '결과를 바꾸는 20%의 비밀'이라는 짧은 글을 실어놓았다. 다소 길게 느껴질 수 있지만, 이 책 전체를 소개하고 요약하는 글이니 한 번씩 읽어보고 시작하면 좋을 것이다.

이제 80/20 법칙의 잠재력이 무엇인지, 여러분 자신을 포함한 수많은 사람의 삶에 도움이 되는 방향으로 80/20 법칙을 어떻게 활용해야 하는지 알아보도록 하자.

1부

80/20 법칙이란 무엇인가

The 80/20 Principle

1장
성공의 비밀

80/20 법칙은 수시로 바뀌는 자연의 풍경처럼 변덕스러
운 경제 현상을 오랜 세월 동안 지배해왔다. 그러나 이 법
칙은 경험적으로 확인할 수 있을 뿐 아무도 왜 그런지를
설명하지 못한다.

– 조지프 스타인들[1]

결과를 바꾸는 20%의 비밀

· 80/20 법칙은 노력, 투입량, 원인의 작은 부분(약 20%)이 80%의 성과를 이루
  어낸다는 경험칙이다.
· 그러니 노력이나 자원 대부분은 허비되는 셈이다.
· 전체 성과의 80%를 창출하는 20%의 원인을 알면 여러분은 더 적게 일하고,
  삶을 더 즐기면서 훨씬 많은 돈을 벌 수 있다.
· 당신의 고용주가 80/20 법칙을 잘 모른다면 직접 회사를 차리는 게 낫다.

80/20 법칙은 개인의 일상생활을 비롯해, 모든
조직, 모든 사회 집단과 사회 형태에 적용할 수 있으며 또한 반
드시 활용해야만 하는 법칙이다. 이 법칙을 활용하면 개인과 조

직은 물론 사회기관 역시 적은 노력으로 훨씬 많은 것을 얻을 수 있다. 사람들은 효과적으로 일함으로써 행복을 획기적으로 증진하는 것이 가능해지고, 기업을 비롯한 모든 조직은 업무를 효율적으로 개선하여 더욱 많은 이익을 거둘 수 있다. 이 법칙은 비용을 절감하면서 공공 서비스의 질을 높이는 비결도 제시해준다.

이 책은 80/20 법칙[2]을 설명한 세계 최초의 책이다. 나는 이 법칙이야말로 동시대인의 삶을 압박하는 문제를 해결하는 최선책이라는 확고한 신념하에 이 책을 썼다. 나의 이러한 신념은 개인적 경험과 직업적 활동을 통해 형성되고 더욱 강해졌다.

마법의 숫자 80/20

80/20 법칙이란 적은 노력·투입량·원인으로 성과·산출량·결과의 대부분을 이루어내는 것, 쉽게 말해 직장에서 이룬 성과의 80%는 그 일을 위해 투자한 전체 시간의 불과 20%에 의해 성취된다는 것을 의미한다. 따라서 나머지 5분의 4는 거의 성과 없이 허비하는 시간인 셈이다. 이는 보통 사람들이 생각하는 상식이나 도덕률과 상반된다.

이처럼 80/20 법칙에 따르면 원인과 결과, 투입량과 산출량, 노력과 성과 사이에 생기는 불균형의 기준 수치가 바로 80과 20이다. 투입량 중 20%가 산출량의 80%를 만들어내고, 원인 가운데 20%로부터 결과의 80%가 도출되며, 전체 노력의 20%에서 전체 성과의 80%가 만들어진다는 것이 이 법칙의 전형적인 모델이다. [도표 1]은 바로 80/20 법칙의 이러한 점을 보여준다.

80/20 법칙은 비즈니스에서도 입증된다. 전체 제품 중 20%의 품목이 전체 매출액의 80%를 차지하며, 전체 고객의 20%에서 전체 매출의 80%가 발생한다. 또 회사는 모든 품목의 20%, 혹은 전체 구매자의 20%로부터 전체 이익의 80%를 얻는다.

사회적으로 보면 범죄자의 20%가 전체 범죄의 80%에 해당하는 범죄를 저지르고 전체 운전자의 20%가 80%의 교통사고를 일으킨다. 또한 전체 기혼자의 20%는 전체 이혼율의 80%를 구성하는데, 이처럼 여러 차례 결혼과 이혼을 반복하는 사람들은 통계를 왜곡할 뿐 아니라 결혼생활에 대한 부정적 이미지를 만든다.

이 법칙은 가정에도 적용할 수 있다. 옷을 입고 지내는 전체 시간의 80% 동안 우리는 가지고 있는 옷 중 20%만을 입고 있을 것이다. 그리고 집에 설치된 도난 경보기가 잘못 울린 경우의 80%는 20%의 원인 때문에 발생한다.

내연기관 엔진도 80/20 법칙의 적절한 예가 된다. 전체 에너지의 80%는 연소되어 없어지고 20%의 에너지만이 자동차를 움직이는 동력으로 사용된다. 이 경우 전체 투입량의 20%가 산출량의 100%를 만들어내는 것이다.[3]

놀라운 발견 – 파레토의 법칙

80/20 법칙은 지금으로부터 100여 년 전 이탈리아의 경제학

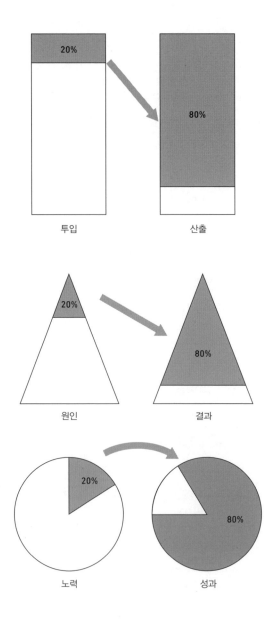

투입 산출

원인 결과

노력 성과

[도표 1] 80/20 법칙

자인 빌프레도 파레토Vilfredo Pareto가 처음 주장한 이후 파레토의 법칙, 파레토의 원리, 80/20 규칙, 최소 노력의 원리, 불균형의 원리 등 수많은 명칭으로 불렸다. 이 책에서는 '80/20 법칙'으로 부를 것이다.

80/20 법칙은 사회에서 중요한 업적을 이루어낸 사람들, 특히 사업가, 컴퓨터광, 고급 엔지니어들에게 지속적으로 영향을 미침으로써 현대 사회를 이룩하는 데 기여했다. 그럼에도 이 법칙은 지금껏 우리 시대의 풀리지 않는 미스터리로 남아 있으며, 80/20 법칙을 알고 있다고 생각하는 전문가조차 이 법칙이 가지고 있는 영향력 중 빙산의 일각만을 이용할 뿐이다.

그렇다면 빌프레도 파레토가 발견한 것은 무엇인가? 파레토는 19세기 영국의 부와 소득의 유형을 연구하던 중 연구자료를 통해 소수의 국민이 대부분의 소득을 벌어들인다는 '부의 불평등 현상'을 발견했다. 이 사실 자체는 그리 놀랄 만한 것이 아니었으나, 그는 이 외에도 매우 의미 있는 두 가지 사실을 발견해냈다. 하나는 인구의 비중과 그들이 소유하고 있는 부 혹은 소득의 비중 사이에는 항상 일관된 수치가 나타난다는 것이다.[4] 즉 전체 인구의 20%가 전체 부의 80%를 차지하고 있다고 볼 때[5] 10%의 인구는 65%의 부를, 5%의 인구는 50%의 부를 차지하고 있었다.

파레토 자신도 매우 흥분했던 또 하나의 발견은 바로 다른 어느 시대, 어느 나라의 자료를 조사해보더라도 이러한 불균형의 패턴이 항상 똑같이 나타난다는 것이었다. 영국의 초기 근대 사회나 동시대의 다른 나라, 혹은 그 이전 시대를 관찰해도 이와 동일한 패턴은 매우 정확하게 반복해서 나타났다.

그렇다면 이 현상은 일시적인 우연의 일치였을까, 아니면 경제와 사회에 엄청난 중요성을 가지게 될 일반 법칙으로 발전시킬 수 있는 발견이었을까? 이 법칙을 부나 소득이 아니라 서로 연관성을 갖는 다른 자료에 적용해도 성립할 것인가? 파레토 이전에는 부, 소득의 분배와 재산소유자의 수처럼 서로 관련된 두 가지 자료를 함께 비교연구한 학자가 없었으므로 파레토는 대단히 혁신적인 연구자가 되었다. 지금은 이런 연구방법이 매우 보편화되었으며, 이 방법을 통해 사업과 경제학도 크게 발전했다.

파레토는 자신의 발견이 중요하다는 것과 광범위하게 적용될 수 있다는 사실을 알았지만 유감스럽게도 이 현상을 제대로 설명하진 못했다. 생애 후기에 그는 무솔리니 파시스트 정권의 강요에 못 이겨 엘리트 계층의 역할을 부각시키는 사회학 이론들을 잇달아 발표했고, 이후 80/20 법칙의 중요성은 한 세대 동안 별 주목을 받지 못했다. 미국 경제학자들을 포함하여 몇몇 학자들이 이 법칙의 중요성을 인식하긴 했지만,[6] 이를 본격적으로 연구하기 시작한 것은 제2차 세계대전 이후 나타난 두 명의 선구자였다.

지프의 '최소 노력의 법칙'

그중 한 명은 하버드 대학의 언어학자인 조지 K. 지프George K. Zipf 박사였다. 지프 박사는 1949년 '최소 노력의 법칙Principle of

Least Effort'을 발표했는데 이것은 사실상 파레토의 법칙을 심도 있게 보강한 것이었다. 그는 사람, 물건, 시간, 기술 등 생산적인 자원은 최소화하도록 스스로 조정하는 경향이 있어서, 자원의 20~30% 정도가 70~80%의 결과를 이루어낸다고 주장했다.[7]

지프 박사는 이러한 불균형이 일관되게 나타난다는 것을 증명하기 위해 인구통계, 문헌, 언어학, 산업활동 등 다양한 자료를 활용했다. 일례로 그는 필라델피아에 있는 20블록 정도의 지역을 설정한 뒤 그곳 거주자들의 결혼증명서 중 1931년 발급된 것들을 조사했다. 그랬더니 그 지역의 30% 내에 살고 있는 사람들끼리 결혼한 경우가 전체의 70%에 이르렀다.

이에 덧붙여 지프 박사는 '사용 빈도가 높은 물건일수록 몸에서 가까운 곳에 두게 된다'는 또 다른 법칙을 이용해 우리가 책상 위에 여러 물건들을 어지럽게 쌓아두는 이유를 과학적으로 설명했다. 유능한 비서라면 자주 사용하는 서류를 분류해서 따로 보관할 필요가 없다는 사실을 알고 있을 것이다.

주란의 '핵심적인 소수의 법칙'

80/20 법칙의 또 다른 선구자는 루마니아 태생의 미국인 엔지니어이자 품질연구의 대가인 조지프 M. 주란Joseph Moses Juran이다. 1950년부터 1990년 사이에 일어난 품질혁신운동의 이론적 기초를 만든 그는 '핵심적인 소수의 법칙Rule of the Vital Few'을 발견했는데, 이는 사실상 파레토의 법칙과 같은 것이었다. 그는 제품의 품질을 높이는 데 이 법칙을 적용하려 했다.

1924년 주란은 벨텔레폰시스템Bell Telephone System사의 제조부문인 웨스턴일렉트릭Western Electric사에서 산업 엔지니어로 사회생활을 시작하여 나중에는 세계 최초의 품질컨설턴트 중 한 명으로 변신했다.

그는 '품질상의 결함을 제거하여 산업재와 소비재의 가치와 신뢰도를 향상하려면 통계적 품질관리 방법과 함께 80/20 법칙을 적용해야 한다'고 주장했다. 그는 1951년 품질관리 분야의 새로운 지평을 연 『품질관리 핸드북Quality Control Handbook』이라는 책을 발간했는데, 이 책에서 80/20 법칙을 다양한 예를 들어가며 극찬하고 있다.

> 파레토라는 경제학자는 나의 품질 저하에 대한 연구결과와 동일한 방식으로 부가 불균등하게 분배되는 현상을 발견해냈다. 또한 범죄자들 사이의 범죄율 분포나 난폭 운전자들 사이의 교통사고 분포 등에도 이런 불균등 현상이 나타난다. 파레토의 불균등한 분포의 법칙은 부의 분배뿐 아니라 품질 저하의 분포에도 적용된다.[8]

그러나 당시 미국의 주요 기업가들은 아무도 주란의 법칙에 관심을 갖지 않았다. 1953년 주란은 일본에 초청 강연을 갔다가 그곳에서 자신의 이론에 귀 기울이는 기업인들을 만났고, 이후 일본에 머물면서 그곳 기업에서 생산하는 소비재의 가치와 품질 향상에 공헌했다. 1970년대 이후 일본의 산업이 미국을 위협할 만큼 성장하자 서구에서도 주란의 이론을 진지하게 받아들이게 되었다. 그는 곧 미국으로 돌아와 일본에서와 같은 방법으로 미국의 산업발전을 위해 일했다. 그러므로 80/20 법칙이야말로 전세계 품질혁명의 중추라 할 수 있다.

세계적 기업을 만든 80/20 법칙

80/20 법칙의 가치를 알고 이를 활용한 최초의 기업이자 가장 성공한 기업은 바로 IBM이다. IBM이 80/20 법칙을 활용했기 때문에 1960년대와 1970년대에 공부한 컴퓨터 시스템 전문가들은 이 법칙에 매우 익숙하다.

1963년 IBM은 컴퓨터를 사용하는 시간 중 80%가 전체 운영 코드의 20%를 실행하는 데 쓰인다는 점을 발견했다. IBM은 즉시 가장 많이 사용되는 20%의 운영 코드를 사용자들이 보다 쉽고 편하게 사용할 수 있도록 운영 소프트웨어를 다시 만들었고, 덕분에 경쟁사들의 컴퓨터보다 다양하게 응용할 수 있으면서도 더 효율적이고 빠른 컴퓨터를 생산해냈다.

그다음 세대에 개인용 컴퓨터와 그에 맞는 소프트웨어를 개발해낸 애플, 로터스, 마이크로소프트도 80/20 법칙을 사용하여 더욱 값싸면서도 모든 이용자들이 쉽게 사용할 수 있는 컴퓨터를 만들어냈다.

사회적 불균형 논란의 핵심

파레토가 80/20 법칙을 발견한 지 한 세기가 지난 지금, 몇몇 슈퍼스타와 정상에 오른 극소수의 사람들이 천문학적인 액수의 소득을 벌어들이는 점과 관련해 80/20 법칙을 둘러싼 논쟁이 일기 시작했다. 영화감독 스티븐 스필버그는 1994년 한 해 동안 1억 6,500만 달러, 미국 최고의 변호사 조지프 자마일Joseph Jamial은 9,000만 달러를 벌었다. 능력 면에서 그들과 별 차이를 보이지 않는 영화감독이나 변호사들이 벌어들인 소득은 얼마 되지 않는다.

지난 몇 백년 동안 소득 균등화를 위해 최대한의 노력을 기울였지만 한 부분을 해결하면 다른 부분에서 불평등 현상이 번번이 나타났다. 1973년부터 1995년 사이에 미국의 평균 실질소득은 36% 증가했으나 비관리직 노동자의 경우에는 14%나 감소했다. 1980년대에 이룬 모든 경제적 성과는 소득 상위 20%에게 돌아갔으며, 특히 총증가율의 64%는 놀랍게도 상위 1% 이내의 고액소득자들이 차지했다. 미국 내 주식의 75%도 미국 전체 가구의 극소수인 5%가 집중적으로 소유하고 있다.

이와 유사한 현상이 달러의 비중에서도 나타난다. 미국은 전 세계 무역의 13%를 차지하지만 세계 무역 대금의 50%가 달러화로 청구된다. 또한 전 세계 생산량에서 미국의 국내총생산이 차지하는 비율은 20%를 조금 넘는 데 불과하지만 외환보유고에서는 달러화의 비율이 64%나 된다.

이러한 불균형을 제거하기 위한 최대의 노력을 의식적으로 계속 기울이지 않는 한 80/20 법칙은 항상 존재할 것이다.

도서관에서 발견한 80/20 법칙

최근에 나는 완전히 새롭고 비밀스러운 80/20 법칙의 또 다른 세계를 발견했다. 학계에서 마침내 문학계 거장의 분포가 극단적인 형태의 80/20 패턴을 따르고 있다는 사실을 밝혀낸 것이다. 풍자소설의 주인공 이름 같지만, 데릭 솔라 프라이스Derek de Solla Price는 사실 영국의 물리학자이자 과학사 연구가로, 출간된 전체 학술저작물의 50%가 작업에 참여한 총인원의 제곱근에 의해 생산된다는 패턴을 알아낸 사람이다.[9] 비슷한 맥락에서 미국의 메인 대학교University of Maine 심리학 교수인 콜린 마틴데일Colin Martindale은 '문학적 명성의 분포를 거의 완벽하게 설명하는 간단한 방정식'을 발견했는데, 이 방정식은 80/20 법칙의 율-사이먼Yule-Simon식 변형이다.

마틴데일 교수는 세계 최대 규모의 도서관인 하버드 대학 중앙도서관에 소장된 도서의 모든 시인을 조사해 영국, 프랑스, 미국 시인 761명의 이름을 추렸다. 시인 761명과 관련된 책 3만 4,516권 중 9,118권이 윌리엄 셰익스피어라는 시인 한 명에게 헌정되었다. 이는 관련 도서 전체의 26.4%가 0.1%의 시인에게 헌정된 꼴이므로 26/0.1 법칙이라 할 수 있겠다. 상위 25명의 시인(전체의 3%)에게 65%가 헌정되었고, 이는 이름하여 65/3 법칙이다. 애석하게도 134명의 시인에게는 헌정된 책이 한 권도 없었는데, 이는 22/0 법칙이라 한다! 문학적 명성에 80/20의 극단적인 형태가 적용된다니 지독히도 불공평하지만, 한편으로는 마음이 놓이기도 한다.

왜 80/20 법칙이 중요한가

80/20 법칙이 가치 있는 이유는 이것이 인간의 직관에 반하는 법칙이기 때문이다. 사람들은 모든 원인이 각각 똑같은 중요성을 갖기를 바라고, 모든 소비자들이 동등한 가치를 지니기를 원하며, 어떤 사업이나 제품 혹은 매출액이 다른 것들과 똑같은 가치를 가지기를 기대한다. 우리는 특정 분야에서 일하는 직원 개개인이 각자 동등한 가치를 갖기를, 우리가 보내는 하루나 한 주가 모두 똑같이 중요하기를, 친구 한 사람 한 사람이 우리에게 다같이 중요하길, 또 모든 질문과 전화가 똑같이 취급되길 바라며 모든 대학이 동등한 명예를 갖길, 문제를 발생시킨 여러 원인이 모두 똑같은 중요성을 가지고 있어서 특별히 중요한 원인 몇 가지만을 더욱 복잡하게 생각할 필요가 없길 원하고, 또 모든 기회가 동등한 가치를 지니기를 기대한다.

우리는 흔히 50%를 투자하면 50%를 얻는다고 생각하며 그것이 자연스럽고 공정한 것이라고 생각한다. 그러나 50 대 50의 사고방식은 우리 의식에 깊숙이 자리 잡고 있는 위험한 생각이다. 80/20 법칙이란 두 개의 인과관계에 불균형이 존재함을 뜻한다. 이 비율은 65 대 35, 70 대 30, 75 대 25, 80 대 20, 95 대 5, 99.9 대 0.1 또는 이 사이의 다른 어떤 수치로도 구성될 수 있으며 두 숫자의 합이 반드시 100일 필요도 없다.

80/20 법칙을 적용해보면 불균형의 정도가 우리가 예상했던 수치를 뛰어넘는 데 놀라게 된다. 회사 간부들은 특정 구매자와

특정 제품이 다른 구매자나 제품보다 더 많은 이익을 안겨준다는 사실을 예상하고는 있을 것이다. 그러나 그 비율을 확인해보면 너무 놀라 말문이 막힐지도 모른다. 교사들도 소수의 학생이 대부분의 교칙위반이나 문제를 일으킨다는 것을 어렴풋이 알고는 있지만, 직접 조사해보면 그 불균형의 정도가 예상했던 것보다 훨씬 크다는 것을 알게 된다.

우리가 80/20 법칙을 알아야 하는 이유는 분명하다. 우리가 80/20 법칙을 깨닫든 깨닫지 못하든 상관없이 이 법칙은 절대적으로 우리의 삶과 사회, 직장, 일터를 지배하기 때문이다.

이 책이 전달하고자 하는 가장 중요한 메시지는 바로 80/20 법칙을 이용해 우리의 일상생활을 크게 향상시킬 수 있다는 점이다. 개인은 더 행복하고 효과적으로 살아갈 수 있으며, 영리를 추구하는 기업은 훨씬 더 많은 이윤을 얻을 수 있다. 비영리단체들도 더 값진 결과를 얻을 수 있고, 정부는 국민에게 더 많은 혜택을 제공할 수 있다. 이 법칙은 모든 개인과 조직이 더 적은 노력과 비용, 투자를 들여 더욱 가치 있는 결과를 얻도록 해준다.

80/20 법칙에서 가장 중요한 점은 목적을 달성하는 과정에서 자원을 최대한 효율적으로 사용하는 것이다. 효과가 미미한 자원은 사용하지 않거나 아주 일부만 사용하고, 효과가 큰 자원을 최대한 사용함으로써 모든 자원을 효과적으로 활용할 수 있다. 그렇게 되면 특정 부분에서는 효과가 적었던 자원이 다른 곳에선 훨씬 큰 효과를 발휘할 수도 있다.

수백 년간 기업과 시장은 이런 과정을 활용해 효과를 높여왔다. 1800년경 프랑스의 경제학자인 장-바티스트 세Jean-Baptiste Say 는 '기업가는 경제 자원을 생산성이 낮은 분야에서 빼내 생산성과 산출량이 큰 분야로 이동시켜야 한다'고 주장하며 '기업가 entrepreneur'라는 신조어를 탄생시켰다. 그러나 아직도 기업과 시장은 최선의 해결책을 찾지 못하고 있다.

80/20 법칙에 따르면 제품, 소비자, 직원의 20%가 이익의 80%를 창출한다. 그런데 실제로는 제품, 소비자, 직원의 80%가 전체 이익의 20%만을 만들어낸다. 즉 업무내용이나 자원배분이 비효율적이며 엄청나게 낭비되고 있다는 뜻이다. 효과가 적은 다수의 자원이 기업 내에서 가장 효과가 큰 제품의 효율성을 떨어뜨리고 있는 셈이니 효율성이 가장 높은 제품을 더 많이 팔거나, 효율성이 높은 직원을 더 고용하거나, 효율성이 높은 소비자들이 더 많은 물건을 사도록 한다면 회사의 이익은 비약적으로 증가할 것이다.

그렇다면 '겨우 20%의 이익을 내는 80%의 제품을 왜 계속 생산하는가?' 하는 의문이 생긴다. 당신이 지금껏 해온 일의 5분의 4를 당장 그만둔다고 생각해보라. 그렇게 하면 개인 생활이 너무 급격하게 변할 것이다. 마찬가지로 기업도 80%의 제품을 하루아침에 생산에서 제외하기란 쉽지 않다.

세가 기업가의 역할로 정의했던 것을 현대 금융가들은 중재 arbitrage라고 부른다. 국제 금융시장은 환율에서 비정상적인 가치평가가 발생할 경우 이를 신속하게 바로잡을 수 있다. 그러나 개인이나 기업은 자원을 성과가 낮은 곳에서 성과가 큰 곳으로 이

동시키거나 효과가 적은 자원을 줄이고 효과가 큰 자원을 더 많이 사용하는 데 능숙하지 못하다. 대부분은 어떤 자원이 생산성이 획기적으로 높은 '핵심적인 소수'이며, 어떤 자원이 조지프 주란이 '하찮은 다수'라고 부른 비생산적인 자원인지를 파악하지 못한다. 삶에서 핵심적인 소수와 하찮은 다수가 무엇인지를 파악하고 적절히 조율하는 것이 가능해진다면 우리는 더 많은 것을 가질 수 있을 것이다.

80/20 법칙과 카오스 이론

파레토는 '경험과 관찰을 통해 확인한 사실을 모사picture하는 이론'과 개인의 행동이나 사회적 현상을 설명할 수 있는 일정한 법칙을 찾으려고 노력했다. 그러나 설득력 있는 해답을 찾아내지 못한 그는 80/20 법칙을 설명하는 데 도움이 되는 '카오스' 이론이 출현하기 훨씬 이전에 세상을 떠났다.

20세기의 마지막 30여 년은 지난 350년 동안 과학자들이 지배해온 우주관에 일대 변혁을 가져온 시기였다. 과거의 과학계는 중세 시대의 신비적이고 비논리적인 세계관에서 벗어나 합리적 사고와 기계문명을 바탕으로 축적한 지식의 지배를 받았다. 따라서 모든 현상들은 규칙적이고 예측 가능한 것이어야 했다. 예를 들어, a 때문에 b가 생기고 b로 인해 c가 발생하며 a+c가 되어 d가 발생한다는 공식이 성립되어야 했던 것이다. 인간의 심장 운동이나 개별적인 시장의 움직임처럼 우주의 각 부분들도 따로 떼어내 분석할 수 있게 되었다. 각 부분의 합계가 곧 전체이며 그 반대의 경우도 성립한다는 대명제가 있었기 때문이다.

그러나 20세기 후반에 들어서면서 전체 시스템은 단순한 총합과는 다른 무엇이고, 각 부분들 사이의 관계도 일차원적인 것이 아니며, 세계는 진화하는 유기체로 봐야 한다는 견해가 나왔다. 원인을 정확히 밝혀내기도 힘들 뿐 아니라 각각의 원인들은 서로 복잡하게 얽혀 있으며 어떤 것이 원인이고 어떤 것이 결과인지도 분명하지 않다는 것이다.

이와 같은 무질서의 이면에 존재하는 자기 논리, 즉 예측 가능한 불규칙성을 찾아내는 것이 바로 카오스 이론이다. 경제학자 폴 크루그먼은 이것을 '으스스하고' '무시무시하며' '소름끼칠 만큼 정확하다'고 지적했다.[10] 그러한 논리는 찾아내는 것보다 설명하기가 더 어렵다. 마치 어떤 곡의 한 대목을 듣고선 전체 테마를 찾아내는 것처럼 말이다. 어떤 특정한 패턴은 다시 반복되기도 하지만, 본질적으로는 무한히 변화하는 속성을 가지기 때문에 예측할 수 없을 정도로 다양하다.

그렇다면 카오스 이론과 그에 관련된 과학적 개념들은 어떤 점에서 80/20 법칙과 관련이 있는가? 이제까지 그것을 설명한 사람은 한 명도 없었지만 나는 분명 밀접한 관계가 있다고 생각한다.

불균형의 법칙

카오스 이론과 80/20 법칙의 공통점은 바로 균형의 문제, 더 정확히 말하자면 불균형의 문제다. 카오스 이론과 80/20 법칙은 둘 다 이 세상이 불평등하다고 주장한다. 두 이론의 주장에 따르면 세상은 직선처럼 단순한 형태가 아니며 원인과 결과의 값이 동일한 경우도 거의 없다. 또한 일부의 힘이 항상 다른 것보다 더 강력하며 자원을 공정하게 분할하기보다는 더 많은 몫을 가지려고 한다. 카오스 이론은 장기간에 걸쳐 이루어진 수많은 발전을 추적하여 이러한 불균형이 왜, 그리고 어떻게 생기는지 설명해준다.

우주는 직선이 아니다

카오스 이론과 마찬가지로 80/20 법칙도 모든 현상이 비선형적non-linear이라고 주장한다. 사건의 대부분은 중요하지 않거나 무시해버릴 수도 있지만 일부의 힘은 항상 큰 영향력을 미친다. 우리는 이 힘이 유용한 것이라면 그것을 증폭시키고, 바람직하지 않은 것이라면 무력화시킬 방법을 생각해내야 한다. 80/20 법칙은 이 모든 불규칙한 현상을 경험을 바탕으로 설명한다.

균형을 깨뜨리는 피드백 순환고리가 존재한다

80/20 법칙은 카오스 이론에서 확인한 피드백 순환고리와 일치하며, 이를 통해 더욱 잘 설명할 수 있다. 흔히들 사용하는 '베트남 밀림의 작은 나비가 날갯짓을 하면 미국에 태풍이 몰아친

다'는 비유처럼, 초기의 아주 작은 영향은 점점 커져서 전혀 예상치 못한 결과를 가져올 수도 있다고 한다. 그렇지 않다면 자연적인 모든 현상은 초기의 투입량과 그 결과의 비중이 50 대 50으로 나타날 것이다. 이와 달리 원인과 결과의 비중이 동일하지 않은 이유는 긍정적 피드백의 순환고리와 부정적 피드백의 순환고리가 작용하기 때문이다. 그러나 강력한 긍정적 피드백의 순환고리는 아주 작은 부분에 영향을 미치고, 그 작은 부분이 결과적으로는 강력한 영향을 가진다.

이런 긍정적인 순환고리가 작용하여 50 대 50의 관계가 아니라 80 대 20의 관계가 사회를 지배하게 된다. 예를 들어 상위 20%의 부자일수록 더욱 부유해지는데, 이는 그들이 뛰어난 능력을 가져서가 아니라 부가 부를 낳는 피드백 순환고리 때문이다.

한 연못에 금붕어 두 마리가 있다고 가정해보자. 처음 금붕어들의 크기는 똑같았으나 아주 조금 커진 놈은 점차 나머지 한 놈보다 더 커진다. 초기에 근소한 차이로 커진 덩치가 강력한 추진력으로 작용하여 먹이를 훨씬 더 많이 먹기 때문이다.

티핑포인트

피드백 순환고리 개념과 관련된 것으로 티핑포인트 개념이 있다. 새로운 제품을 출시하거나 조깅이나 인라인스케이트를 처음 시작하는 경우 특정 지점에 이르기까지는 발전할 수 있는 추진력을 얻기가 매우 힘들고,[11] 엄청나게 노력해도 결과는 미미할 뿐이라서 많은 개척자들이 이 지점에서 포기한다. 그러나 끈질

기게 지속하여 어떤 보이지 않는 한계선을 넘으면 아주 적은 노력으로도 비약적인 성과를 거둘 수 있다. 이 보이지 않는 한계선이 바로 티핑포인트다.[12]

최초의 승자가 지배한다

초기의 근소한 차이가 최종 결과에서 큰 차이를 만들어내는 현상을 카오스 이론에서는 '초깃값에 대한 예민한 의존성'[13]이라고 한다. 즉 처음에는 하찮아 보이던 것이 예기치 않게 큰 결과를 가져올 수도 있다는 것이다. 이것은 적은 원인이 대부분의 결과를 낳는다는 80/20 법칙과 같은 맥락이다.

새로운 시장을 두고 경쟁을 벌일 경우 한 기업이 경쟁사보다 10%만 우수한 제품을 생산한다면 100% 내지 200%의 시장점유율을 차지할 수 있으며, 뒤이어 경쟁사가 더 우수한 제품을 생산하더라도 크게 흔들리지 않는다. 자동차 운전의 초기 시대에 국가들이 자동차의 좌측통행을 결정했다면, 현재에도 좌측통행이 규범으로 정해졌을 것이다. 처음에 51%의 시계가 현재의 시계 방향과 반대로 움직이도록 만들어졌다면 지금 우리는 왼쪽으로 도는 시계를 차고 다닐 것이다. 실제로 피렌체 대성당의 시계 바늘은 24시까지 표시된 시계판 위를 반시계 방향으로 움직인다.[14] 1442년 대성당이 건설된 직후에 권력자들과 시계 기술자들은 12시제와 현재의 시계방향을 표준으로 정했다. 그 이유는 대다수 시계들이 이러한 체제였기 때문이다. 그러나 만일 당시 51%의 시계가 피렌체 대성당의 시계와 같았다면 우리는 지금 거꾸로 돌아가는 24시제 시계를 차고 있을 것이다.

두 이론의 다른 점이라면 카오스 이론은 긴 시간에 걸친 변화를 설명하는 데 반해 80/20 법칙은 특정 시기의 불균형 상태를 보여준다는 점이다. 그러나 두 이론 모두는 우리를 둘러싸고 일어나는 모든 현상이 대부분 불균형 상태로 이루어져 있다는 사실을 잘 보여준다.

양자 간의 균형이 무너지면 결국 어느 한쪽이 지배하게 된다는 것이 카오스 이론이 전하는 메시지 중 하나다. 이와 달리 80/20 법칙은 상호보완적이다. 대부분의 현상은 소수의 요인으로 야기된다는 것, 즉 소수가 중요하지 다수가 중요한 것은 아니라는 것이다.

왜 80/20 법칙이 희망의 도구인가?

나는 이 장을 의례적인 찬사가 아니라 개인적인 신념으로 끝마치려 한다. 80/20 법칙은 우리에게 희망을 주는 법칙이다. 우리는 비극적이라 할 정도로 낭비를 일삼으며 살아가고 있다. 자연, 기업이나 사회, 더 나아가 우리 개인의 삶에서도 얼마나 많은 것이 낭비되고 있는가? 고작 20%가 80%를 낳는 것이 현실이라면, 20%의 결과밖에 만들어내지 못하는 80%는 얼마나 비생산적인가?

그러나 동시에 바로 이 점이 희망을 주는 요소가 될 수 있다.

우리가 80/20 법칙을 창조적으로 활용하여 적극적으로 개선해 나가면 우리의 삶도 변화할 것이기 때문이다.

'모든 진보는 현상 유지를 거부하고 상식이라고 생각되는 것에 도전하는 데서 시작된다.' 이것은 생물의 진화나 과학의 진보, 사회나 개인의 발전 모두에 해당된다. 조지 버나드 쇼는 다음과 같이 말했다.

"이성적인 사람은 자신을 세상에 맞추고, 비이성적인 사람은 세상을 자신에게 맞추려고 끊임없이 노력한다. 따라서 모든 진보는 비이성적인 사람에 의해 이루어진다."[15]

생산성이 낮은 자원을 높은 수준으로 끌어올린다면 성과는 단순히 증가하는 것을 넘어 기하급수적으로 높아진다는 것, 이것이 바로 80/20 법칙이 진정으로 의미하는 점이다.

이러한 목표를 달성하는 데는 두 가지 방법이 있다. 하나는 생산적인 쪽으로 자원을 재분배하는 것이다. 이것은 시대를 불문하고 모든 기업가들의 성공 비결이었다. 동그란 구멍에는 동그란 말뚝을, 네모난 구멍에는 네모난 말뚝을 박으면 빈틈이 없이 꼭 들어맞는다. 모든 자원은 그 잠재력을 최대한 발휘할 수 있는 장소가 따로 있다. 적재적소에 배치된 자원은 잘못된 영역에서보다 열 배 혹은 백 배나 더 큰 효율을 발휘할 수 있다.

또 다른 방법은 과학자, 의사, 선교사, 컴퓨터 시스템 설계자, 교육자나 훈련교관들이 하는 것처럼, 취약한 자원의 효율을 가장 생산적인 자원을 활용할 때만큼 높이는 것이다. 이는 제 능력을 십분 발휘하는 소수를 파악하여 그것을 더욱 개발해나감과 동시에 가치나 쓸모가 없는 대다수를 찾아내 과감히 버리거나 획기적으로 줄이는 것을 의미한다.

나는 80/20 법칙의 수많은 사례들을 조사하면서 세상은 비약적으로 진보할 수 있으며, 개인적이든 조직적이든 세계를 바꿀 수 있는 힘을 가지고 있다는 신념을 확인할 수 있었다. 조지프 포드Joseph Ford는 이렇게 말했다.

"신은 우주를 상대로 주사위 놀이를 하고 있다. 그러나 신은 단지 주사위를 던질 뿐이다. 우리가 신경 써야 할 것은 신이 어떤 규칙에 맞춰 주사위를 던지는지, 또 그 규칙을 어떻게 우리 자신의 목적에 맞춰 이용할 수 있는지 알아내는 것이다."[16]

그 규칙이 바로 80/20 법칙이다.

2장
20은 80보다 크다

성공을 향한 확실한 길은 없지만 실패를 향한 분명한 길은 바로 모든 사람들을 만족시키려는 시도다.

-팀 페리스

결과를 바꾸는 20%의 비밀

- 80/20 법칙을 활용할 때의 핵심은 큰 성과를 낼 수 있는 최소한의 투입량, 원인, 노력을 찾는 것이다.
- 비즈니스에서는 높은 수익과 고객 만족을 달성할 수 있는 최소 제품 수, 고객층 또는 시간 활용 방식을 찾아야 한다.
- 인생에서는 어떻게 하면 비교적 적은 노력으로 큰 보상과 만족감을 얻고 타인을 기쁘게 하고 성공과 행복을 거머쥘 수 있는지 고민해야 한다.
- 80/20 법칙을 활용하는 방법에는 두 가지가 있다.
  - → 80/20 분석: 정확하고 정량적이며, 조사가 필요하고, 사실관계를 알려주는 매우 유용한 방법이다. 80/20 법칙은 오랫동안 비즈니스 세계에서 큰 영향력을 발휘해왔다.
  - → 80/20 사고방식: 정확한 기준이 모호하고 정성적이며, 사고가 필요하고, 통찰을 제공하는 이 방법 역시 매우 유용하다. 이 책에서 처음 소개하는

새로운 사고방식이다. 80/20식 사고방식은 비즈니스뿐만 아니라 삶의 모든 영역에 적용된다. 놀랍고 엄청난 80%의 이익을 보장하는 20%는 무엇일까?

　　제1장에서는 80/20 법칙을 지탱하고 있는 개념을 설명했다. 제2장에서는 그 법칙을 실제로 어떻게 활용하는지 그리고 얼마나 유용한지를 설명하며 '80/20 분석80/20 Analysis'과 '80/20 사고방식80/20 Thinking', 이 두 가지 방법을 활용하여 우리의 삶을 이해하고 발전시킬 수 있는 실용적인 철학을 제시한다.

80/20의 유형

80/20 법칙의 원인이나 투입, 노력은 두 가지 유형으로 나뉜다.

- 거의 영향을 주지 않는 다수
- 결정적인 영향을 주는 소수

앞에서 얘기했듯이 결과 · 산출 · 성과는 대체로 적은 원인 · 투입 · 노력에서 창출된다. 이를 산술적으로 계산해보면 대략 80/20이라는 수치가 나온다. 예를 들어 전 세계 에너지의 80%는 전 세계 인구의 15% 정도가 소비한다.[1] 전 세계 부의 80%는 전 세계 인구의 25%가 차지하고,[2] 세계 인구의 20%와 질병의

20%는 동시에, 혹은 각각 자원의 80%를 소비한다.[3]

다음 페이지에 나오는 [도표 2]와 [도표 3]은 80/20의 유형을 보여준다. 어떤 기업이 100가지 상품을 생산하는데 그중 가장 이익률이 높은 20개 상품으로부터 얻는 이익이 총매출액의 80%를 차지한다고 가정해보자.

[도표 2]를 보면 왼쪽 막대는 100가지 상품을 오른쪽 막대는 이 기업이 이들 100가지 상품으로부터 얻는 총이익을 나타낸다. 이익률이 가장 높은 상품으로부터 얻는 수익을 오른쪽 막대의 위에서부터 아래로 채워나간다고 가정해보자. 왼쪽 막대에서 색으로 칠해진 부분, 즉 전체 생산품 중 1%에서 얻는 수익이 전체 수익의 20%를 차지하고 있음을 알 수 있다.

이어 이익률이 높은 상위 20개 상품들로부터 얻는 이익을 오른쪽 막대에 순서대로 채워 넣어보자. 그 결과인 [도표 3]에서 이 기업이 거둔 총이익의 80%가 20개 상품으로부터 얻은 것임을 볼 수 있다. 반대로 하얀 부분은 상품의 나머지 80%로부터 얻는 이익이 총이익의 20%에 그친다는 것을 나타낸다.

80/20은 하나의 기준에 불과하다. 실제로는 그 관계가 80/20보다 더욱 불균형하거나 혹은 더 균형적일 수도 있다. 그러나 대부분의 수치가 50 대 50보다는 80 대 20에 가깝다. 앞의 사례에서 모든 상품들이 동일한 이익을 창출한다면 그 결과는 [도표 4]와 같이 나타나겠지만, 실제 조사에서도 [도표 3]의 유형이 [도표 4]보다 훨씬 더 많이 나타난다.

물론 80/20은 정확한 수치가 아닐 수도 있다. 80/20은 사용하

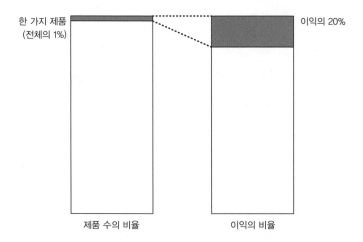

한 가지 제품
(전체의 1%)

이익의 20%

제품 수의 비율

이익의 비율

[도표 2] 한 가지 제품이 전체 이익의 20%를 만든다

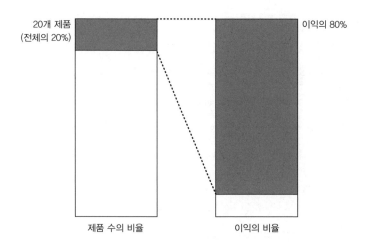

20개 제품
(전체의 20%)

이익의 80%

제품 수의 비율

이익의 비율

[도표 3] 20개 제품이 전체 이익의 80%를 만든다

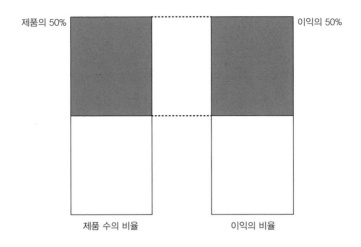

제품의 50%

이익의 50%

제품 수의 비율

이익의 비율

[도표 4] 50 대 50의 관계는 매우 예외적인 경우다

기 쉬운 은유이자 유용한 가설일 뿐 절대적인 것은 아니다. 때문에 수익의 80%가 상품의 30%, 15% 심지어는 10%로부터 창출되는 경우도 간혹 있다. 이들을 비교하는 데 사용하는 숫자의 합이 반드시 100일 필요는 없지만 대부분의 경우 그 결과는 불균형한 모습으로, 즉 [도표 4]보다는 [도표 3]에 가깝게 나타난다.

80과 20이라는 숫자의 합이 100이 된다는 사실이 이 법칙을 이해하는 데 걸림돌이 될 수도 있다. 80과 20을 대비시키면 결과가 좀 더 정확해 보이지만, 문제가 있는 집단을 대상으로 법칙을 적용한다고 오해를 불러일으킬 수 있다. 이런 위험성은 50 대 50, 70 대 30, 혹은 99 대 1 등 여러 조합의 경우에도 마찬가지로 존재한다. 하지만 80/20 법칙은 원인과 결과 또는 제품과 이익 등 다른 두 가지 대상의 관계를 밝혀줄 뿐이다. 따라서 오른

손잡이가 80%이고 왼손잡이가 20%라는 통계 결과를 80/20 법칙의 예로 드는 것은 잘못이다. 80/20 법칙을 적용하려면 서로 연관이 있으면서도 각각 다른 두 개의 자료 집단을 대상으로 삼아야 한다.

80/20 법칙이 우리에게 줄 수 있는 것들

내가 아는 사람 가운데 80/20 법칙을 진지하게 받아들인 사람은 누구나 도움을 얻었으며, 그중에는 인생을 바꿀 만큼 획기적인 통찰력을 가지게 된 이도 있었다. 이 법칙은 각자 자신에게 맞게 활용해야 한다. 활용법은 점차 설명하겠지만 먼저 내가 경험한 몇 가지 사례를 소개한다.

80/20 공부법

옥스퍼드 대학에 갓 입학했을 때 나의 지도교수님은 강의시간에 다음과 같이 말씀하셨다.

"책을 더 빨리 읽는 방법이 있습니다. 재미 삼아 볼 때 말고는 절대 책을 처음부터 끝까지 읽지 마세요. 공부하기 위해 책을 읽을 때는 처음부터 끝까지 읽지 말고 먼저 그 책이 뭘 전달하려는지 요점부터 파악해야 합니다. 그러니 결론을 먼저 읽고 나서 서론을 보고, 다시 결론을 본 후에 관심 있는 부분만을 가볍게 훑어보면 됩니다."

지도교수님이 말하고 싶었던 것은 책 한 권이 가지는 가치의 80%가 그 책 전체 분량의 20%에 담겨 있다는 점이었다. 그리고 그 가치는 책 전체를 통독하는 시간의 20%만 투자하면 충분히 얻을 수 있는 것이었다.

나는 이 공부법이 마음에 들어 나름대로 발전시켰다. 옥스퍼드 대학에서는 일상적인 학습 태도가 아닌 학기말고사로 그 학생의 성적을 평가한다. 나는 과거의 시험지들을 분석해보고선 시험문제의 80% 정도, 때로는 100%가 해당 과목에 대한 지식의 20% 정도로 풀 수 있는 것들이라는 사실을 알게 되었다. 즉 교수들은 많은 분야에 대해 조금씩 아는 학생보다 상대적으로 적은 분야에 대해 깊이 아는 학생을 더 높게 평가하는 셈이었다.

이 사실을 파악한 나는 학습의 효율을 획기적으로 높였고, 결국엔 필사적으로 공부하는 다른 학생들보다 나은 성적을 거두었고 최고 점수로 학위를 받았다. 그러고는 옥스퍼드 대학의 교수들을 속이는 것도 별것 아니라는 생각에 의기양양했다. 그러나 지금 생각해보니 교수님들은 우리에게 세상을 살아가는 방법을 가르쳐준 것이었다.

이후 나는 셸Shell사에 입사하여 끔찍한 정유공장에 배속되었다. 이 경험이 정신을 단련하는 데는 좋았을지 모르지만 직업적인 매력은 별로 없었다. 이때 나는 나이 어리고 경험 없는 사람들이 가장 돈을 많이 벌 수 있는 직업은 경영컨설팅이라는 사실을 알게 되었다. 이런 이유로 나는 신병훈련소 스타일의 하버드 대학 대신 필라델피아에 있는 와튼 경영대학원에 입학한 뒤 대학 시절의 공부방법을 활용하여 손쉽게 MBA 학위를 취득했다. 그 후 미국에서 손꼽히는 컨설팅 회사에 취직해 셸에서 받았던 것보다 네 배나 많은 연봉을 받았다. 나처럼 젊은 사람들이 받는 월급의 80%는 전체 직업 중 20%에 집중되어 있다는 사실에는 의심의 여지가 없었다.

그러나 나는 곧 경영전략을 다루는 소규모 컨설팅 회사로 옮겼다. 이전 회사에는 나보다 똑똑한 사람이 너무 많았던 데 비해 이곳에는 똑똑하고 강력한 경쟁자가 상대적으로 적어 승진하기도 쉽고 발전 속도도 더 빨랐기 때문이다.

80/20 법칙의 역설은 목표의 대상으로 해결한다

여기서 나는 80/20 법칙의 많은 역설에 부딪히게 되었다. 그 당시 빠르게 성장하고 있었던 경영전략 컨설팅업계에서 80%를 점유하는 회사의 인력을 합치면 전체의 20% 미만이었고, 빠른 승진의 80%도 몇 안 되는 회사에서만 가능했다. 능력은 별로 상관이 없었다. 내가 첫 번째 회사를 그만두고 새로운 경영전략전문 컨설팅 회사에 입사했을 때 나는 양쪽 회사의 지능 수준을 동시에 올린 셈이 되었다.

하지만 알 수 없는 것은 나의 새로운 동료들이 그전의 동료들보다 훨씬 더 유능했다는 점이다. 왜 그랬을까? 그들이 특별히 더 열심히 일하는 것은 아니었다. 이들은 80/20 법칙의 중요한 두 가지를 따르고 있었다. 첫째, 그들 대부분은 회사 수익의 80%가 고객의 20%로부터 창출된다는 사실을 알게 되었다. 컨설팅 업계에서 대형고객과 장기고객은 20% 정도를 차지한다. 대형고객은 규모가 큰 일을 맡기는데, 이 경우 비용이 상대적으로 적게 드는 젊은 컨설턴트를 기용한다. 장기고객은 회사와 강한 신뢰 관계를 형성하므로 타사로 옮길 위험이 크지 않고 가격에 그다지 민감하지 않다.

대부분의 컨설팅 회사에서는 신규고객을 유치하는 사람이 영웅이 되는 데 반해, 새 직장에서는 가장 중요한 고객을 가장 오랫동안 유지하는 사람을 진정한 영웅으로 인정했다. 그런 사람들은 고객사의 최고경영진과 친분을 쌓는 데 힘을 기울였다.

두 번째는 어느 고객을 대하든 성과의 80%는 가장 중요한 사안 20%에 집중하는 데서 이루어진다는 것이다. 우리의 경쟁사들이 수많은 문제들을 전체적으로 살피면서 고객이 자신들이 권하는 것을 어떻게 받아들이는지에 대해서는 별로 신경 쓰지 않았던 반면, 우리는 가장 중요한 문제에 대해서는 부지런히 고객이 실제로 우리의 권고를 행동으로 옮길 때까지 끈질기게 설득했다. 결과적으로 고객의 수익이 급증하는 경우가 많아지면서 우리의 컨설팅 예산도 크게 올라갔다.

나를 위해 일해야 한다

두 회사에서 일해본 뒤 나는 노력이 곧바로 보상과 직결되는 것은 아니라는 점을 알게 되었다. 아무리 똑똑하고 열심히 일해도 일하는 포인트를 잘못 짚으면 노력한 만큼의 보상이 돌아오지 않는다. 노력에 집중하기보다는 노련하게 결과에 주의를 기울이는 것이 가장 좋은 방법이었다. 나의 경우 두 가지의 통찰 덕분에 좋은 결과를 얻을 수 있었다.

내가 일하던 컨설팅 회사에는 수백 명의 전문인력과 나를 포함한 30명의 '파트너'가 있었다. 하지만 이익의 80%는 숫자상으로 전체 파트너의 4%도 안 되며 전체 컨설팅 인력의 1%도 안 되는 단 한 사람, 즉 설립자에게 돌아갔다.

나는 설립자만 부자로 만들어주는 직장을 떠나 젊은 파트너 두 명과 함께 컨설팅 회사를 차렸다. 하는 일은 전과 같았다. 우리는 수백 명의 컨설턴트를 고용할 정도로 성장했고, 얼마 지나지 않아서는 가치 있는 일의 20%도 하지 않는 우리 세 명에게 이익의 80%가 돌아오게 되었다. 이 사실에 죄책감을 느낀 나는 6년 후 지분을 다른 파트너들에게 팔고 일을 그만두었다. 당시는 우리 회사의 주가가 매년 두 배씩 상승하던 시기였기 때문에 내가 보유한 주식을 좋은 가격에 넘길 수 있었다. 그 직후 1990년의 불경기로 컨설팅업계는 큰 타격을 받았다. 내 입장에서는 죄책감이 행운으로 바뀐 셈이었다. 80/20 법칙을 따르는 사람들에게도 약간의 운은 필요한데, 내 경우엔 언제나 나의 몫보다 더 큰 행운을 누렸다.

돈은 일이 아니라 투자로 버는 것이다

나는 컨설팅사의 지분을 팔아 얻은 금액의 20%로 필로팩스 Filofax 라는 회사의 주식을 매입했다. 투자자문가들은 모두 기겁을 했다. 당시 나는 상장 공기업의 주식을 20주 정도 가지고 있었다. 새로 구입한 필로팩스의 주식은 전체 주식량의 5%에 불과했지만 전체 투자자산의 80%를 차지했다. 그 후 이러한 불균형은 더욱 커졌다. 3년 동안 필로팩스의 주식은 몇 배로 뛰어서 1995년 매도할 때의 주가는 처음 샀을 때의 열여덟 배에 달했다.

그 밖에도 나는 벨고Belgo라는 신설 레스토랑과, 당시 호텔을 하나도 소유하지 않은 MSI라는 호텔 회사에 투자했다. 세 개의 투자를 모두 합친 금액은 내가 가진 자산의 20%였지만 투자 수익의 80% 이상이 이들로부터 나왔고, 이제는 훨씬 늘어서 순자산의 80% 이상을 차지하게 되었다.

제8장에서도 보겠지만 장기투자자산 증식액의 80%는 투자의 20% 미만에서 발생한다. 그러므로 이 20%를 잘 골라서 집중적으로 투자하는 것이 중요하다. "달걀을 한 바구니에 몽땅 담지 말라"는 전통적인 투자 격언이 있긴 하지만, 나는 80/20 법칙에 따라 다음과 같이 조언하고 싶다.

"바구니 하나를 주의 깊게 골라 거기에 달걀을 몽땅 담고, 그것을 매처럼 잘 지켜라."

80/20 법칙의 활용

[도표 5]에서 볼 수 있듯이 80/20 법칙을 활용하는 방법에는 두 가지가 있다.

투자와 수익의 관계를 분석하여 정확한 정량적 관계를 정립하

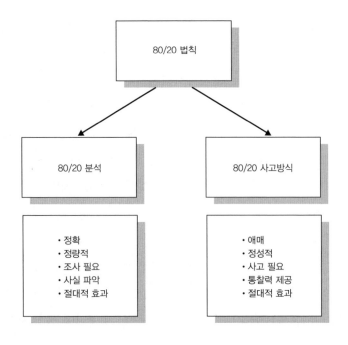

[도표 5] 80/20 법칙을 이용하는 2가지 방법

는 80/20 분석은 80/20의 관계가 존재한다고 가정하고 데이터
를 모아 실제 관계를 파악하여 불균형이 입증되면 그 결과에 따
라 행동한다. 이런 실증적 분석을 통해 50 대 50부터 99.9 대 0.1
까지의 수치도 나올 수 있다. 그 결과 65 대 35, 혹은 이보다 더
불균형적인 수치 관계처럼 투입과 산출 사이의 현저한 불균형이
입증되면 그에 따른 행동을 취하게 된다.

80/20 법칙을 사용하는 새롭고 보완적인 방법은 80/20 사
고방식이다. 이는 중요한 일에 대해서는 항상 깊이 생각해서

80/20 법칙이 그 분야에서도 통용되는지 판단하고, 이를 통해 얻는 통찰에 따라 행동하는 것이다. 80/20 사고방식에서는 자료를 수집하거나 가설을 검증할 필요가 없으므로 간혹 특정한 관계에 대해 중요한 20%가 무엇인지 자신은 이미 알고 있다고 생각할 위험이 있다. 따라서 중요한 안건이나 자신의 추정에 확신이 서지 않는 경우에는 80/20 분석이 더 유용하고, 그 밖의 경우에는 80/20 사고방식이 훨씬 접근하기 쉽고 효과도 빠르다.

먼저 80/20 분석을 살펴보고 그다음에 80/20 사고방식에 대해 알아보도록 하자.

80/20 분석

80/20 분석은 인과관계가 성립하는 두 개 데이터를 조사하는 것이다. 하나는 통상 100개가 넘는 사물 또는 사람을 백분율로 환산하고, 또 하나는 그러한 사람이나 사물의 흥미 있는 특징을 백분율로 계산한다.

예를 들어 가끔 맥주를 마시는 100명을 대상으로 그들이 지난주에 마신 맥주의 양을 비교해볼 수 있다. 지금까지 이런 분석방법은 다른 통계기법에서도 많이 사용해왔지만 80/20 분석은 여기에서 더 나아가 두 번째 데이터를 측정한 다음 중요한 것부터 위에서 아래로 순서대로 나열하여 두 개의 데이터를 백분율로 비교한다.

100명 모두에게 지난주에 맥주를 몇 잔 마셨는지 질문하고 그 답변들을 위에서 아래로 순서대로 표에 나열하는데, [도표 6]은 상위 20명과 하위 20명을 나타내고 있다.

80/20 분석으로 친구들의 수와 그들이 마신 맥주의 양을 백분율로 비교해보자. 이 경우 20%가 맥주의 70%를 마셨다는 것을 알 수 있는데 이는 70/20 관계로 나타낼 수 있다. [도표 7]은 이 데이터를 시각적으로 이해할 수 있는 80/20 빈도분포그래프, 줄여서 80/20 도표라고 부르는 그림을 소개한 것이다.

상징적인 숫자 80/20

측정하는 양의 80%가 사람이나 사물의 20%에서 창출된다는 사실은 오래전부터(아마 1950년대부터) 빈번하게 관찰되었다. 그 수치가 정확하게 80/20인 경우는 드물겠지만 80/20은 이와 같은 불균형적인 관계를 상징하는 숫자가 되었다.

또한 관례적으로 80/20을 말할 때 20%는 하위가 아닌 상위를 나타내고, 실제로도 상위의 중요한 소비자나 원인에 중점을 두게 된다. 판촉을 원하거나, 생산하는 맥주 종류에 대한 고객들의 생각이 알고 싶은 맥주 회사라면 당연히 상위 20%를 연구하는 것이 가장 유용하다.

맥주 총소비량의 80%를 차지하는 친구들의 백분율이 어느 정도인지를 알고 싶을 경우엔 [도표 6]에 나와 있지 않은 부분, 즉 중간 부분을 조사해보면 된다. 열 잔을 마신 28번째의 사람까지의 누계가 정확히 800잔이므로 이 관계는 80/28로 나타낼 수 있

순위	이름	마신 맥주의 양(잔 수)	누계
		상위 20명	
1	찰스	45	45
2	리처드	43	88
3	조지	42	130
3	프레드	42	172
5	아서	41	213
6	스티브	40	253
7	피터	39	292
8	레그	37	329
9	조지	36	365
9	범버	36	401
9	패티	36	437
12	매리언	33	470
13	스튜어트	32	502
14	셰릴	31	533
15	캐빈	30	563
15	닉	30	593
15	리키	30	623
15	나이젤	30	653
19	그레그	26	679
20	캐롤	21	700
		하위 20명	
81	루퍼트	3	973
81	패트릭	3	976
81	앤	3	976
81	제이미	3	982
85	스테파니	2	984
85	칼리	2	986
87	로베르타	1	987
87	패트	1	988
87	제임스	1	989
87	찰스	1	990
87	존	1	991
87	에드워드	1	992
87	마고	1	993
87	로자베스	1	994
87	셜리	1	995
87	그레그	1	996
87	질리	1	997
87	프랜시스	1	998
87	데이비드	1	999
87	대런	1	1,000

[도표 6] 마신 맥주 양의 상위와 하위 20명

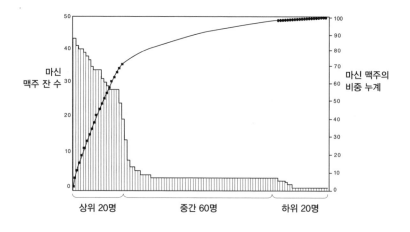

마신
맥주 잔 수

마신 맥주의
비중 누계

상위 20명　　　중간 60명　　　하위 20명

[도표 7] 맥주를 마신 사람들의 80/20 빈도 분포 그래프

다. 겨우 28%가 맥주의 80%를 소비한 것이다.

물론 80/20 분석을 통해 어떤 결과가 나타날지는 미리 알 수 없지만 불균형이 클수록 더욱 흥미롭고 잠재적으로 유용한 분석 결과가 나온다는 것은 분명한 사실이다. 가령 친구들이 모두 똑같이 여덟 잔씩 마셨을 경우 20/20 혹은 80/80의 수치관계가 나타나는데, 맥주 회사는 이 집단을 판촉이나 시장조사의 대상으로 이용하지는 않는다.

막대그래프로 보는 80/20 분석

80/20 분석에서는 두 개의 막대를 이용하여 표시하는 것이 가장 좋다. 특히 우리가 든 예에서는 이 방법이 가장 효과적이다. [도표 8]의 왼쪽 막대는 개인 한 명당 1%의 공간을 차지하며

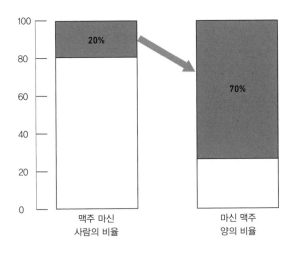

[도표 8] 70/20의 관계를 나타낸다

100명 중 가장 많이 마시는 순서대로 위에서 아래로 표시한 것이고, 오른쪽 막대는 맥주를 가장 많이 소비한 순서대로 맥주 총소비량을 누적으로 나타낸 것이다. [도표 8]은 상위 20%가 맥주의 70%를 소비했다는 사실을 보여준다. 여기에서의 막대그래프는 [도표 7]의 자료를 좌우가 아닌 상하로 표시한 것이다.

80/20 분석의 용도

80/20 분석을 하는 목적은 분석 대상의 관계를 변화시키거나 보다 잘 활용하기 위해서다. 다시 말해 80%의 결과를 낳는 20%를 확인하고 거기에 집중하는 것이다. 맥주 소비량의 70%를 상위 20%가 소비했다면 맥주 회사는 바로 이 20%의 집단을 대상으로 판촉을 시도해야 한다. 상위 20%의 고객을 가능한 한 많이

확보하거나 소비량을 더 늘리게 하는 것이 중요하다. 실제로 맥주 회사는 맥주의 30%밖에 소비하지 않는 나머지 80%는 무시해도 좋을 것이다.

비슷한 경우로, 회사 총수익의 80%가 고객의 20%에 의해 창출되고 있다면 그 20%의 고객을 만족시키는 업무를 늘려야 한다. 그렇게 하면 모든 고객에서 동등한 서비스를 하는 것보다 훨씬 더 많은 소득을 얻을 수 있을 것이다. 마찬가지로 총수익의 80%를 20%의 상품이 올린다면 그 20%의 상품을 판매하는 데 주력해야 한다.

이 개념을 개인생활에도 적용할 수 있다. 즐거움의 80%가 여가활동 중 20%에서 얻어진다면 현재 20%의 시간을 투자하고 있는 그 활동을 80%로 늘리는 것이 현명하다.

교통 문제의 경우에도 정체의 80%는 교차로의 20%에서 발생한다는데, 현명한 교통당국이라면 정체 현상을 빚는 이 20%의 교차로를 특별히 관리할 것이다. 이것이 어렵다면 하루의 20%의 시간을 정체되는 교차로의 20%를 관리하는 데 투자하기만 해도 교통 문제가 획기적으로 개선될 것이다.

80/20 분석의 두 번째 활용법은 산출의 20%밖에 창출하지 않는 '부실한' 투입의 80%에 대해 특별한 대책을 세우는 일이다. 맥주를 가끔 마시는 사람들에게 더 부드러운 맛의 맥주를 보급하여 소비량을 늘리는 것이 한 가지 예다. 어쩌면 '그다지 즐거움을 얻지 못하는' 여가활동에서 즐거움을 얻을 수 있는 새로운 방법을 생각해낼 수도 있다.

교육 분야에서는 대학교수들이 전체 출석률 80%가 전체 학생의 20%로 구성되는 문제를 개선하기 위해 아무 학생에게나 무작위로 질문을 하는 쌍방향 교수법을 수용하고 있다. 미국의 백화점 업계에서는 인구의 50%에 해당하는 여성이 전체 구매의 70%를 차지한다는 조사 결과가 나왔다.[4] 남성들의 구매 비중을 30% 이상 높이려면 남성 고객들만을 위해 매장을 특별히 디자인하는 방법이 있다.

이러한 80/20 분석의 두 번째 활용법은 부실한 공장의 생산성을 높이는 효과를 거두기도 하지만 첫 번째 방법보다 어렵고 이득도 적다.

80/20 분석의 위험성

다른 효과적인 도구들과 마찬가지로 80/20 분석 역시 요용될 위험이 있고, 또한 새로운 방식을 찾기보다는 진부한 고정관념을 정당화하는 방편이 될 수도 있다. 80/20 분석을 잘못 사용하면 잘못된 길로 빠져 일을 그르칠 수도 있다.

나의 서적판매 사업 경험을 예로 들어 설명하고자 한다. 시간과 장소를 불문하고 책의 총판매량 중 80%는 20% 정도의 도서가 차지한다. 80/20 법칙에 정통한 사람들에게 이는 별로 놀라운 사실이 아니다. 이 점만 놓고 보면 나머지 80%에 해당하는 책의 재고를 줄이고 '베스트셀러'만을 진열하여 판매해야 한다는 결론이 너무 쉽게 나온다. 하지만 흥미로운 점은 대부분의 경우 종류를 줄이면 이익도 오히려 줄어든다는 사실이다.

여기에는 두 가지 이유가 있다. 가장 먼저 생각해야 할 점은 팔리는 책의 종류가 아니라 고객이 무엇을 원하느냐다. 사람들은 편의점이나 대형할인매장 등과 달리 서점에 가면 책의 종류가 많을 것으로 기대한다. 따라서 서점은 이익의 80%를 차지하는 20%의 고객에게 초점을 맞춰 그들이 무엇을 원하는지 알아내야 한다.

또 다른 이유는 고객은 물론 서적을 고려할 때조차 판매의 분포가 아닌 이익의 분포가 중요하기 때문이다. 다시 말해 판매량의 80%를 차지하는 20%의 책들이 아닌, 이익의 80%를 차지하는 20%의 책들이 중요하다. 대개의 경우 그런 책들은 소위 베스트셀러나 유명작가가 쓴 것이 아니다. 실제로 미국에서 이루어진 연구조사를 보면 베스트셀러는 총판매량의 약 5%를 차지한다고 한다.[5] 순위에 오르지는 못하지만 매년 안정된 판매를 기록하는 이익률 높은 책이 진정한 베스트셀러인 것이다. 같은 조사에 의하면 '재고 목록의 핵심을 이루는 책'은 계절에 관계없이 꾸준히 팔리는 책들이다. 이 책들은 80/20 법칙의 80을 이루며 특정 분야의 판매량에 있어 매우 큰 비중을 차지하는 경우가 많다.

이 설명은 매우 유익하다. 핵심은 언제나 '어떤 고객과 상품이 이익의 80%를 내는가' 하는 질문인데, 이는 80/20 분석을 무효화하는 것이 절대 아니지만 이 분석을 잘못 활용할 경우의 위험을 보여주는 사례이기는 하다. 80/20 법칙을 정선하여 비판적으로 활용하도록 하자. 모든 사람들이 주목하는 변수, 이를테면 최신 베스트셀러 순위에 오른 책들이 실제로 중요하다는 식의 고정관념에서 벗어나야 한다.

　80/20 분석에서 가장 중요한 통찰은 다른 사람들이 보지 못하는 새로운 관계를 찾아내는 것에 있다. 또한 80/20 분석은 어떤 특정한 시점의 정지된 장면을 분석하는 것이라 시간에 따른 변화를 고려하지 못하기 때문에, 만일 잘못된 혹은 불완전한 상황을 정지화면으로 잡아 분석하면 틀린 답을 도출할 수도 있다는 점을 명심해야 한다.

80/20 사고방식이 필요한 이유

　80/20 분석은 매우 유용하지만 매번 자료를 조사하기는 쉽지 않다. 중요한 결정들은 분석을 통해 이루어지는 것이 아니므로, 80/20 법칙을 일상생활의 길잡이로 삼으려면 조금 덜 분석적이고 더 쉽게 활용할 수 있는 방법이 필요하다. 그것이 바로 80/20 사고방식이다.

　80/20 사고방식은 80/20 법칙과 마찬가지로 투입과 산출 사이의 불균형을 전제로 하지만 자료를 수량적으로 분석하지 않는다. 80/20 사고방식의 목적은 매우 중요한 일과 그렇지 않은 일을 구별하는 것, 다시 말해 나무가 아닌 숲을 보게 하는 데 있다.

　완벽한 데이터나 완벽한 분석보다는 직관과 통찰력으로 본질을 훨씬 더 정확하게 포착하는 경우가 많다. 이것이 80/20 사고방식이 자료의 도움을 받으면서도 데이터에만 전적으로 의존하지 않는 이유다.

80/20 사고를 하기 위해서는 80%의 결과를 왜 20%가 만들어 내는지 그 이유를 끊임없이 자문해야 한다. 이때 절대로 해답을 이미 알고 있다고 생각해서는 안 되며 독창적으로 생각할 시간을 가져야 한다. 하찮은 다수에 반해 꼭 필요한 소수의 투입이나 원인은 무엇인가? 배경 소음에 묻혀 잘 들리지 않는 매혹적인 선율에 귀를 기울여야 한다.

답을 찾은 다음 해야 할 행동은 80/20 분석과 같다. 행동양식을 바꾸고, 가장 중요한 20%에 힘을 집중하는 것이다. 그렇게 하면 훨씬 적은 노력으로 더 많은 것을 얻을 수 있다.

80/20 법칙으로 찾아낸 강력한 힘이 반드시 선한 것은 아닐 수도 있다. 선한 것이라면 그 힘을 키워주고 악하다면 억제해야 한다.

80/20 법칙은 상식을 뒤집는다

80/20 법칙은 우리가 무엇을 해야 할지를 가르쳐준다.

- 일의 강도를 높이기보다는 생산성이 높은 부분에 집중하라.
- 잘 닦인 길을 따라 차근차근 가기보다는 지름길을 찾아라.
- 최소한의 노력으로 자기 삶의 주인이 돼라.
- 무조건 열심히 하기보다는 핵심을 찾아내라.

- 여러 가지 일을 평균적으로 잘하기보다는 특정 분야에서 탁월해져야 한다.
- 일상생활에서 가능한 한 아웃소싱을 활용하라. 가사일이나 자동차 수리 등은 전문가에게 맡겨라.
- 직업과 회사를 주의 깊게 골라라. 가능하면 타인에게 고용되기보다는 타인을 고용하라.
- 가장 잘하고 가장 즐거운 일만 하라.
- 수면 아래 숨어 있는 아이러니와 비일상적인 것들을 찾아내라.
- 중요한 분야에서 20%의 노력이 80%의 성과로 이어지도록 만들어라.
- 차분하게 일하며 업무량을 줄이고, 모든 기회를 잡으려하지 말고 80%의 가치를 가진 20%의 목적만 추구하라.
- 창의력이 절정에 이르고 성공이 보장되는 뜻밖의 '행운'을 잘 움켜쥐어라.

80/20 사고방식을 체득하려면 적극적인 훈련과 독창성이 필요하다. 지금 바로 시작하는 것이 좋다. 이 법칙을 통해 자신의 삶을 크게 개선시키고 싶다면 80/20 법칙을 일상생활에 적용하는 방법을 소개한 2부로 넘어가자. 그리고 회사나 업무에 적용하고 싶다면 80/20 법칙의 사업적 응용을 설명한 3부부터 보도록 하자.

2부

삶의 기준을 바꾸는 80/20 법칙

The 80/20 Principle

3장
자유선언

정말 위대하고 감동적인 모든 것은 자유롭게 일하는 이들이 창조한다.

– 알버트 아인슈타인

결과를 바꾸는 20%의 비밀

- 진리가 우리를 자유롭게 하듯, 80/20 법칙은 우리를 자유롭게 한다. 덜 일하면서 더 많이 벌고 더 많이 즐길 수 있다. 하지만 영리하게 생각해야 한다.
- 80/20 사고방식은 사색을 중시하고, 전통에 얽매이지 않으며, 전략적이고 비선형적이다. 또한, 더 나은 세상을 만들고자 하는 야망과 관대함, 자신만만한 태도를 겸비하게 한다.
- 우리 인생은 몇몇 사건과 결정에 좋든 나쁘든 깊게 영향받는다.
- 80/20 법칙은 남들이 잘 가지 않는 행복한 길을 선택할 자유, 나에게 유리한 방향으로 판을 바꿀 자유, 인생을 바꿔놓을지도 모를 모험에 시간을 쓸 수 있는 자유를 선사한다.
- 실패는 대부분 억지로 경기에 참가하기 때문에 발생한다. 참가하고 싶은 경기에서는 크게 성공한다. 대부분의 경기에서 이기지 못하는 이유는 잘못된 경기(내 경기가 아닌 그들의 경기)에서 뛰기 때문이다.

즐겁게 조금 일하고서도 훨씬 더 큰 수입과 만족감을 얻는다면 우리의 생활은 훨씬 더 자유로울 것이다. 그러기 위해서는 80 대 20의 현실을 진지하게 받아들이기만 하면 된다. 80/20 사고방식에 따라 행동한다면 우리의 삶을 바꿀 수 있는 몇 가지 중요한 통찰력을 얻을 것이다.

이것은 종교도 아니고 이데올로기도 아니며, 누군가에게 강요받는 것도 아니다. 80/20 사고방식의 매력은 개인을 중심으로 하는 실용적인 것이고, 자기내면의 변화를 통해 형성된다는 점에 있다.

다시 말하지만 여러분은 80/20 사고방식을 익히고, 내가 말하는 내용을 자신의 목적에 맞게 편집하고 다듬기만 하면 된다. 사실 그것조차 별로 어려운 일은 아니다.

80/20 사고방식으로 얻을 수 있는 통찰은 그 수가 많지 않다. 하지만 그 위력은 매우 강하다.

나의 삶에서 시작하는 80/20 사고방식

80/20 사고방식의 특징은 사색을 중시하고, 전통에 얽매이지 않으며, 즐거운 삶을 추구하고, 근본적인 삶의 방식을 변화시키며, 불균형적이라는 데 있다. 그뿐만 아니라 이 사고방식은 삶을 더 나은 방향으로 이끈다는 점에서 최고의 야망과 관대함, 그리고 자신만만한 태도를 겸비하게 한다. 이제 80/20 사고방식을

익히기 위한 가벼운 지식을 쌓고, 평온하고 즐거운 인생을 설계하는 여행을 시작해보자.

생각은 깊게, 행동은 단호하게

80/20 사고방식의 목적은 자신과 타인의 삶을 크게 향상시킬 수 있는 행동을 만들어내는 것이다. 그러기 위해서는 우선 새로운 통찰을 가져야 하고, 그러한 통찰을 얻으려면 자신을 돌아보고 내면을 들여다보아야 한다. 때로는 이렇게 수집한 자료 없이 그저 새로운 생각을 하는 것만으로도 통찰을 얻을 수 있다. 우리의 뇌에는 우리가 상상하는 것보다 훨씬 더 많은 정보가 들어 있기 때문이다.

80/20 사고방식은 오늘날을 지배하는 사고방식과 전혀 다르다. 예를 들어 우리는 'X는 옳은가 그른가, 그 이유는 무엇인가?' 하는 식으로 성급하게 결론을 내리고 좋은 기회만을 생각하며 직선적으로 사고한다. 더구나 생각해보지도 않고 바로 행동하는 경우도 많다.

낡은 전통에서 벗어나라

80/20 사고방식으로는 전통적인 사고방식의 잘못된 부분을 찾아낼 수 있다. 우리의 삶을 따라다니는 낭비, 또 최적의 상태가 아닌 것을 파악한 뒤 일상생활에서부터 그것을 바꾸어나감으로써 진보는 비로소 시작된다. 전통적인 사고방식은 여기서 전혀 도움이 되지 않는다. 이것이야말로 낭비와 최적이 아닌 상태

를 만들어내는 근원이기 때문이다. 80/20 법칙의 힘은 전통에 얽매이지 않고 새로운 사고방식을 바탕으로 하여 전혀 다른 방법으로 일을 수행하는 데서 나온다. 이를 위해 먼저 왜 대부분의 사람들이 잘못된 일, 혹은 적어도 잘못될 가능성이 많은 일을 하게 되는지 그 이유를 파악해야 한다. 만약 당신이 내린 답이 지극히 상식적인 것이라면, 그것은 80/20식 사고와는 거리가 먼 것이니 버려야 한다.

최대한 즐겨라

80/20 사고방식을 가진 사람들은 삶이란 즐거워야 한다고 믿으며 흥미, 기쁨, 그리고 미래의 행복을 향한 욕망에서 성취감을 느낀다. 거의 모든 사람들이 즐겁게 살고 싶어 하지만, 많은 이들은 행복을 부르는 아주 간단한 길을 모르거나 알고 있어도 실천하지 않는다. 대개는 다음과 같은 함정들 중 한 가지 이상에 빠진다.

- 자신이 별로 좋아하지 않는 사람들과 많은 시간을 보낸다.
- '먹고살기 위해서'라는 명목으로 원하지 않는 일을 한다.
- 별로 즐겁지도 않은 일을 하느라 '자유 시간'의 대부분을 써버린다.

이것을 뒤집어보면 의미가 더 분명해진다. 대개의 사람들은 자신이 가장 좋아하는 이들과 보내는 시간, 그리고 즐거운 일을 하는 데 쓰는 시간이 너무 적다. 이런 사람들은 낙관적으로 생각하지 않고, 설령 낙천주의자라 하더라도 장차 더 나은 삶을 살기 위한 계획을 주의 깊게 세우려 하지 않는다.

이 모든 현상은 희망에 대한 경험의 승리라고 할 수 있다. 하지만 '경험'이란 객관적인 외부 현실 그 자체가 아니라 우리가 그것을 받아들이는 방식에 따라 스스로 쌓아온 구조물이다. 따라서 희망이 경험을 이기지 못한다면 이는 또한 기쁨에 대한 죄책감의 승리, 지성에 대한 유전학의 승리, 자신의 선택에 대한 운명의 승리, 진정한 의미에서 삶에 대한 죽음의 승리라고 할 수 있다.

80/20 법칙은 진보의 법칙이다

우주와 인류의 역사는 과연 진보하고 있는가? 일시적인 후퇴와 굴곡이 있긴 하지만 긴 안목에서 볼 때 진정으로 진보하고 있다고 말할 수 있는가? 이 문제를 놓고 지난 3,000년 동안 많은 논란이 있었다. 헤시오도스(B.C. 700년경), 플라톤(B.C. 428~348년), 아리스토텔레스(B.C. 384~322년), 세네카(B.C. 4년~A.D. 65년), 호라티우스(A.D. 65~68년), 성 아우구스티누스(A.D. 354~430년) 및 현재 살아 있는 수많은 철학자와 과학자 등은 진보를 부정하는 사람들이다. 베르나르 퐁트넬, 니콜라 드 콩도르세 등 17세기 말과 18세기의 계몽사상가들 거의 대부분과 다윈, 마르크스를 포함한 19세기의 사상가 및 과학자들은 대부분 진보라는 개념을 지지했다. 진보 지지 진영의 리더라 할 수 있는 역사가인 에드워드 기번Edward Gibbon은 『로마제국쇠망사』에서 다음과 같이 기술했다.

> 완벽을 향한 인류의 진보는 끝없이 원대하다. 그러므로 시대를 거듭할수록 인류의 진정한 부와 행복, 지식, 미덕은 계속 발전되어왔으며 앞으로도 계속 그러할 것이라는 흐뭇한 결론에 우리는 동의할 수밖에 없는 것이다.

물론 오늘날에는 진보를 부정하는 증거를 기번의 시대보다 훨씬 더 설득력 있게 제시할 수 있다. 그러나 진보를 지지하는 증거 역시 그에 못지않게 우세하다. 이 논쟁은 사고방식의 문제에 관한 것이므로 결코 실증적으로 해결할 수 없다. 진보를 믿는다면 신뢰해야 한다. 진보는 일종의 의무다.[1] 진보를 믿지 않는다면 결코 이 세상을 더 나은 방향으로 바꿀 수 없을 것이다.

비즈니스 세계는 이런 점을 이해하고 있다. 대체로 비즈니스 세계는 과학계와 더불어 진보를 옹호하는 가장 위대한 증거를 제공해왔다. 한정된 천연자원을 가지고 있지만 비즈니스와 과학은 마이크로칩과 혁신적인 첨단기술 등으로 새로운 지평을 열어나가고 있다.[2] 그러나 진보하는 것은 과학기술과 비즈니스만이 아니다. 우리의 삶도 질적인 면에서 진보해야 한다.

모든 사물은 자신이 가진 잠재력의 극히 일부분만을 드러낼 뿐이다. 그 힘의 20%만이 성취하는 데 중요한 역할을 한다. 그 나머지는 없는 것보다 있는 게 나은 정도일 뿐이다. 그러므로 중요한 20%에 더 많은 힘을 쏟고 80%는 적당한 수준으로 유지하면 성과를 획기적으로 높일 수 있다.

비즈니스와 과학의 진보는 80/20 법칙의 타당성을 잘 보여준다. 가령 기존의 것보다 몇 배나 더 빠르게 계산할 수 있는 대형 컴퓨터가 개발되었다고 가정하자. 하지만 시간이 조금 지나면 사용자들은 더 작으면서도 성능은 더 좋으며 가격까지 낮은 컴퓨터를 요구한다. 이런 과정을 반복하면서 컴퓨터는 끝없이 진보해나가고 있다.

이와 똑같은 법칙을 우리의 삶에도 적용할 수 있다. 우리가 진보를 믿는다면 80/20 법칙이 무한한 진보의 동반자가 되어줄 것이다. 우리는 결국 에드워드 기번의 주장, 즉 진정한 부와 행복과 지식, 어쩌면 미덕까지도 끊임없이 확대시킬 수 있다는 논리가 옳았음을 증명할 수도 있을 것이다.

전략적으로 실행하라

이는 자신이 비교우위를 점할 수 있는 몇몇 부분, 다른 사람보다는 스스로에게 있어 중요한 부분에 집중하여 계획을 세우고 단호한 결의하에 그것을 실행하는 것을 뜻한다.

발상의 전환: 비선형적으로 생각하라

설득력은 있지만 오류의 가능성이 큰 것이 바로 전통적인 사고방식이다. 'x가 원인이 되어 y가 일어나고, y는 z의 원인이 되며 b는 a의 필연적 결과'라는 식의 선형적 사고방식이기 때문이다. '내가 보잘것없는 직업을 가진 원인은 학력이 낮기 때문이다.' '내가 출세가도를 달리는 것은 머리가 비상하기 때문이다.' '제2차 세계대전이 일어난 것은 히틀러 때문이다.' '우리 회사는 업계가 불황이기 때문에 성장할 수 없다.' '실업은 낮은 인플레이션의 대가다.' '가난하고 병든 노약자를 돌보고 싶다면 세금을 더 내야 한다.' 등 선형적 사고방식의 예는 매우 많다.

사람들이 선형적 사고방식을 선호하는 이유는 단순명쾌하여 흑백이 분명하기 때문이다. 그러나 이러한 사고방식으로는 우리가 살고 있는 세계를 제대로 설명하지 못하며, 더욱이 진보할 수도 없다. 이미 오래전에 과학자들과 역사학자들이 포기한 사고방식에 집착할 필요는 없는 것이다.

좋건 나쁘건 간에 어떤 일의 원인이 무엇인지를 정확히 알아내기는 힘들다. 눈에 띄지 않는 뜻밖의 요인이 매우 큰 영향을 미칠 수 있고, 사소한 행동 하나가 환경의 균형을 크게 바꿔놓을 수도 있기 때문이다.

80/20 사고방식은 경험과 사색, 상상력에 호소하기 때문에 선형적 논리의 함정에서 벗어날 수 있게 해준다. 자신이 불행하게 느껴질 때는 그 불행의 원인이 무엇인지 찾으려 에너지를 낭비하지 말고, 그저 행복했던 날들을 떠올리며 그때처럼 만들겠다고 결심해라.

업무에서 벽에 부딪혔을 때는 더 큰 사무실, 더 비싼 차, 더 그럴듯한 직책, 더 적은 근무 시간, 좀 더 이해심 많은 상사 등을 꿈꾸는 헛된 짓을 하지 마라. 내 인생에서 진정으로 중요한 것이 무엇인지를 다시 생각해보고, 그것을 지금의 회사에서 이룰 수 없다면 직장이나 직업을 바꾸기 위한 생각을 하라. 원인을 찾지 마라. 특히 실패의 원인이라면 더욱 그렇다. 먼저 내 마음속 깊은 곳에서 행복을 느낄 수 있는 환경을 생각해보고 그런 환경을 만들어나가야 한다.

나에 대한 확신을 가져라

우리는 무언가를 성취하기 위해선 몸을 아끼지 말아야 한다는 생각에 길들여져 있다. 자신과 가족을 희생하고, 이른 아침부터 늦은 밤까지 일하며 치열한 경쟁을 뚫고 나아가야 한다고 여기는 것이다. 그래서 우리는 야망을 실현하기 위해서 비싼 대가를 치르고 있지만 사실 이런 생각은 바람직하지도, 필요하지도 않다.

야망을 실현하기 위해 진정으로 필요한 것은 자신감, 마음의 안정 그리고 바른 태도다. 이러한 80/20의 이상은 확고한 경험적 근거를 가지고 있다. 역사적으로 봤을 때 위대한 성과는 한 가지에 대한 지속적인 몰입과 갑작스런 통찰력이 결합되었을 때 이루어져왔다. 목욕하던 중에 부력을 발견한 아르키메데스나 나무 아래에서 사과 한 알을 보고 중력 이론을 발견했던 뉴턴을 생각해보자. 만일 아르키메데스가 부력에 대해, 뉴턴이 중력에 대해 계속 생각하고 있지 않았다면 갑작스럽게 그러한 통찰력도 생기지 않았을 것이다. 또한 아르키메데스가 책상에만 앉아 있었거나 뉴턴이 동료 과학자들에게 열심히 지시만 내리는 데 그쳤다면 아무런 일도 일어나지 않았을 것이다.

일생을 통해 성취하는 것 중 대부분은 아주 작은 것에서 시작된다. 시간이 없다는 것은 거짓말이다. 우리에게는 너무나 많은 시간이 있다. 다만 모든 것을 희생해가며 떠들썩하고 분주하게 일해야 성취할 수 있다는 생각에 빠져 제대로 쓰지 못할 뿐이다.

성취는 통찰력과 선택을 통해 이루어진다. 마음속에서 들려오는 조용하고 작은 목소리는 우리가 생각하는 것 이상으로 인생에서 큰 비중을 차지한다. 통찰력은 우리가 스스로에 대해 편안해하고 좋은 감정을 가질 때 생긴다. 그리고 통찰력이 생기기까지는 시간이 필요하다. 전통적인 사고방식에서 말하는 것과 달리 우리에게 시간은 아주 많다.

80/20 통찰력으로 내 일상을 바꾼다

이제 일상생활을 위한 80/20 통찰력을 활용해보자. 일부 통찰력은 다음의 판단 척도로 시험해보도록 하자. 이를 통해 우리는 삶의 질을 크게 높여줄 몇 가지 통찰에 한 걸음 더 다가갈 수 있다.

- 성취와 행복의 80%는 내 시간의 20% 안에서 이루어지며, 그 절정의 느낌을 더 높일 수 있다.

- 우리의 인생은 좋든 나쁘든 극히 일부 사건과 몇 가지 결정에 의해 크게 달라진다. 우리는 자신도 알지 못하는 사이에 이런 중요한 결정을 해버리는 경우가 많다. 따라서 행복을 느끼고 많은 것을 성취할 수 있는 중요한 결정을 의식적으로 내릴 수 있다면 삶의 질을 높이는 것도 가능해진다.
- 모든 일에는 항상 소수의 핵심적인 원인이 있다. 그러나 그것들은 눈에 보이지 않을 때가 많다. 핵심 원인을 떼어내서 파악할 수 있다면 그 힘을 훨씬 증폭시킬 수 있다.
- 누구나 위대한 성공의 주인공이 될 수 있다. 중요한 것은 노력이 아니라 성취하기에 적합한 것을 찾아내는 안목이다. 사람은 누구나 남보다 훨씬 생산적으로 수행할 수 있는 일을 할 능력이 있다. 그러나 잘못된 곳에서 너무 많은 일을 한꺼번에 하다 보면 타고난 능력을 충분히 발휘하지 못한다.
- 언제 어디서나 승자와 패자는 있게 마련이며, 언제나 패자가 더 많다. 정확한 상대, 정확한 우군, 정확한 방법을 선택한다면 누구나 승자가 될 수 있다. 불리한 점을 정당하고 공정하게 유리한 방향으로 조정하면 승리의 확률은 훨씬 더 높아진다. 또한 자신에게 적합한 경쟁을 선택해서 게임에 참가할 경우 승리할 가능성이 더 높다.
- 실패의 대부분은 타인이 원하는 경쟁에 참가했을 때 발생한다. 성공은 자신이 원하는 경쟁에서 이루어진다. 우리는

대부분 자신이 아닌 다른 사람들이 원하는 경쟁에 참가하기 때문에 승리하지 못하는 것이다.

- 목적에 대해 정말로 진지하게 생각하는 사람은 거의 없다. 우리는 몇 가지 중요한 일에 최상의 지혜와 노력을 집중시키기보다는 너무 많은 일에 전력을 분산시킨다. 탁월한 업적을 남긴 사람들에게는 강한 결단력뿐 아니라 사물을 선별할 줄 아는 능력이 있다.

- 사람들은 자신에게나 다른 사람에게나 별 가치 없는 일에 대부분의 시간을 소비한다. 80/20 사고방식을 가진 사람들은 이런 함정에 빠지지 않고, 큰 힘을 들이지 않으면서도 더 크고 중요한 목적을 성취한다.

- 인생에서 가장 중요한 결정 중 하나는 협력자를 선택하는 일이다. 협력자 없이는 거의 아무것도 달성할 수 없다. 대부분의 사람들은 자신을 도와줄 사람을 신중하게 선택하지 않고, 오히려 되는 대로 맡겨두는 사람조차 적지 않다. 이것은 인생을 그냥 흘러가는 대로 내버려두는 것과 같다. 사람들은 대부분 자신에게 맞지 않는 협력자를 만나기 때문에 협력자의 수는 많지만 이들을 적절하게 이용하지 못한다. 80/20 사고방식을 지닌 사람들은 신중하게 소수의 협력자를 선택하고, 특정 목적을 달성하기 위해 굳은 협조관계를 맺는다.

- 부주의하게 협력자를 선택하는 극단적인 예는 자신에게 맞지 않는 배우자를 선택하는 것이다. 또 주변에 사람들

은 많지만 진정으로 힘이 될 만한 친구는 드문 것이 현실
이다.

- 돈을 제대로 쓰면 더 나은 생활로 바꿀 기회가 생긴다. 사
  실 자산을 늘리는 방법을 제대로 알고 있는 사람은 거의
  없지만 80/20 사고방식을 익히면 자산을 점차 늘려갈 수
  있다. 돈의 노예가 되지 않고 행복한 생활을 위해 돈을 사
  용할 줄 알게 되는 것이다.

- 자신의 행복을 개발하는 데 충분한 시간을 두고 생각하는
  이들은 의외로 많지 않다. 사람들은 돈과 승진처럼 간접
  적인 목표를 추구하지만, 이런 목표는 달성이 어려울 뿐
  만 아니라 일단 달성하고 나면 행복을 추구하는 데 생각
  만큼 도움이 되지 못한다는 것을 깨닫게 된다. 행복은 돈
  으로 살 수 있는 것이 아니며 돈과 비슷하지도 않다. 쓰
  지 않은 돈은 저축하거나 투자를 하면 자연스럽게 늘어나
  지만 오늘 아껴둔 행복이 내일의 행복으로 연결되는 것은
  아니다. 행복은 근육이나 두뇌와 같아서 쓰지 않으면 위
  축되어버린다. 80/20 사고방식을 지닌 사람들은 자신에
  게 진정한 행복이 무엇인지를 알고 있고, 늘 즐거운 마음
  으로 행복을 추구하며, 오늘의 행복을 점점 더 큰 내일의
  행복으로 쌓아간다.

당신의 시간은 날개 속에 잠자고 있다

성취와 행복에 관한 80/20 사고방식을 시작하기에 가장 좋은
영역이 바로 시간이다. 우리는 시간의 질과 역할을 제대로 이해
하지 못하고 있다. 대개 사람들은 시간의 중요성을 직관적으로
이해하기 때문에 바쁘게 생활하는 수십만 명의 비즈니스맨들은
시간관리에서 해법을 찾으려고 한다. 그러나 실제로는 대부분
사소한 것들에 매달려 우왕좌왕하느라 시간을 허비하는 것이 현
실이다. 우리는 시간에 대한 모든 태도를 바꾸어야 한다. 우리에
게 진정 필요한 것은 시간관리가 아니라 바로 '시간혁명'이다.

4장
시간혁명의 7단계

나는 늘 시간이라는 이름의 마차가 뒤에서 황급히 달려오는 소리에 쫓긴다. 그리고 저기 바로 앞에는 영원이라는 이름의 광대한 사막이 펼쳐져 있다.

– 앤드류 마벨[1]

결과를 바꾸는 20%의 비밀

- 시간혁명은 행복과 효율성을 크게 높일 수 있는 가장 빠른 방법이다.
- 중요한 20%의 활동에 쓰는 시간을 두 배로 늘린다면, 1주일에 이틀만 일하고도 지금보다 60%의 성과를 더 올릴 수 있다.
- 시간은 우리의 적이 아니라 친구다. 시간이 곧 인생이고, 인생이 곧 시간이다. 흘러간 시간이 잃어버린 시간인 것은 아니다. 시간은 언제나 다시 돌아온다. 문제는 우리가 시간을 활용하는 방식이지 시간 그 자체가 아니다.
- 80/20 법칙에 따르면 우리는 행동을 더 줄이고 생각을 더 많이 해야 한다. 행동은 생각을 내몰기 때문이다. 우리는 시간이 너무 많아서 시간을 허투루 쓴다. 즐겁지 않은 일에 시간을 소모하는 것은 그야말로 비극이다.
- 더 나은 미래를 원한다면 과거와 현재에서 최고의 20%를 취해 그것을 확장하라. 가장 긍정적이고 즐거운 20%의 시간이 당신을 더 나은 방향으로 이끌도록 하라.

눈코 뜰 새 없이 바쁜 사람이든 아주 한가한 사람이든 누구에게나 시간혁명은 필요하다. 우리에게 시간이 부족하거나 시간이 너무 많아서가 아니다. 문제는 우리가 시간을 관리하는 방법, 시간에 대해 생각하는 방법에 있다. 그리고 문제가 있는 곳에는 문제 해결의 실마리도 숨어 있다.

80/20 법칙과 시간혁명

80/20 법칙을 시간활용에 적용하면 다음과 같은 가설이 성립된다.

- 가치 있는 성취의 대부분(전문적, 지적, 예술적, 문화적, 육체적 의미를 모두 포함해서)은 극히 적은 시간의 투자로 이루어진다. 성취하기까지 몇 달, 몇 년 또는 평생이 걸렸다 해도 그 기간과 상관없이 성취와 그것을 달성하기 위해 투자한 시간 사이에는 심각한 불균형이 존재한다.

- 마찬가지로 우리는 대부분의 행복도 매우 한정된 시기에 누린다. 행복을 정확하게 측정할 수 있다면 삶의 극히 일부분에 집중되어 있다는 것도 알게 될 것이다.

80/20 법칙을 이용하면 이상과 같은 가설을 수량화하여 정리할 수 있다.

- 가치 있는 성취의 80%는 투자한 시간의 20% 안에서 달성된다. 거꾸로 말하면 투자한 시간의 80%는 성취의 20%에만 기여한다.
- 행복의 80%는 인생의 20% 기간 안에 누릴 수 있으며, 나머지 기간 동안에는 행복의 20%밖에 누리지 못한다.

이것은 물론 가설이며 독자 자신의 경험에 비추어 검증해봐야 할 것이다. 나는 이 가설에 대한 검증을 이미 해보았고 대부분의 경우에 적용할 수 있다는 것을 확인했다. 이 가설을 토대로 나는 다음과 같이 상식에 반하는 네 가지 함축된 의미를 찾아냈다.

- 우리는 대부분 가치 없는 일을 하고 있다.
- 극히 적은 시간이 나머지 시간보다 훨씬 더 가치 있다.
- 어떤 결단을 내리고자 한다면 발상을 근본적으로 전환해야 한다. 지엽적인 일에서 맴도는 한 아무리 효율적으로 시간관리를 해도 가치 있는 변화를 기대할 수는 없다.

- 시간의 20%만 효율적으로 이용하면 시간이 부족할 일은 전혀 없다.

  몇 분, 길어야 몇 시간 동안만 시간을 내서 자신의 일상을 되돌아보고 80/20 법칙이 자신에게도 적용되는지 생각해보자. 정확히 몇 %인지는 중요하지 않으며, 실제로 어떤 경우에도 몇 %인지 정확하게 측정하기란 불가능하다. 그러므로 성취 및 행복과 그것에 투자한 시간 사이에 실제로 불균형이 존재하는지를 알아보면 된다.

- 가장 생산적인 5분의 1의 시간이 가치 있는 결과의 5분의 4를 만들어냈는가?
- 가장 행복한 시간의 5분의 4가 삶의 5분의 1에 집중되어 있는가?

  잠시 책을 덮고 산책을 나가도 좋다. 이 질문은 매우 중요하기에 시간을 두고 깊이 생각해봐야 한다.

'시간관리'로는 자유로워질 수 없다

시간과 성과 사이에 불균형이 존재한다는 결과가 나왔다면 이제 필요한 것은 시간혁명이다. 그렇다고 빡빡하게 시간계획을 세우라는 뜻은 아니다. 시간을 활용하는 방법과 시간에 대한 사고방식을 바꾸면 된다.

시간혁명을 시간관리와 혼동해서는 안 된다. 시간관리라는 개념은 덴마크에서 업무에 바쁜 기업 경영자들이 시간을 더 효율적으로 활용할 수 있도록 계획을 세우는 데 도움을 주기 위한 연수방법으로 시작되었다. 그것이 지금은 전 세계적으로 10억 달러 규모에 이르는 큰 산업이 되었다.

오늘날 시간관리 사업의 대표적인 상품은 예전의 교육연수가 아니라 '타임매니저time manager'라는 것이다. 타임매니저라고 하면 거창한 것 같지만 실제로 이것은 경영자용으로 만들어진 다이어리나 전자수첩을 일컫는 용어다. 또한 시간관리는 종교를 전도하듯 강한 설득력을 수반하는 경우가 많다. 업계에서 가장 빠르게 성장한 '프랭클린 플래너'를 만든 회사가 몰몬교에 그 뿌리를 두고 있는 것도 이와 같은 맥락이다.[2]

오늘날 시간관리는 마치 작은 신발에 커다란 발을 억지로 끼워 맞추거나 1리터의 물을 0.5리터의 용기에 담는 것과 같다. 시간관리의 궁극적 목표는 업무 속도를 높이는 것이고, 시간계획을 잘 세우면 효율적으로 일할 수 있다는 발상을 기본으로 한다. 또한 우선순위를 명확하게 정해서 급하긴 하지만 별로 중요하지 않은 일은 나중에 하도록 가르친다.

시간관리는 은연중에 우리가 좋은 시간활용과 나쁜 시간활용을 명확히 알고 있다는 점을 전제로 한다. 그러나 80/20 법칙의 입장에서 보면 이 전제는 잘못된 것이다. 사람들이 어떤 것이 중요한지 알고 있다면 이미 그 일을 중점적으로 해나가고 있을 것이므로 특별한 시간관리는 필요하지 않은 셈이 되어버린다.

시간관리에서는 해야 할 일들을 우선순위에 따라 A, B, C, D로 분류하여 목록을 작성하라고 말한다. 그러나 실제로 대부분의 사람들은 자신이 해야 할 일 중 60~70%를 A나 B로 분류해 놓고선 시간이 부족하다고 푸념한다. 관심이 시간관리에 있기 때문이다. 결과적으로 이들은 계획을 더 잘 세우고 일을 더 오래, 더 열심히 하지만 대체로 더욱 큰 스트레스나 좌절감만 느끼게 되기 마련이다. 이것은 시간관리를 위한 시간관리일 뿐 일하는 방식을 근본적으로 바꾸지는 못하고, 일정표에 빈 칸이 있다는 사실에서 죄책감과 무력함을 느끼기 때문이다.

시간관리라는 명칭 자체가 이미 나름의 의도를 나타내고 있다. 즉 시간이란 더욱 효과적으로 쓸 수 있고, 가치 있고 소중한 자원이므로 우리는 그에 맞춰 행동해야 한다는 주장을 암시하고 있는 것이다. 시간을 절약해야 하고, 조금만 잘못하면 시간은 우리 곁에서 도망가버린다고 주장하는 시간관리 전도사들은 '잃어버린 시간은 절대로 되찾을 수 없다'고 말한다.

오늘날 우리는 바쁜 시대를 사는 탓에 실직자나 되어야 여가를 즐길 수 있다. 우리가 사는 지금은 찰스 핸디Charles Handy[3]가 말한 '미친 시대'다. 기업 경영자들의 근로 시간은 주당 60시간이 우스울 정도로 점점 늘어나고 있는 데다 정리해고라는 태풍까지 몰아치고 있다.

현대인들은 '돈은 있는데 그 돈을 쓸 시간이 없는 사람들'과 '시간은 있는데 쓸 돈이 없는 사람들'로 나눌 수 있다. 시간관리가 대중적인 인기를 누리는 이유는 대부분의 사람들이 여가를 어떻게 써야 할지 잘 모르고, 시간이 없어 업무를 만족스럽게 수행하지 못하고 있다는 점에 대해 부담감을 가지고 있기 때문이다.

시간에 대한 고정관념을 버려라

80/20 법칙은 시간에 대한 전통적인 사고방식을 뒤집는다. 80/20식 시간분석은 시간에 대한 고정관념 때문에 고통받고 있는 사람들에게 자유를 선물해줄 것이다. 80/20 법칙에서 주장하는 것은 다음과 같다.

- 우리는 시간을 비합리적으로 활용하고 있다. 따라서 단순히 방법을 개선하는 것만으로는 한계에 부딪칠 뿐이다. 백지 상태에서 새롭게 시작해서 시간에 대한 모든 생각을 뒤집어야 한다.
- 시간이 부족하다는 것은 말이 안 된다. 오히려 우리는 넘치는 시간에 둘러싸여 살고 있다. 문제는 제대로 활용하는 시간이 단지 20%뿐이라는 데 있다. 중요한 20%의 활동에 쓰는 시간을 두 배로 늘릴 수만 있다면 우리는 1주일에 이틀만 일하고도 지금보다는 60%의 성과를 더 올릴 수 있다.
- 80/20 법칙은 시간을 정복해야 할 적이 아니라 친구로 생각한다. 시간이 흘러갔다 해서 그 시간을 잃어버린 것은 아니다. 시간은 언제나 다시 돌아온다. 1주일에 7일씩 되

풀이되고 매년 12개월이 또다시 생긴다. 적으로 삼아야 할 것은 우리가 시간을 활용하는 방식이지 시간 그 자체가 아니다.

- 80/20 법칙에 따르면, 행동을 더 줄여야 한다. 행동은 생각을 내몰아버리고, 그 때문에 우리는 시간을 낭비하게 된다. 한 프로젝트에서 가장 생산적인 시간은 보통 마지막 20%다. 특별한 이유가 있어서가 아니라 단지 그 일을 마감시간 전에 완결지어야 하기 때문이다. 대개 프로젝트 기간을 반으로 줄이는 것만으로도 생산성은 두 배가 된다.

가장 완전한 20%의 시간으로 미래를 만들어라

우리가 걱정해야 할 일은 시간의 부족이 아니라 대부분의 시간을 잘못된 방법으로 쓰고 있는 것이라고 했다. 80/20 사고방식은 시간에 대한 관점을 좀더 '동양적인' 쪽으로 바꾸어준다. 이제껏 비즈니스 세계에서는 '시간은 한번 흘러가면 되돌아오지 않는 직선'이라는 사고방식이 지배해왔다. 그러나 80/20식 시간 개념에서는 시간을 반복해서 순환하는 원으로 파악한다. 이 관점은 일찍이 시계를 발명한 사람들의 생각과 같다. 시간은 항상 우리에게 되돌아와서 실패로부터 배우고, 가치 있는 관계를 깊게 하고, 제품을 개량하거나 삶의 가치를 풍성하게 만들 기회를 선물한다. 우리는 현재로만 존재하는 것이 아니다. 우리는 과거로부터 왔으며, 과거의 기억이라는 귀중한 보물을 가지고 있다.

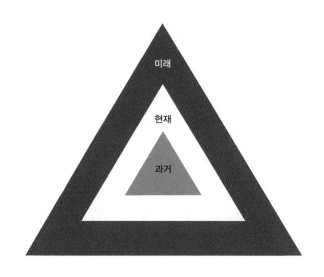

[도표 1] 시간의 3가지 요소

또한 미래는 과거와 마찬가지로 이미 현재에 내재하고 있다. 인생에 있어서 시간은 오른쪽에서 왼쪽으로 이동하는 그래프가 아니라 [도표 1]처럼 서로 연결되어 있으면서 크기가 점점 커지는 일련의 삼각형으로 묘사하는 것이 더 타당하다.

이러한 관점으로 시간을 생각하면 성격, 능력, 우정 그리고 물질적 자산까지 우리가 가진 모든 것 중에 가장 귀중하고 가치 있는 20%를 발전시키는 것이 우리의 가치와 행복을 증진하는 데 얼마나 중요한지를 확신하게 된다. 이것이 바로 80/20 법칙이 가진 낙천주의의 토대다. 여기서의 낙천주의란 더 나은 미래를 확신하는 것이다. 현재 가지고 있는 최고의 20%를 더욱 확장하게 되므로 우리는 언제나 오늘보다 더 나은 내일을 맞이하게 된다.

따라서 미래란 우리가 전혀 예측할 수 없는 것이 아니다. 미래는 과거와 현재를 토대로 이루어지며, 우리에게 더 나은 무언가를 창조해낼 기회를 준다.

시간혁명에의 초대

시간혁명을 위해서는 다음과 같은 일곱 단계가 필요하다.

1단계: 노력과 보상은 비례하지 않는다

우리는 의식적으로 힘들게 일하는 것, 혹은 적어도 그렇게 일했다는 데서 뿌듯한 기분을 느끼는 근로윤리에 사로잡혀 있다. 이제부터는 힘들게 일하는 것이 우리가 원하는 것을 얻는 데 효율적이지 않다는 사고방식을 마음속에 각인시켜야 한다. 힘든 노동은 낮은 수익을 낳는다. 통찰력을 발휘하여 스스로 원하는 것을 하면 높은 수익을 얻을 수 있다.

자신에게 생산적인 나태함의 표본이 될 만한 수호성인을 정해라. 나의 수호성인은 로널드 레이건과 워런 버핏이다. 2류 영화배우였던 레이건은 큰 노력도 없이 발전을 거듭하여 공화당 우파의 지지를 한 몸에 받는 인물이 되었고, 캘리포니아 주지사를 거쳐 성공한 대통령까지 되었다.

레이건이 이렇게 성공할 수 있었던 요인은 무엇이었을까? 우선 잘생긴 외모, 멋지고 매끄러운 목소리 그리고 시의적절한 유머감각을 들 수 있다. 괴한에게 저격당해 병원으로 실려 가는 앰뷸런스 안에서 그가 부인인 낸시 여사에게 "여보, 엎드리는 걸 깜박했어"라고 했다는 일화는 유명하다. 덧붙여 그에게는 아주 빈틈없는 선거유세 담당자들이 있었고, 고풍스럽고 우아한 풍모가 있었으며, 미국이라는 나라와 세계에 대한 디즈니 만화적인 사고방식이 있었다.

레이건은 문제를 처리하는 능력이나 현실을 파악하는 능력은 떨어졌으나 미국 국민들을 고무시키고 공산주의를 허물어뜨리는 데서는 탁월한 능력을 발휘했다. 처칠의 격언에 빗대어 말하면, 그렇게 적은 노력과 그렇게 적은 인원으로 그렇게 많은 성과를 이뤄낸 인물은 없었다.

한편 미국 최고의 부자로 손꼽혔던 워런 버핏은 힘든 노동이 아니라 현명한 투자로 성공을 거두었다. 아주 적은 자본으로 시작한 그는 해마다 주식 시장의 평균 가격상승률을 훨씬 상회하는 투자수익률을 기록하며 엄청난 재산가로 올라섰다. 전자계산기도 발명되기 전에 주식투자를 시작한 그는 자신의 통찰력을 바탕으로 투자하여 탁월한 분석가들을 압도해왔다.

버핏의 커다란 성공은 작은 아이디어 하나에서 시작되었다. 그는 '미국 지방신문들은 해당 지역에서 완벽한 독점판매권을 가지고 있으니 모든 산업 중 경영기반이 가장 확실하다'고 판단하여 지방신문에 투자했다. 이처럼 단순한 발상으로 첫 번째 성공을 거둔 그는 거기에서 벌어들인 돈을 대부분 자신이 잘 아는 산업에 투자하여 큰돈을 벌었다.

게으르다고까지 할 수는 없어도 버핏은 자신의 에너지를 매우 아꼈던 사람이다. 펀드매니저들이 주로 주식을 사고파는 방법으로 돈을 벌어들이는 데 반해 버핏은 제한된 업종에서 제한된 양의 주식을 산 뒤 오랫동안 가지고 있었다. 따라서 일단 주식을 사고 나면 한동안은 특별히 할 일이 거의 없다. 그는 분산투자에 대해서는 '노아의 방주식'이라는 표현으로 비난을 퍼부었다. 즉모든 종목의 주식을 두 개씩 사다 보면 결국 동물원을 만들 뿐이라는 것이다. 버핏의 투자철학은 '가능한 아무것도 하지 않는 것'이다.

나는 너무 많은 일을 하고 싶어질 때마다 이 두 사람을 생각한다. '생산적인 나태함'의 좋은 예가 되는 사람들을 정신적 지주로 삼고, 자주 떠올려보자.

2단계: 여유로움에 대한 죄의식을 버려라

죄의식 때문에 지나치게 힘든 일을 할 수도 있다는 사실을 경계해야 한다. 자신이 좋아하는 일을 하면서 죄의식을 느낄 수도 있다는 점 또한 아주 중요한 문제다. 좋아하는 일을 하는 것은 전혀 나쁘지 않고, 즐겁지 않은 일은 해봤자 아무런 가치도 없다.

하고 싶은 일을 하자. 좋아하는 일을 자신의 일로 만들고, 자신이 하는 일을 즐기자. 부자가 된 사람들은 거의 모두 자기가 즐기는 일을 하면서 '부'라는 보너스를 받은 이들이다. 20%의 사람들은 전체 부의 80%를 누릴 뿐 아니라 일을 하면서 얻는 즐거움의 80%까지 독점하고 있다. 똑같은 20%가 두 가지 모두를 누리고 있는 것이다.

눈부신 성과를 올리는 사람들은 대부분 자신이 하는 일을 즐기는 사람들이다. 위대한 예술가들을 생각해보자. 그들이 창조해낸 작품의 양과 질은 실로 놀랄 만하다. 반 고흐는 평생 쉬지 않고 그림을 그렸고 피카소는 앤디 워홀이 태어나기 전부터 공방을 운영했다. 자신이 하는 일을 사랑했기 때문이다.

미켈란젤로의 성적性的인 동기에서 유발된, 경이롭고도 장엄한 작품들을 떠올려보자. 다비드David 조각상이나 빈사의 노예The Dying Slave 조각상, 라우렌치아나 도서관Laurentian Library, 시스틴Sistine 성당의 천장화, 성 베드로 대성당의 피에타Pietà 조각상 등은 그가 남긴 작품들 중 극히 일부일 뿐이지만 모두 한 사람이 만들어냈다고는 믿기지 않을 만큼 경이롭다. 미켈란젤로가 그러한 작품들을 만든 이유는 돈을 벌기 위해서 혹은 당시 교황이었던 율리우스 2세Julius II를 두려워해서가 아니라 자신의 창작 활동과 젊고 아름다운 남자들을 사랑했기 때문이었다.

동기가 다 똑같을 수는 없겠지만, 창조하는 일 자체를 사랑하지 않는다면 그 가치가 영원히 남을 만한 결과물을 만들어낼 수도 없다. 이는 개인적인 일이나 사업에도 똑같이 적용된다.

나는 나태해지라고 권하는 것이 아니다. 노동이란 인간의 본질적인 욕구를 만족시키기 위한 자연스런 행위다. 모든 사람들에겐 각자 고유의 자연스러운 균형과 리듬 그리고 최적의 노동과 휴식의 비율이 있어서, 너무 나태해지거나 너무 부지런해지려고 하면 대부분 본능적으로 균형을 회복하려 한다. 80/20 사고방식에서는 다만 일을 할 때는 가치가 높은 일, 놀 때는 즐거움을 많이 느낄 수 있는 놀이에 집중하라고 말한다.

3단계: 타인이 강요하는 일에서 벗어나라

80%의 시간이 결과의 20%밖에 산출하지 못할 때, 그 80%의 시간은 다른 사람들의 요구에 따라 일하는 시간이라고 생각하면 옳을 것이다.

타인을 위해 일한다는 발상, 또는 안정된 수입을 얻지만 자신의 뜻대로 할 수 없는 일을 하는 것은 무려 200년간 지속되어 온 현상이지만 전체 노동의 역사에서 보면 이는 아주 짧은 과도기에 불과하다.[4] 대기업에서 일하는 사람이라도 자기 스스로를 위해 독립된 사업을 운영하고 있다고 생각하는 편이 좋다. 가장 큰 성과를 올리는 20%의 사람은 예외 없이 자기 자신을 위해 일한다.

누구든 타인에 대한 의무를 조금씩이라도 지니고 있으며, 그러한 의무가 자기 자신에게 좋게 작용할 수도 있다. 설사 기업가의 입장에 있다고 해도 한 마리 늑대처럼 고립되어 일할 수는 없다. 기업가에게는 파트너와 고용인들, 제휴하는 기업들 및 인맥도 있어야 사업을 해나갈 수 있다. 이들에게 아무것도 주지 않는다면 그들로부터 아무것도 얻을 수 없다. 중요한 것은 자신의 파트너와 의무를 신중하게 선택해야 한다는 것이다.

4단계: 상식을 뒤집는 시간활용법을 찾아라

타인의 명령에 따르거나, 남의 기대에 맞는 일을 하거나, 참석하는 것이 당연시되는 회의에 참석하거나, 누구나 하고 있는 일을 똑같이 하거나, 사회적인 관습을 따르느라 가장 귀중한 20%의 시간을 사용해서는 안 된다. 우리는 그 일들이 꼭 필요한 것인지 자문해보아야 한다. 상식적인 사고방식을 버리지 않는 한 여러분은 자신의 시간 중 80%를 별로 중요하지 않은 일을 하는 데 쓰게 될 것이다.

자신이 속한 세계에서 쫓겨나지 않으면서 어느 선까지 규범에서 벗어난 행동을 할 수 있는지 생각해보고 상식에 반하는 시간활용법, 관습에서 벗어나는 특이한 시간활용법을 항상 찾아보자. 그 모든 것들이 다 유용하지는 않더라도 그중 몇 가지, 적어도 한 가지는 효과가 있을 것이다. 여러 일들 중 자신이 즐길 수 있고 가치가 높다고 생각하는 것에 가장 많은 시간을 투자하라.

주변의 성공한 사람 중에서 특이한 사람을 찾아보고 그가 어떻게 자기 시간을 활용하고 있으며 어떻게 관습의 틀을 뒤집는지 관찰해보라. 아마 가장 따라 하고 싶은 부분을 발견하게 될 것이다.

5단계: 80%의 성과를 내는 20%의 시간을 파악하라

먼저 살아가는 목적이 일의 성취인지 아니면 행복인지, 그 두 가지를 각각 나누어 생각해보기를 권한다.

우선 자신의 '행복의 집합'들을 알아보자. 행복의 집합이란 자신이 어떤 일을 하면서 완전한 행복을 느꼈던 시간을 말한다. 아주 짧은 시간이어도 좋고 몇 년이어도 좋다. 종이를 한 장 꺼내 기억나는 것들을 최대한 많이 적고, 그 행복한 순간들에서 공통점을 이끌어내본다.

똑같은 과정으로 '불행의 집합'을 알아본다. 대개는 불행한 순간을 모두 합쳐도 80%를 차지하지는 않을 것이다. 왜냐하면 완전한 행복과 완전한 불행 사이에는 적당한 행복이라는 모호한 부분이 크게 자리를 차지하고 있기 때문이다. 여기에서는 단지 불행한 순간의 요인들에서 공통분모를 파악하면 된다.

이번에는 '성취의 집합'을 파악하여 공통점을 찾아보자. 자신이 살아온 모든 시간을 돌이켜, 투자한 시간에 비해 상대적으로 가장 높은 가치를 성취한 기간들을 찾아보는 것이다. 그리고 '성취의 집합'들의 공통적인 특징을 파악해보자. 뒤에 나오는 '최고의 시간활용법 열 가지'를 읽으면 도움이 될 것이다.

'무성취의 집합'들의 목록도 따로 만들자. 이는 가장 성과가 미미하고 생산성이 낮았던 기간을 말한다. 뒤에 나오는 '최악의 시간활용법 열 가지'가 정리하는 데 도움이 될 것이다.

이렇게 목록을 만든 다음에는 행동하는 일만 남는다.

6단계: 핵심적인 20%에 사용하는 시간을 늘려라

자신이 어떤 순간에 행복과 성취를 느꼈는지 파악하고 나면 그와 같거나 비슷한 활동에 더 많은 시간을 투자하고 싶어진다. 행복과 성취의 집합에서 공통적인 특성을 파악하는 것은 자신의 숨겨진 재능과 자질을 찾아내기 위한 것이다.

성취나 행복을 위해 무엇을 해야 하는지 알았다 해도 제대로 실행하지 못하거나 아예 시작조차 하지 못할 수도 있다. 그러나 전혀 하지 않는 것보다는 낫다. 우리는 자신의 능력이나 행복이 어디에 숨어 있는지 알 수 없기 때문이다. 예를 들어 영국 최고의 기수騎手 딕 프랜시스Dick Francis는 40세가 되어서야 비로소 자신의 첫 번째 경마 추리소설을 발표했다. 작가로서의 프랜시스는 기수일 때와 비교할 수 없을 정도로 큰 성공, 수입, 개인적인 만족을 누렸다. 리처드 애덤스Richard Adams는 자신의 베스트셀러『워터십 다운Watership Down』을 쓰기 전까지는 꿈을 이루지 못한 중년의 중급 공무원에 지나지 않았다.

행복이나 성취의 80%를 가져다주는 20%의 활동이 무엇인지를 찾아낸 다음 그런 활동에 투자하는 시간을 늘려야 한다.

처음에는 실행 가능한 단기 목표를 세운 뒤 20%의 시간을 1년 안에 40%로 높이겠다고 결심한다. 이런 행동만으로 우리의 '생산성'은 60~80%까지 향상될 것이다. 이제 우리는 20%의 생산적인 시간대 두 개와 가치 있는 80%의 성과를 갖게 되는 셈이다. 따라서 가치가 낮은 활동에서 얻은 기존의 20%를 모두 잃는다 하더라도, 가치가 높은 활동에 시간의 일부를 재배정함으로써 전체 산출량은 100~160%까지 증가할 것이다.

가장 이상적인 것은 가치가 높은 활동에 투자하는 시간을 20%에서 100%로 올리는 것이다. 이것은 직업과 생활방식을 완전히 바꿔야만 가능해진다.

7단계: 가치가 낮은 활동을 중단하라

가장 좋은 방법은 불과 20%의 성과밖에 내지 못하는 80%의 활동을 중단하는 것이다. 가치가 높은 활동에 더 많은 시간을 투자하다 보면 가치가 낮은 활동에 투자하는 시간이 자연스럽게 줄어들 것이라고 흔히들 생각하지만 이는 거꾸로 된 사고방식이다. 가치가 낮은 활동을 없애는 것이 먼저라는 사실을 명심하자.

가치가 낮은 활동들은 대부분 가족, 사회 또는 기업에 없어서는 안 될 일들이므로 간단히 없앨 수는 없다고 생각하는 사람들이 많다. 하지만 어떤 환경에서나 일하는 방식을 바꿀 여지는 의외로 훨씬 많다. 그러므로 상식에서 벗어나 자유롭게 생각하는 것이 중요하다.

새로운 원칙을 세우고 그것에 따라 행동하며 어떤 일이 벌어지는지 관찰해보자. 당신이 바꾸고 싶어 하는 활동은 별 가치가 없는 일이다. 그러니 하지 않더라도 다른 사람들은 전혀 눈치채지 못할 것이고, 설사 알아차린다 해도 새삼스레 다시 강요할 만큼 크게 신경 쓰지는 않을 것이다.

가치가 낮은 활동을 없애기 위해서는 업무를 바꾸거나, 직장을 그만두거나, 잘 맞지 않는 친구들과의 관계를 끊거나, 생활방식을 달리하거나, 심지어는 환경을 근본적으로 바꾸어야 할지도 모른다. 그러나 당신이 원하는 변화를 이루려면 결단이 필요하다. 그렇지 못하면 당신의 잠재력과 행복은 영원히 발현되지 못할 것이다.

시간활용의 4가지 성공사례

상식을 깬 정치가

우선 첫 번째 사례로 영국 빅토리아 왕조 시대에 뛰어난 자유당원으로 네 번이나 총리로 선출된 윌리엄 글래드스톤William Gladstone을 들 수 있다. 이 사람은 여러 방면에서 상식을 뛰어넘었는데, 우리가 여기서 주목해야 할 부분은 글래드스톤만의 독특한 시간활용법이다.[5]

그는 유능한 정치가였지만 정치적 의무에 얽매이지 않았고, 오히려 수많은 방법으로 자신이 원하는 것을 원하는 만큼 하며 많은 시간을 보냈다. 그는 여행을 좋아해서 영국뿐 아니라 해외 여행도 자주 했는데 총리 재임 시절에도 개인적인 용무로 프랑스, 이탈리아, 독일을 자주 방문했다.

글래드스톤은 연극을 사랑했고, 육체적인 관계 없이 여성들과의 스캔들로 여러 차례 세간에 오르내렸으며, 2만 권의 책을 독파한 독서광이었다. 또한 영국 하원에서 유례없이 긴 연설을 했고(그럼에도 졸았던 의원은 없었다), 근대의 선거 전술을 확립했으며, 진정으로 선거를 즐겼다. 그는 이 모든 일을 매우 즐겁고 열정적으로 수행했고, 몸이 별로 안 좋을 때면 침대에서 적어도 하루 동안 휴식을 취하며 독서나 사색을 즐기기도 했다. 이러한 독특한 시간활용법 덕분에 글래드스톤은 정치가로서 필요한 지혜와 활력이 끊임없이 샘솟는 생활을 할 수 있었다.

그 후 역대 영국 총리 중에서는 로이드 조지Lloyd George, 처칠, 대

처 세 사람만이 글래드스톤에 견줄 정도로 독특한 시간활용법을
사용했는데, 모두 아주 큰 성과를 거두었다.

가끔 일하고 수천만 달러를 버는 컨설턴트

관습에 얽매이지 않는 시간활용 사례는 안정된 경영컨설팅 업
계에서도 찾아볼 수 있다. 컨설턴트들은 오래 일하고 눈코 뜰 새
없이 바쁘기로 악명 높은데, 지금부터 하는 이야기에 등장하는
세 명(모두 가명)은 상식을 뒤집는 시간활용으로 큰 성공을 거두
었다.

먼저, 프레드는 수천만 달러를 버는 컨설턴트다. 그는 MBA 자
격증도 없지만 아주 크고 훌륭한 컨설팅 회사를 차렸다. 그 회
사에서는 프레드를 제외한 거의 모든 사람들이 주당 70시간 이
상 일한다. 그러나 프레드는 단지 가끔 회사에 나갔으며, 한 달
에 한 번씩 세계 각 지역의 파트너들이 의무적으로 참가하는 파
트너 회의에도 얼굴만 내밀 뿐이다. 그는 테니스를 치거나 사색
을 하며 대부분의 시간을 보냈다. 프레드는 냉정하게 회사를 이
끌어갔지만 결코 언성을 높이는 법이 없었고, 다섯 명의 핵심 부
하직원과 협력하여 모든 일을 처리해나갔다.

두 번째로, 랜디라는 친구는 프레드의 참모 다섯 명 중 한 사
람이었다. 회사설립자를 제외하면 랜디는 사실상 일중독자들
로 가득한 이 회사에서 유일하게 예외적인 사람이었다. 이 친구
는 아주 멀리 떨어진 나라의 지사장이었는데, 그 지사는 맹렬하
게 일하는 스태프들 덕분에 나날이 성장하고 있었다. 그러나 랜

디가 지사에 나가는 날은 많지 않았다. 랜디가 시간을 어떻게 보내는지, 하루에 몇 시간을 일하는지 아는 사람은 아무도 없었다. 사실 그는 매우 한가롭게 지냈고, 대부분 주요 고객과의 미팅에만 참가할 뿐 그 밖의 모든 일은 후배 파트너에게 일임했다. 필요하면 회사에 나갈 수 없는 이유도 아주 기상천외하게 만들어냈다.

회사의 대표이긴 하지만 경영에 전혀 관여하지 않았던 그는 가장 중요한 고객들과 이익을 늘릴 수 있는 방법을 연구한 다음, 이를 수행하기 위해 최소한의 개인적인 노력을 들여서 시스템을 적재적소에 배치하는 데 자신의 에너지를 쏟았다. 랜디는 결코 우선순위를 세 개 이상 선택하지 않았으며 단 하나만 택할 때도 많았고 그 밖의 다른 일은 이사회에 일임했다. 그는 결코 일에서 스트레스를 받지 않으면서도 뛰어난 성과를 기록한 사람이었다.

마지막으로 시간을 독특하게 활용했던 사람은 나의 친구이자 파트너인 짐이다. 몇 명의 다른 동료들과 함께 작은 사무실을 공동으로 사용하던 시절의 짐에 대한 기억은 아직도 생생하다. 그 사무실은 비좁고 매우 혼잡스러웠다. 사람들은 저마다 전화 통화를 하거나 서둘러 프레젠테이션 준비를 하느라 분주했으며, 반대편에 있는 사람에게 고함을 치기도 했다.

그러나 이 친구는 주변의 소란스러움에도 전혀 흔들리지 않고, 깊은 생각에 잠겨 달력을 응시한 채 자신이 해야 할 일을 생각했으며, 때때로 생각났다는 듯이 몇몇 부하직원들을 불러 조용한 방으로 데려가서는 그들이 어떤 일을 하면 좋은지 설명해주었다. 그것도 한 번도 아니고 두 번, 세 번씩 너무나 상세하게 조목조목 설명한 다음 부하직원들에게 스스로 해야 할 일을 자기에게 다시 한 번 복창하게 했다. 짐은 느리고 열성적이지도 않으며 귀도 잘 안 들렸지만 리더로서는 탁월한 능력을 발휘했다. 그는 가치가 높은 일을 선별하여 적임자를 파악한 다음 그 일이 확실히 실행되도록 하는 데 자신의 근무 시간을 모두 투자했다.

최악의 시간활용법 10가지

일의 성취를 위한 것이든 개인적 행복을 위한 것이든 가치가 낮은 활동을 포기한다면 자연히 가치가 높은 활동에만 시간을 투자하게 될 것이다. 나는 앞에서 여러분에게 가치가 낮은 활동

1	타인으로부터 부탁받은 일을 한다.
2	항상 같은 일을 같은 방법으로 한다.
3	특별히 소질이 없는 일을 한다.
4	재미없는 일을 한다.
5	항상 방해받는 일을 한다.
6	타인은 거의 관심을 보이지 않는 일을 한다.
7	원래 예상한 시간보다 두 배나 더 걸린 일을 계속한다.
8	신뢰할 수 없는 사람, 능력이 떨어지는 사람과 일한다.
9	사이클을 예상할 수 있는 일을 한다.
10	전화 받는 일을 한다.

[도표 2] 최악의 시간활용법 10가지

을 파악해보라고 권유한 바 있는데, 다음의 [도표 2]를 통해 혹시 빠뜨린 것이 있는지 확인해보자.

가치가 낮은 활동을 없앨 때는 단호해져야 한다. 어떤 상황에서도 모든 사람에게 자신의 시간을 똑같이 내주는 일은 없어야 한다. 무엇보다도 '다른 사람이 부탁하니까' 또는 '내가 그 전화를 받았으니까' 하는 식의 일하는 습관은 즉시 버려야 한다. 낸시 레이건의 충고대로 싫으면 그냥 '노No'라고 말하라. 아니면 '완전히 무시'하는 것도 한 가지 방법이다.

최고의 시간활용법 10가지

[도표 3]은 최고의 시간활용법 열 가지를 적은 것이다. 새로운

1	인생 목표에 맞는 일을 한다.
2	항상 하고 싶었던 일을 한다.
3	80%의 성과를 만들어내는 20%의 일을 한다.
4	최소의 시간으로 최대의 성과를 거둘 수 있는 혁신적인 방법을 생각한다.
5	다른 사람이 "넌 할 수 없어"라고 말한 일을 한다.
6	다른 분야에서 누군가가 큰 성공을 거둔 일을 한다.
7	자기만의 창의성을 살리는 일을 한다.
8	다른 사람에게 맡기면서, 나는 비교적 즐겁게 할 수 있는 일을 한다.
9	상식을 벗어난 시간활용법을 익힌, 유능한 사람과 함께 일한다.
10	지금이 아니면 평생 할 수 없는 절호의 기회라고 생각하는 일을 한다.

[도표 3] 최고의 시간활용법 10가지

시간활용법에 대해 생각할 때는 다음 두 가지 질문을 해보자.

- 상식에서 벗어나 있는가?
- 시간의 효용을 몇 배 늘릴 수 있는가?

이 두 가지 질문에 대한 답이 모두 '예스Yes'가 아니라면 좋은 시간활용법이 아니다.

시간혁명은 정말 가능한가

시간혁명에 관한 내 조언은 대부분 너무 혁신적인 데다 자신의 환경에 비추어 볼 때 너무 이상적이어서 실행하기 어렵다고 느끼는 사람도 적지 않을 것이다. 지금까지 내가 받은 비판과 반론 중 중요하다고 생각된 것들은 다음과 같다.

- 나는 시간을 활용하는 방법을 마음대로 바꿀 수 없다. 상사가 허락하지도 않을 것이다.
- 조언을 따르려면 직업을 바꾸어야 하는데 그런 위험한 일을 시도할 형편이 안 된다.
- 그런 조언은 경제적 여유가 있는 사람에게나 어울린다. 나에게는 그럴 여유가 없다.
- 조언을 따르려면 배우자와 이혼해야 한다.

- 내가 높이길 바라는 효율은 25% 정도지 250%씩은 아니다. 솔직히 효율을 250%나 향상시킨다는 것은 과장된 것 아닌가.
- 말처럼 그렇게 쉬운 일이라면 누구나 그렇게 할 것이다.

이 말들을 보고 고개를 끄덕이는 사람은 시간혁명을 일으키지 못할 것이다. 나는 그런 이들에게 '혁명가가 되고 싶지 않다면 시간혁명을 시작하지 말라'고 말하고 싶다.

혁명은 본래 불편하고 고통스러우며 위험하다. 혁명의 길에는 많은 위험이 따르며, 해도(海圖) 한 장 없이 망망대해를 항해하는 것과 같다는 것을 혁명 시작 전에 확실히 인식해야 한다.

시간혁명을 원하는 사람들은 앞의 [도표 1]에서 제시한 것처럼 과거, 현재 그리고 미래를 함께 연결시켜 사고해야 한다. '시간을 어떻게 사용할 것인가' 하는 문제의 밑바탕에는 훨씬 더 근본적인 문제가 숨어 있다. 그것은 바로 '무엇을 위해 살 것인가', 또 '그것을 위해 현재의 무엇을 버릴 것인가' 하는 문제다.

5장
라이프스타일을 혁신하라

하찮은 일 때문에 가장 중요한 일이 희생되어서는 절
대로 안 된다.

- 괴테

결과를 바꾸는 20%의 비밀

- 인생에서 원하는 목표를 세우고 모두 성취하는 것을 목표로 삼아라.
- 그러려면 자신이 원하는 것이 무엇인지 알아야 한다.
- 자신과 잘 맞는 사람과 생활하고 있는가?
- 좋은 친구들이 있고 원하는 만큼 자주 만나는가?
- 살고 있는 장소는 자신에게 알맞은 곳인가?
- 좋아하는 일을 하고 있는가?
- 당신을 둘러싼 환경 속에서 몸과 마음이 편안한가?
- 자신의 창의성을 마음껏 발휘할 수 있는가?
- 당신이 쉽게 할 수 있는 일, 보람과 행복을 느낄 수 있는 일에 집중하라. 다른 사람보다 월등히 잘하면서 즐겁게 할 수 있는 일 몇 가지를 계속해 나가라.
- 그러다 보면 어느새 목표가 이뤄져 있을 것이다. 당신에게 필요하고 마땅한 라이프스타일을 갖게 된다. 생각보다 간단한 일이다.

사람들은 대부분 자신이 원하는 것을 성취하지 못하고, 결과적으로 한쪽으로 치우친 인생을 살고 만다. 직업은 만족스럽지만 인간관계가 부족하다든지 혹은 그 반대일 수도 있다. 또 성공을 하거나 돈을 벌기 위해 온갖 노력을 하지만, 목표 달성 후에는 그 승리가 공허한 것임을 깨닫기도 한다. 자신이 진정으로 원하는 삶이 무엇인지 생각해보라. '후회 없는 인생'을 향해 도전할 만한 가치가 있는 것은 무엇인가? 이 장의 주제가 바로 그런 출발을 도와줄 것이다.

라이프스타일을 다시 생각하자

지금의 생활이 즐거운가? 누구에게나 조금은 즐거운 부분이 있겠지만 일부가 아닌, 적어도 생활의 80% 정도가 즐거운가 아닌가를 판단의 기준으로 삼아 생각해보라. 그리고 지금의 생활이 즐거운 사람이든 그렇지 않은 사람이든, 자신에게 더 잘 맞는 라이프스타일로 바꿀 여지는 있는가도 생각해보자.

* 자신과 잘 맞는 사람들과 생활하고 있는가?
* 살고 있는 장소는 자신에게 알맞은 곳인가?
* 노동 시간은 적당한가? 노동과 휴식의 균형을 잃고 있지는 않은가? 가정이나 사회의 요청에 부응하는 생활을 하고 있는가?

- 타인에게 규제당하고 있다고 느끼는가?
- 하고 싶은 일을 하고 생각하고 싶은 것을 생각할 수 있는가?
- 자신의 주변 환경이나 어울리는 사람들을 생각할 때는 거의 언제나 마음이 편안하고 기분이 좋은가?
- 현재의 라이프스타일에서 자신의 창조성과 잠재력이 잘 발휘되는가?
- 돈은 충분한가? 그리고 돈을 걱정하지 않아도 될 만큼 직업이 안정적인가?
- 현재의 라이프스타일에서 자신이 돕고 싶은 사람들에게 도움을 주기 위해 필요한 것을 쉽게 할 수 있는가?
- 친한 친구들을 자주 만나는가?
- 너무 많지도 적지도 않은 생활비는 어느 정도인가?
- 자신의 현재 라이프스타일은 배우자나 가족에게도 잘 맞는가?
- 현재 자신이 원하는 모든 것을 다 가지고 있는가? 모자람이 없는 인생이라고 말할 수 있는가?

일하는 시간이 행복한가

일이란 인생에서 중요한 부분이지만 지나치거나 모자라도 안 된다. 모든 사람들에게는 금전적 보상이 있는 것이든 아니든 일이 필요하다. 그러나 대부분의 경우 아무리 자기 일을 즐긴다 할지라도 일이 인생의 전부가 될 수는 없다. 또한 어느 정도의 근무 시간이 적당한지에 관한 문제도 단지 사회적 관습에 따라 판단해서는 안 된다.

80/20 법칙에 따라 자신이 일을 너무 많이 하는지 혹은 적게 하는지 측정해보자. 여기서 기본이 되는 것은 중재의 개념이라 할 수 있다. 만일 평균적으로 봤을 때 일을 할 때보다 안 할 때가 더 행복하다면 일을 줄이거나 직업을 바꿔야 한다. 반대로 평균적으로 보아 일을 안 할 때보다 할 때 더 행복하다면 일을 늘리거나 일하지 않을 때의 생활을 바꾸도록 한다. 일을 할 때와 안 할 때, 일하는 시간의 80%와 일하지 않는 시간의 80%가 똑같은 정도로 행복한 것이 가장 이상적인 상태다.

직업도 인생의 일부다

직업을 추구할 때는 생활의 질이라는 넓은 관점에서 보아야 한다. 자신의 라이프스타일을 유지할 만큼의 수입이 보장되는지, 실제로 만족을 얻을 수 있는지를 생각해보는 것이다.

자신이 노력해서 얻을 수 있는 최상의 것이 무엇인지를 파악하고 전체적인 인생의 맥락에서 그것을 바라보자. 그러나 사실 이것을 행동에 옮기기란 말처럼 쉽지 않다. 낡은 습관은 쉽사리 사라지지 않으며 라이프스타일의 중요성은 관습적인 직업의식에 밀려 무시당하기 쉽기 때문이다.

한 가지 예를 들어보자. 나는 1983년에 동료 두 사람과 경영컨설팅 회사를 차렸다. 전에 다니던 회사의 사장이 요구했던 장시간의 근무와 잦은 출장이 생활에 얼마나 안 좋은 영향을 미쳤었는지 알고 있었기 때문에, 우리는 새 회사에서 '완전한 라이프스타일 추구'를 기본 방침으로 정하고 삶의 질에도 금전적인 수입과 똑같은 무게를 두기로 하였다. 그러나 막상 일이 쏟아져 들어오기 시작하자 우리는 우리도 모르게 전처럼 1주일에 80시간을 일하고 말았으며, 심지어 직원들에게도 그렇게 하기를 요구하였다. 견디다 못한 직원이 '일이 내 삶을 황폐하게 만들었다'고 문제를 제기했을 때도 처음에는 그게 무슨 뜻인지 이해할 수 없을 정도였다. 수입을 올리려다 보니 '완전한 라이프스타일 추구'라는 처음의 목적이 실종되어버린 것이다.

진정으로 원하는 직업은 무엇인가

그렇다고 치열한 경쟁사회에서 반드시 탈출해야 한다는 말은 아니다. 경쟁사회에서 가장 행복을 느끼는 사람도 있으니 말이다.

다만 자신이 무엇을 좋아하는지 확실히 파악하고 그것을 일에 포함시키도록 노력해야 한다. 그러나 그 '일' 자체는 전체적 균형을 이루는 한 요소일 뿐이다. 그러므로 그 일을 하는 환경은 어떠한지, 직업적인 성공이 자신에게 어느 정도 중요한지에 대해서도 신중히 고려해야 한다. 이러한 부분도 직업적인 행복을 결정하는 데 마찬가지로 중요한 요소이기 때문이다.

우선 다음의 두 가지 축을 놓고, 자신이 어디에 위치하고 있는지 파악해보자.

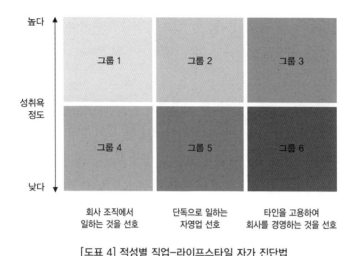

[도표 4] 적성별 직업-라이프스타일 자가 진단법

- 일에서의 성취와 성공을 강하게 원하고 있는가?
- 회사에서 일할 때가 행복한가? 아니면 자영업이나 개인적으로 독립해서 자유업에 종사할 때 더 행복한가? 혹은 누군가를 고용해서 회사를 경영하는 쪽이 가장 행복한가?

[도표 4]에 결과가 나와 있다. 자신이 가장 비슷하게 속한 그룹은 어디인가?

1번 그룹은 야망은 크지만 다른 사람들이 틀을 구성하여 제공하는 환경에서 일하는 것을 선호한다. 20세기의 전형적인 '회사형 인간'이 이 범주에 속한다. 대기업들의 고용인원이 점점 줄어들고 중소기업은 시장점유율을 잠식당하는 현재의 상황에서 이러한 유형의 사람에 대한 수요는 줄어들고 있다. 그래도 회사에 속해 일하는 것을 원한다면 이 냉정한 시대의 조류를 직시하고, 아무리 시대에 뒤떨어진 일이라 해도 자신의 뜻대로 뚫고 나가 겠다는 각오를 해야 한다.

2번 그룹에 속한 사람들은 전형적인 전문가들로, 동료들로부터 인정받고 자기 분야에서 일인자가 되고 싶어 하는 사람들이다. 이들은 독립적인 생활을 원하는 데다 대학처럼 자유분방한 조직이 아니라면 조직 생활에 잘 맞지 않으므로 가능한 빨리 자영업을 시작해야 한다. 일단 시작한 다음에는 조직을 키우면 경제적 이익이 늘어날 것이라는 점이 눈에 보이더라도 다른 사람들을 고용하고 싶은 유혹을 이겨내야 한다. 2번 그룹은 자영업이나 자유업에 알맞은데, 이런 유형의 사람들은 가능한 한 타인에게 직업상으로 의존하는 것을 피하려는 경향이 있다.

3번 그룹의 사람들은 성취욕과 야망이 높은 동시에 어딘가에 고용되는 것을 싫어한다. 2번 그룹과 다른 점은 자영업이나 자유업의 고독한 생활도 싫어한다는 것이다. 이 유형은 일반 통념에 얽매이기를 싫어하고 자신의 힘으로 무언가를 이루어내고 싶어한다. 즉 자기 주위에 잘 짜인 구조나 기구를 건설하고 싶어하는 미래의 기업가들이다.

미국 최고의 부자로 꼽히는 빌 게이츠는 개인용 컴퓨터 소프트웨어에 매달려 대학을 중퇴했지만 자영업자나 자유직업인은 아니다. 자신을 위해 일해줄 많은 직원을 고용해야 하기 때문이다. 빌 게이츠처럼 창업자가 되고 싶다는 꿈을 가진 사람은 많을 것이다. 그러나 권한위임이 유행하면서 기업 안에서도 얼마든지 자기 사업처럼 일할 수 있게 된 지금 굳이 회사를 직접 창업하는 것은 약간 시대에 뒤떨어지는 결정처럼 보이기도 한다.

만약 다른 사람들과 함께 일하고는 싶지만 고용되는 입장에 서고 싶지는 않다면 당신은 3번 유형의 사람이므로 이를 인식하고 그에 따라 대책을 세워 행동에 옮기는 것이 좋다. 일 자체는 좋아하지만 직장생활에 불만이 많은 사람들 중 대부분이 이 그룹에 속하는데, 대개는 1번 혹은 2번 그룹의 사람이 경영하는 기업에서 일하고 있다. 이런 사람들은 그 불만의 원인이 직업 자체가 아니라 조직에 있다는 것을 인식하지 못한다.

4번 그룹에 속한 사람들은 직업적 성공에 대한 욕구는 높지 않지만 타인과 일하는 것을 즐기는 유형이다. 이런 사람들은 통상적인 회사 업무든 자원봉사든 여러 사람과 함께 즐겁게 할 수 있는 분야에서 장시간 일하는 것이 좋다.

5번 그룹에 속한 사람들은 야심은 없지만 자기 일에서의 자율권에 대한 욕구가 강하다. 이런 유형의 사람들은 직접 회사를 설립하는 것보다 다른 회사의 특정 프로젝트에 프리랜서로 참여해서 일하는 것이 가장 좋다.

6번 그룹의 사람들은 직업적 성공이나 성취에 대한 욕구는 낮지만 타인들을 조직하고 발전시키는 과정을 즐기는 사람들이다. 교사, 사회사업가, 자선사업가로 활동하는 사람들이 대부분 이 그룹에 속한 사람들이고, 또 그러한 역할에 잘 맞는다. 이런 유형의 사람들은 과정 자체를 전부로 여기고 결과에 대해서는 그리 중요하게 생각하지 않는다.

많은 사람들은 자신에게 '맞는' 그룹에 자연스럽게 이끌린다. 만일 현재의 자기 직업에 거부감을 느낀다면 이는 대개 자기 유형에 맞지 않는 그룹에서 일하고 있기 때문이다.

돈을 버는 가장 쉬운 공식

참으로 부정할 수 없는 것이 하나 있다. 대개의 사람들은 돈에 대해 이상한 시각을 가지고 있다는 것이다. 이들은 돈에 대해 실제보다 더 중요하게 여기며, 또한 돈을 번다는 것을 실제보다 더 어렵게 생각한다. 대부분은 현재 가진 것보다 더 많은 돈을 갖고 싶어 하니 우선 두 번째 문제에 대해서부터 이야기하도록 하자.

80/20 법칙에 따르면 돈이란 손에 넣기 어려운 것이 아니고, 조금이라도 여윳돈이 있다면 늘리는 것 또한 어렵지 않다.

일단, 어떻게 돈을 벌 것인가? 가장 좋은 대답은 자신이 즐기는 일을 하는 것이다. 흔히 이 방법은 놀라울 정도로 효과가 있는데, 그 이유를 논리적으로 설명해보면 이렇다. 뭔가 즐기는 일이 있는 사람은 그 일을 잘할 것이다. 사람들은 보통 좋아하지 않는 일보다 좋아하는 일을 더 잘하게 마련이고, 이 법칙이 늘 적용되는 것은 아니지만 예외의 경우가 매우 드문 것도 사실이다. 또한 만일 어떤 일을 능숙하게 잘한다면 타인을 만족시킬 무언가를 창조할 수 있고, 타인들을 만족시키면 대체로 그에 대해 좋은 보상을 받을 것이다. 또 대개의 경우 사람들은 좋아하는 일을 하고 있는 상황이 아니므로 좋아하는 일을 하는 사람은 남들보다 생산성이 높을 것이고, 따라서 그 분야의 평균 소득보다 더 많은 수입을 얻을 수 있을 것이다.

그러나 이 논리가 절대적인 것은 아니다. 배우 등과 같이 공급이 수요를 훨씬 초과하는 직업도 있기 때문이다. 이러한 상황에서는 어떻게 할 것인가?

일단 포기하지 말아야 한다. 대신에 수요와 공급이 거의 균형을 이루면서도 자신이 선호하는 직업과 필요조건이 비슷한 직업을 찾아야 한다. 곧바로 나타나지는 않을지라도 이러한 인접 직종은 대개 존재한다. 중요한 것은 사고의 범위를 넓히는 것이다. 예를 들어 정치가가 되는 데 필요한 조건은 배우의 조건과 매우 비슷하다. 로널드 레이건, 존 F. 케네디, 윈스턴 처칠, 헤럴드 맥밀런, 마거릿 대처 같은 가장 유능한 정치가들은 배우를 했어도 성공했을 것이고, 또 실제로 그런 경우도 있었다. 찰리 채플린은 아돌프 히틀러와 꼭 닮았는데 이것이 우연의 일치만은 아니었다. 유감스럽게도 히틀러는 20세기의 가장 위대하고도 카리스마 있는 배우 중 한 사람이었으니까. 그러나 배우를 지망하는 사람들 중에 정치가가 되려고 진지하게 생각하는 사람은 거의 없다. 경쟁은 덜하고 수익은 월등한데도 말이다.

자신이 즐기는 분야의 고용시장은 빈약하고 전망 좋은 직종도 찾을 수 없다면 어떻게 해야 할까? 그렇다면 자기가 즐길 수 있고 보상도 좋은 직업 중 두 번째로 선호하는 것을 찾을 때까지 그 과정을 되풀이해야 한다.

나는 80/20 법칙에 따른 중재 효과를 근거로, 어떠한 조직이나 직종에서든 80%의 가치는 20%의 종사자들로부터 나온다는 결론에 도달했다. 업무 능력이 평균 이상인 노동자들은 평균 이하인 노동자들보다 더 많은 보상을 받는 경향이 있지만, 이러한 차이는 업무 수행의 차이를 제대로 반영한 수준에 절대 미치지 못한다. 결과적으로 가장 뛰어난 사람들은 항상 노력보다 적은 보상을 받고, 반대로 능력이 제일 떨어지는 사람들은 노력보다 늘 많은 보상을 받게 된다. 평균 이상의 노동자는 이러한 함정에서 빠져나올 수 없다. 사장이나 상사로부터는 훌륭하다고 평가받겠지만, 결코 타인과 비교하여 자신의 가치를 진정으로 인정받고 신뢰받지는 못할 것이다. 여기서 빠져나갈 유일한 길은 자기 회사를 차리고, 원한다면 평균 이상의 다른 노동자들을 직원으로 고용하는 것이다. 그러나 자영업을 하거나 사장이 되는 것이 불편하다면 그러지 않는 것이 좋다([도표 4] 참조).

원하는 삶을 살 만큼 돈을 늘려라

또 하나 짚고 넘어갈 것은, 일단 금전적 여유가 조금 있다면 저축과 투자로 그 돈을 쉽게 늘릴 수 있다는 사실이다.

우리는 돈을 과대평가하는 습관을 가지고 있다. 돈은 우리가 원하는 삶을 사는 데 도움이 될 수도 있지만 잘 다루지 않으면 오히려 부정적인 방향으로 삶을 지배한다. 손에 닿는 모든 것을 금으로 만드는 능력을 얻은 미다스가 자신의 가족까지도 금으로 만들어버린 신화가 결코 허구만은 아니다. 돈으로 행복을 살 수 있는 경우는 자신이 정말로 원하는 일을 하는 데 돈을 이용할 때뿐이다.

돈을 많이 가질수록 부로 인해 얻는 가치는 더 적어진다는 점을 명심하자. 경제학자들의 말에 따르면 돈의 한계효용은 급격하게 떨어진다고 한다. 일단 더 높은 생활수준에 적응하고 나면 그 생활에서 얻을 수 있는 행복은 아주 적어지거나 아예 없어진다. 게다가 더 높은 생활수준을 유지하는 데 드는 비용을 충당하기 위해 불만족스러운 방법으로 돈을 벌어야 한다면 오히려 더 불행해질 수도 있다.

돈이 많아질수록 관리에도 더 많은 신경을 써야 하고 더 많은 세금을 내야 한다. 돈을 많이 벌수록 일을 많이 하게 되고, 일을 많이 할수록 돈을 많이 소비한다. 통근 비용, 필요한 기계를 구입하는 비용, 각종 업무에 필요한 비용 등이 더 많이 요구되는 것이다. 그렇게 되면 결국 비용이 많이 드는 라이프스타일에 지배당하고 만다.

과거의 성취감을 기억하라

최고의 성취를 원하는 사람들도 있는가 하면 그냥 적당한 수준에 만족하고 살아가려는 사람들도 있다. 동기부여에 관한 책을 쓰는 저자들이 저마다 빠지는 함정이 있는데, 바로 '모든 사람에겐 인생의 목표가 있어야 한다'는 것이 그것이다. 그런 다음

이들은 독자들 스스로 자신은 그렇지 못하다고 생각하게 만들고, 자기 방향이나 목표가 무엇인지 결정하기 위한 고민에 빠뜨린다. 그러고는 결국 자기들이 생각하는 쪽으로 독자들을 유도하며 할 일도 정해준다.

특별히 성취하고 싶은 일이 없고 남들이 뭐라고 하든지 상관없이 지금의 인생으로 충분히 행복하다면 그는 분명 행운아다.

무엇이든 쉽게 성취해야 한다. '99%의 노력과 1%의 재능'으로 이루는 성취는 고통스러울 뿐이다. 지금까지 성취한 일의 80%가 정말로 노력의 20%에서 나온 것인지 생각해보고, 그렇다면 그 20%의 노력에 대해 진지한 질문을 던져보자. 그와 같은 노력으로 성공을 몇 번이나 반복할 수 있는가? 나아가 더 향상시킬 수는 없는가? 지금보다 더 큰 성공을 거둘 수 있는 길은 없는가? 과거의 성공 두 가지를 조합하면 만족도 두 배가 될까?

- 과거에 이룬 성취 중 실제로 가장 긍정적인 반응을 얻었고 가장 훌륭하다고 평가받은 경우들에 대해 생각해보자. 타인한테서 받은 칭찬의 80%와 연결되어 있는 20%의 업무나 놀이는 무엇인가? 그것으로부터 어느 정도 큰 만족을 얻었는가?
- 과거에 어떠한 방법이 가장 효과가 좋았는가? 어떤 공동작업자 혹은 어떤 청중들과 함께할 때였나? 큰 노력 없이 아주 쉽게 놀랄 만한 성취를 이룬 경우를 생각해야 한다. 학창시절의 일도 좋고, 여행 중이나 친구들로부터 들었던

얘기도 상관없다.

- 미래에 자신이 최고가 될 수 있는 일은 무엇일까? 다른 사람들은 나만큼 쉽게 해내지 못할 만한 일로는 어떤 것이 있을까? 100명이 똑같은 일을 할 경우 그들 중 80명이 일을 끝내는 데 들이는 시간의 20% 동안 나는 어느 정도의 일을 할 수 있을까? 그 정도의 시간 동안 80%의 사람들보다 일을 더 잘할 수 있는 방법은 무엇인가?

- 어떤 일의 즐거움과 탁월함을 측정할 수 있다고 가정하면, 자신이 95%의 동료들보다 더 즐기는 일은 무엇인가? 또 100명 중 95명보다 더 탁월하게 할 수 있는 일은 무엇인가? 어떤 것이 두 가지 조건을 모두 만족시키는가?

쉽게 찾을 수 있는 일에 초점을 맞추는 것이 중요하다. 옛날 할머니 할아버지들이 어린아이에게 쓴 약을 억지로 먹였듯이 자기계발 전문가들은 어려운 일에 도전하라고 말했고, 지금도 그렇다. 이제는 쓴 약을 쉽게 먹을 수 있게끔 캡슐이 발명되었는데도 말이다.

T. J. 왓슨 T. J. Watson은 "성공은 실패와 멀리 떨어져 있다"고 말했다. 그러나 실패와 실패 사이야말로 멀고, 성공은 실패의 아주 가까운 곳에 있다. 크게 성공했다면 성공한 횟수가 적다 해도 전혀 문제 되지 않는다.

6장
좋은 인맥을 만드는
80/20 법칙

인간관계는 우리가 누구이며 어떤 사람이 될 수 있는지 알려준다. 그리고 우리는 성공의 대부분이 중요한 인간관계에서 비롯되었음을 알 수 있다.

— 도널드 클리프튼, 폴라 넬슨[1]

결과를 바꾸는 20%의 비밀

- 인간관계에서 얻는 가치의 80%는 대개 20%의 관계에서 나온다.
- 인간관계에서 얻는 가치의 80%는 대개 인생에서 처음 형성되는 20%의 친밀한 인간관계에서 비롯된다.
- 깊은 행복감의 대부분을 선사하는 20%의 인간관계에 우리는 80%에도 훨씬 못 미치는 관심밖에 기울이지 못한다.
- 우리가 맺을 수 있는 즐겁고 중요한 인간관계는 수적으로 제한되어 있다. 인류학자들은 이를 '마을 이론Village Theory'이라고 부른다. 오늘날에는 '마을'이 전 세계로 확장되기도 하지만 진정한 우정을 나누는 관계의 수는 적다. 이러한 관계의 정원이 일단 채워지면, 좋은 친구가 새로 생겨도 기존에 있던 친구를 잘라내지 않고서는 마을 사람을 늘리기가 어렵다.
- 마을의 빈자리를 채울 때는 최대한 신중하게 생각하라. 긍정적인 사람, 다정한 사람, 선한 사람, 창의적인 사람, 당신이 사랑할 수 있고 서로 긍정적인 영향을

주고받을 수 있는 사람들로 채워라.

- 역사는 효과적인 협력관계를 형성하는 개인들이 주도한다. 크든 작든 우주에 변화를 일으키고 싶다면 협력자를 잘 선택하는 것이 중요하다. 내 능력을 보완해주고, 성실하며 일을 잘하는 최고의 인재와 협력관계를 맺어야 한다. 제대로 된 사람을 고른다면 이런 관계에는 굳이 많은 사람이 필요치 않다.
- 개인적인 관계든 업무적인 관계든 언제나 소수의 깊은 관계가 더 낫다. 우정은 우리 인생에 필요한 성취감과 행복에 큰 영향을 미친다.

인간관계를 맺지 않는 사람은 의식이 없거나 죽은 사람뿐일 것이다. '인생에서 가장 중요한 것은 우정'이라는 말은 평범하지만 영원한 진리다. 또한 직업적인 인간관계가 성공에서 가장 중요한 역할을 한다는 것 역시 맞는 말이다. 이번 장에서는 사적인 인간관계와 직업적인 인간관계에 관해 생각해볼 것이다. 먼저 사적인 인간관계, 즉 친구나 연인, 사랑하는 가족과의 관계에 대해서부터 얘기해보자.

사적인 인간관계 또한 80/20 법칙과 밀접한 관련이 있다. 일반적으로 질과 양 사이에는 교환관계가 성립한다. 질을 높이려면 양을 줄여야 하고, 양을 늘리려고 하면 질이 떨어진다. 같은 원리로 우리는 가장 중요한 것에 충분한 관심을 기울이지 못하는 반면 그보다 덜 중요한 여러 관계에 의해 늘 방해받는다.

80/20 법칙에 따르면 다음과 같은 세 가지 자극적인 가설이 성립된다.

- 전체 인간관계의 가치 중 80%는 20%의 인간관계에서 나온다.
- 전체 인간관계의 가치 중 80%는 인생에서 처음 형성되는 20%의 친밀한 인간관계에서 비롯된다.
- 80%의 가치를 만들어내는 20%의 인간관계에 우리는 80%에도 훨씬 못 미치는 관심밖에 기울이지 못한다.

중요한 20명의 리스트를 만들어보자

이제 자신에게 가장 소중한 친구와 사랑하는 사람들의 이름을 적어보자. 가장 중요한 사람부터 중요하지 않은 사람 순으로 적는다. 여기서 '중요한'이란 말은 사적 인간관계의 깊이와 친밀감을 뜻한다. 다시 말해 그들과의 관계가 인생에 어느 정도의 영향을 미치는지, 그리고 '나는 누구인가' '나는 어떤 사람이 되고자 하는가'라는 자의식과 인생의 목표의식을 생각할 때 얼마나 도움을 받는지 그 정도를 의미하는 것이다.

그렇다면 연인이나 배우자는 리스트의 어디쯤에 위치하는가? 부모나 자식보다 위에 있는가, 아니면 그보다 아래에 있는가? 이때만큼은 솔직해져야 한다.

그다음, 리스트에 오른 사람들이 중요도 면에서 몇 점에 해당하는지 점수를 매겨보자. 이때 총점은 100점이 되도록 한다. 예를 들어 리스트의 맨 위에 있는 사람의 중요도가 아래 19명이 가지는 중요도의 합과 똑같다면 그 사람에게 50점을 준다.

80/20 법칙에 따르면 리스트는 일반적으로 두 가지 특징을 보일 것이다. 총 20명 중 20%에 해당하는 1~4번까지의 인간관계가 점수의 대부분(아마 80점 정도)을 차지할 것이고, 각 순위와 그다음 순위 사이에는 일정한 관계가 나타날 것이다. 예를 들어 2순위의 중요도가 1순위의 3분의 2, 또는 2분의 1 정도라면 3순위도 이와 유사하게 2순위의 3 분의 2, 또는 2분의 1만큼 중요할 것이란 뜻이고 나머지도 마찬가지다. 흥미롭게도, 1순위의 중요도가 2순위의 두 배고 계속해서 이런 비율로 나간다면 6순위는 1순위 중요도의 약 3%에 불과하다는 사실을 알게 된다.

다음으로 서로 얘기를 한다거나 일을 같이 하는 등 그 사람과 함께 활동하는 시간의 비율을 적어보자. 단, TV나 영화를 보는 등 서로에게 특별한 주의를 기울이지 않는 시간은 제외한다. 20명과 보낸 시간의 합계를 100점으로 하여 각각 배정해보면 80%를 차지하는 사람들과 보내는 시간이 전체 시간의 80%에 훨씬 못 미친다는 점을 알게 될 것이다.

인간관계에서도 양보다는 질을 중시하고, 중요한 인간관계를 더욱 강화하는 데 시간과 에너지를 쏟아야 한다.

마을 이론의 교훈

인류학자들은 사적으로 맺을 수 있는 인간관계 가운데 즐겁고 중요한 인간관계는 수적으로 제한되어 있다고 말한다.[2] 분명 어느 사회에서나 볼 수 있는 공통적인 양상이 있다. 사람들에게는 어릴 때 사귄 중요한 친구가 두 명, 어른이 되어서 사귄 중요한 친구가 두 명, 그리고 정말로 믿을 수 있는 의사도 각각 두 명씩 있다는 점이 그것이다. 일반적으로 좋아하는 사람 두 명은 다른 사람들을 모두 합친 것보다 더 중요하다. 흔히 우리는 단 한 번 사랑에 빠지며, 가족 중 한 명을 다른 식구들보다 유난히 더 사랑하게 된다. 사적으로 맺어진 중요한 인간관계의 수는 장소 철학, 문화를 불문하고 모든 사람의 경우 매우 비슷하다.

이러한 관찰결과에서 비롯된 이론이 바로 인류학자들이 말하는 '마을 이론Village Theory'이다. 아프리카 마을에서는 이런 모든 인간관계가 몇 백 미터 안에서 이루어지며 대개 짧은 기간 내에 형성된다. 우리의 경우에는 세계 각지에서 평생에 걸쳐 일어날지도 모른다. 그럼에도 사람들은 누구나 각자의 머릿속에 하나의 마을을 가지고 있다. 그리고 일단 정원이 채워지면 이 마을의 사람을 더는 늘릴 수 없다는 것이 마을 이론이다.

인류학자들에 따르면, 너무 어린 시기에 너무 많은 경험을 하고 너무 많은 사람과 인간관계를 맺는 사람은 그 이후에 친밀한 인간관계를 맺을 수 있는 능력을 지나치게 빨리 소모하게 된다고 한다. 영업사원이나 수없이 거처를 옮기는 사람들은 직업이나 환경 때문에 많은 사람들과 관계를 맺어야 하지만 그 깊이가 얕은 사실에서도 이것을 확인할 수 있다.

J. G. 발라드J. G. Ballard는 범죄자와 교제한 경험이 있는 젊은 여성들을 대상으로 캘리포니아에서 실시한 사회복귀 프로젝트의 한 사례를 인용하고 있다. 이 프로젝트는 20세 또는 21세의 젊

은 여성들에게 새로운 사회 배경, 기본적으로 중산층 출신의 자원봉사자들을 소개해주는 것으로, 자원봉사자들은 그들의 친구가 되어주었고 그들을 자기 집에 초대하기도 했다.

이 여성들은 대부분 13세나 14세에 결혼하여 첫아이를 낳았는데, 그중에는 20세에 이미 세 번이나 결혼한 여성도 있었다. 이들은 수많은 남자들과 사귀었고, 때론 총에 맞아 죽었거나 감옥에 수감된 남자들과 성관계를 갖거나 아이들을 낳은 경우도 있었다. 이들은 인간관계, 모성애, 이별, 사별 등 보통 사람들이 일생에 걸쳐 경험하는 일들을 10대에 이미 경험했다.

결국 이 프로젝트는 실패로 끝났다. 그들은 깊이 있는 인간관계를 맺지 못했던 것이다. 그러한 능력은 이미 어릴 때 소진되었으며, 그들의 머릿속 마을에는 새로운 인간관계가 들어갈 공간이 없었다.

이 슬픈 이야기는 소수의 인간관계가 대부분의 행복을 좌우한다는 좋은 교훈을 준다. 그러니 머릿속 마을의 빈자리를 채울 때는 깊이 생각하고, 너무 일찍 정원을 채워버리지는 않도록 하자.

성공 파트너를 만들어라

결론부터 말하자면 일과 관련된 인간관계에서도 소수의 가까운 사람들이 중요하다. 뛰어난 업적을 이룬 사람 뒤에는 늘 협력자가 있게 마련이다. 사람은 혼자 힘으로는 성공할 수 없고 반드시 누군가의 도움을 받아야 한다. 여기서 중요한 것은 최상의 인간관계를 선택하는 것이다. 모든 친구와 협력자가 똑같이 중요하다고 생각하지 말고 자신의 인생에서 진정으로 중요한 친구가 몇 명이나 되는지 자문해보자.

역사 속의 모든 영적 지도자들에게는 많은 협력자가 있었다. 그들이 협력자를 필요로 했다면 우리에게도 필요한 것이다. 예수 그리스도는 대중의 관심을 끌기 위해 세례 요한의 도움을 받았다. 그리고 열두 제자와 다른 전도자들의 도움을 차례로 받았는데, 특히 역사상 보기 드문 마케팅의 천재라고 할 수 있는 사도 바울도 그중 하나였다.[3]

우리는 협력자들과 함께해야만 삶을 바꿀 수 있다. 그들과 함께 주변 사람들의 삶을 바꿀 수도 있으며, 정도의 차이야 있겠지만 때로는 역사의 흐름까지도 달라지게 할 수 있다.

좋은 협력자를 얻은 자가 역사를 움직인다

'부르주아적 칼 마르크스'라고 불린 파레토는 역사란 근본적으로 지배 엘리트가 바뀌어온 과정이라고 주장했다.[4] 그에 따르면 야망이 높은 사람이나 가문의 목표는 오로지 엘리트로 출세하거나 또는 다른 엘리트를 몰아내고 그 자리를 대신 차지하는 것이었다. 그렇지 않고 이미 엘리트 그룹에 속해 있다면 자신의 지위를 공고히 유지하는 것이 유일한 목표였다.

파레토나 마르크스가 주장한 계급 중심 역사관을 다른 측면에서 생각해보면 엘리트나 엘리트 지망자 그룹 안에서 형성되는 협조관계가 진보를 이끌어가는 힘이라는 결론을 내릴 수 있을 것이다. 따라서 계급에 속하지 않은 개인은 의미가 없으며, 같은 계급 내 혹은 다른 계급에 속한 사람들과 협조관계를 맺은 사람은 아주 중요한 존재가 된다.

타인과 협력관계를 구축한 개인의 중요성은 역사의 전환기에 잘 나타난다. 블라디미르 레닌이 중요한 역할을 하지 않았다면 1917년에 러시아 혁명이 일어났겠는가? 72년 동안 세계 역사의 흐름을 바꾸어버렸던 그 사건은 분명 발생하지 않았을 것이다. 보리스 옐친 전 러시아 대통령의 침착함과 용기가 없었다면 1917년의 혁명을 뒤엎어버린 1989년의 러시아 혁명이 성공했겠는가? 만일 옐친이 러시아 대통령 관저 밖에 있는 탱크에 올라가지 않았다면 보수파의 쿠데타는 성공했을 것이다.

히틀러가 없었다면 유태인 대학살도, 제2차 세계대전도 일어나지 않았을 것이다. 루스벨트와 처칠이 없었다면 히틀러는 아마 50년 뒤에 구성된 EU보다 훨씬 빠르고 더욱 철저하게 유럽을 완전히 통합했을 것이다(물론 많은 피를 흘렸겠지만). 이런 식의 가정은 얼마든지 해볼 수 있다. 그러나 우리가 흔히 놓치기 쉬운 중요한 사실은 이런 사람들 중 어느 누구도 인간관계와 타인의 협조가 없었다면 역사의 흐름을 바꾸지 못했을 것이라는 점이다.

성공한 일에는 언제나 몇 명 안 되는 주요 협력자가 있었다.[5] 이들이 없었다면 그 일은 성공하지 못했을 것이며, 그 사람들의 도움으로 성공한 개인이 커다란 영향을 받았던 것이다. 이런 양상은 정부, 이데올로기적 운동, 비즈니스, 의학, 과학, 자선사업, 스포츠 등 모든 분야에서 똑같이 전개된다. 역사는 맹목적인 폭력이나 비인간적인 힘으로는 움직이지 않는다. 역사는 미리 짜인 경제적, 사회적인 방식에 따라 일부 계층이나 엘리트들이 조종하며 만들어내는 것이 아니라 소수의 친밀한 협력자들과 효율적인 협조관계를 형성하는 헌신적인 개개인들이 결정하고 바꾸어나가는 것이다.

6명의 믿을 만한 협력자를 확보하라

인생에서 성공을 거둔 사람이라면 협력자가 얼마나 중요한지 알고 있을 것이다. 우리는 여기서 80/20 법칙의 영향력을 발견할 수 있다. 다름 아닌 '믿을 만한 협력자의 수는 극히 일부'라는 점이다.

일반적으로 지원의 80%는 20%도 안 되는 협력자로부터 나온다 해도 과언이 아니다. 어떤 일이든 성취한 사람의 협력자 리스트는 매우 길겠지만, 대개는 상위 여섯 명의 주요 협력자들이 나머지 사람들보다 훨씬 더 중요하다.

협력자가 많을 필요는 없다. 우리에게 필요한 것은 이해관계를 공유할 수 있고 필요할 때 필요한 장소에서 도움을 줄 수 있는 사람들이다.

사업상 인간관계를 맺고 있는 중요한 협력자 20명의 리스트를 만들어보자. 그리고 당신의 휴대전화 연락처 목록에 적혀 있는 사람의 수와 허물없이 친하게 지낼 수 있는 사람들의 수를 비교해보자. 협조관계를 통해 얻는 가치의 80%는 20%의 인간관계에서 얻어질 것이다. 그렇지 않다면 협조관계 모두가 질적으로 낮거나 혹은 일부가 수준 미달일 가능성이 높다.

든든한 동맹관계를 구축하라

지금 하고 있는 일에 만족한다면 지금까지 가장 많은 도움을 받았던 사람들의 이름을 나열해보자. 처음부터 마지막 사람까지 순위를 매긴 다음 상위 열 명에게 100점을 배정한다.

과거에 자신에게 가장 많은 도움을 주었던 사람들은 앞으로도 가장 많은 도움을 줄 가능성이 높다. 가끔은 리스트 아래에 위치한 친한 친구가 훨씬 더 중요한 협력자가 되는 경우도 있는데, 이는 아마 그 친구가 매우 영향력 있는 지위를 얻었거나 큰 성공을 거두었기 때문인지도 모른다.

이 과정을 한 번 더 되풀이하되 이번에는 앞으로 자신을 도울 수 있는 능력을 기준으로 하여 협력자의 순위를 1위에서 10위까지 매기고 100점을 다시 배정해보자.

누군가 당신을 도와주었다면 그것은 그 사람이 당신을 중요하게 생각하기 때문이다. 가장 이상적인 인간관계는 다섯 가지 속성을 토대로 형성된다. 같이 있을 때 느끼는 상호 만족, 존경심, 경험의 공유, 상호 협조관계, 신뢰가 그것이다.

상호 만족

사무실이나 식당, 사교 모임에서나 전화로 대화를 나누는 것이 꺼려지는 사람이 있다면 그와는 확고한 인간관계를 쌓지 못한 것이다. 이는 나는 즐겁지만 상대방이 그렇게 생각하지 않는 경우에도 마찬가지다.

그다음으로는 관계는 맺고 있으나 일과 관련해서만 만나는 사람들에 대해 잠시 생각해보자. 그들 중 자신이 정말 좋아하는 사람은 몇 명이나 되는가? 많은 사람들은 자기가 별로 좋아하지 않는 사람들과 많은 시간을 보낸다. 이것은 명백한 시간낭비일 뿐 아니라 그런 사람들을 만나봤자 아무런 도움도 되지 않는다. 이제부터는 자신이 좋아하는 사람들과 더 많은 시간을 보내자. 특히 자신에게 도움을 줄 수 있는 유익한 사람들에게 많은 시간을 투자하라.

존경심

같이 있을 때는 즐겁지만 업무 능력은 그다지 탁월하지 않은 사람들이 있고, 반대로 업무 능력은 탁월하지만 만났을 때 그다지 즐겁지 않은 사람들도 있다. 내 경우엔 내가 능력을 인정할 수 없는 사람에게 결코 도움을 주지 않는다.

누군가로부터 도움을 받고 싶다면 그 사람에게 자신의 능력을 인식시켜야 한다. 우리 주위에는 자기의 재능을 감추고 겸손을 미덕으로 삼는 사람들이 너무나도 많다. 나의 친한 친구 폴은 내 경력을 키워줄 수 있는 위치에 있었다. 그러나 그는 나의 능력을 확인할 기회가 없었기에 나는 내 능력을 증명할 수 있는 기회를 만들어 바로 실행했다. 그 후 나의 인맥 리스트에서 폴의 순위는 매우 높아졌다.

경험의 공유

앞서 소개한 마을 이론처럼, 중요한 직업상의 경험을 누군가 와 함께 나눌 기회는 제한되어 있다. 경험을 공유하면 특히 힘겨 운 노력이나 고통이 따를 경우 매우 긴밀한 유대관계를 맺을 수 있다. 나와 가장 중요한 인간관계를 맺고 있는 친구 한 명은 대 학을 졸업한 직후 같은 회사에 나란히 입사했었다. 확신하건대, 우리 두 사람이 정유공장 일을 그토록 싫어하지 않았다면 그런 친밀한 관계를 키워나가지 못했을 것이다.

여기서 말하고 싶은 점은 만일 자신이 어려운 일에 종사하고 있다면 자신이 좋아하고 존경하는 한 명의 협력자를 만들라는 것이다. 그 사람과 견고하고 효과적인 협조관계를 만들지 못하 면 우리는 커다란 기회를 놓치게 된다.

비록 지금 당장은 일이 순조롭다고 해도 자기와 많은 경험을 공유하고 있는 사람을 한 명 찾아 주요 협력자로 만들자.

상호 협조의 관계

동맹관계를 유지하기 위해서는 변함없이 오랜 시간 동안 상대 방을 위해 많은 일을 해야 한다. 이는 자연스럽게 이루어져야 하 고 한쪽으로 치우치거나 너무 계산적이어서는 안 된다. 높은 기준의 윤리에 어긋나지 않는 한 상대방을 위해 자신이 할 수 있는 일은 무엇이든지 해야 하고, 상대가 부탁할 때까지 기다려서는 안 된다. 이러한 관계를 맺기 위해서는 시간이 필요하다.

사업적 인간관계를 검토할 때 상호 간의 진정한 협조관계가 얼마나 드문지를 확인하고 나는 매우 놀랐었다. 우리는 서로 우정이나 존경심을 가지고 경험을 공유하며 신뢰한다고 해도 상대방이 부탁하기 전에 돕는 데는 소홀하다. 인간관계를 한층 강화하고 미래의 원군을 확보하려면 그런 태도부터 바꾸어야 한다.

비틀스는 '디 엔드The End'라는 곡에서 "결국 우리가 받게 되는 사랑은 우리가 베푼 사랑과 똑같다And in the end, the love you take is equal to the love you make"라고 노래했다. 마찬가지로 우리가 받는 직업적인 도움은 우리가 베푸는 것과 똑같다.

신뢰

신뢰는 인간관계를 확고히 다져주는 역할을 한다. 신뢰가 부족하면 인간관계도 급속도로 허물어진다. 신뢰를 다지는 데 가장 중요한 것은 정직이다. 진심을 숨긴다면 그것이 상대방에게 상처를 주지 않기 위한 배려라고 해도 신뢰가 손상될 수 있다.

누군가를 완전히 믿지 않는다면 협조관계를 강화하려는 노력조차 하지 마라. 그렇게 해서도 안 되며 그렇게 되지도 않을 것이다.

상대를 신뢰할수록 관계는 훨씬 더 빠르고 효과적으로 발전하며, 많은 시간과 비용도 절약할 수 있다. 변덕스럽고 소심하거나 약삭빠른 행동으로 신뢰를 잃지 않도록 한다.

사람을 선택하는 기준

내 경험으로 볼 때 효과적인 사업상의 협조관계는 다음과 같은 비율로 예닐곱 명 정도 가지는 것이 적당하다.

- 우러러 볼 수 있는 후견인 한두 명
- 동료로서 관계를 맺을 수 있는 두세 명
- 후배 중 자신이 돌봐주는 사람 한두 명

스승과의 관계

자신을 도와줄 수 있는 후견인 한두 명을 신중하게 선택한다. 그가 나를 선택하게 하는 것이 아니라 내가 그를 선택하는 것이다. 후견인은 다음의 두 가지 특징을 갖춰야 한다.

- 상호 만족, 존경심, 경험의 공유, 상호 협조관계, 신뢰 등 다섯 가지 요인을 바탕으로 한 인간관계를 개발할 수 있어야 한다.
- 되도록이면 선배로서 자기보다 훨씬 더 훌륭한 사람이어야 하고, 손아랫사람인 경우에는 확실히 최고의 자리에 오를 수 있는 사람이어야 한다. 최고의 후견인은 매우 유

능하고 야망이 큰 사람이다.

후견인에게도 보상을 주어야 한다. 그렇지 않으면 흥미를 잃을 것이기 때문이다. 제자는 신선한 아이디어, 정신적인 자극, 열의, 근면성, 첨단기술에 관한 지식 등 새로운 가치를 스승에게 제공해야 한다. 현명한 후견인은 새로운 시대 동향, 그리고 정상에서는 잘 보이지 않는 잠재적 기회나 위협을 제때 파악하기 위해 젊은 협력자들을 활용하는 경우가 많다.

동료와의 관계

대등한 관계를 맺는 동료를 선택하는 기준은 대개가 애매모호하다. 채워야 할 자리는 두세 개밖에 없다는 점을 명심하여 신중하게 선택해야 한다. '다섯 가지 요인'을 가지고 있거나 가질 가능성이 있는 잠재적 협력자들을 모두 나열해보자. 가장 성공했다고 생각되는 사람을 두세 명 고른 다음 그들을 협력자로 만든다.

후배와의 관계

후배라고 해서 결코 소홀히 대해서는 안 된다. 당신이 선택한 한두 명의 후배가 부하직원이 된다면 오랜 시간 동안 많은 것을 그들로부터 얻을 수 있을 것이다.

인맥의 사슬 고리

누군가와 확고한 유대 관계를 맺으면 신뢰의 범위가 점점 확대되어 네트워크가 형성된다. 이 네트워크는 점점 강력해지며 인간관계에서 가장 즐거운 것이 된다.

진실하고 소중한 인간관계는 상호 협조 속에서 이루어진다는 사실을 잊어서는 안 된다. 당신이 갑과 을 모두와 친밀한 협조관계를 가지고 있고 그 두 사람도 서로 좋은 관계를 맺고 있다면 더할 나위 없이 훌륭한 네트워크를 형성한 것이다.

"사슬의 강도는 그 사슬에서 가장 약한 고리의 강도에 의해 결정된다"는 레닌의 말은 여기에도 적용할 수 있다. 그러나 갑과 을의 인간관계가 아무리 튼튼하다 해도 자신에게 정말 중요한 인간관계는 자신과 갑과의 관계, 그리고 자신과 을과의 관계라는 점을 잊지 말아야 한다.

나쁜 인간관계는 좋은 인간관계를 몰아낸다

사적인 인간관계뿐만 아니라 사업적 인간관계에서도 양보다는 질이 중요하다. 많은 사람과 얇은 관계를 맺기보다는 소수의 사람들과 깊은 관계를 맺는 것이 더 좋다. 많은 시간을 함께 보냈는데 그 결과가 만족스럽지 않을 때, 혹은 심각한 결함이 있는 관계일 때는 가능한 한 빠른 시일 안에 끝내야 한다. 안 좋은 인간관계는 좋은 관계를 몰아내버린다. 인간관계가 들어갈 자리는 수적으로 제한되어 있으므로 이 자리를 너무 빨리 써버리거나 가치 없는 사람들에게 내주어서는 안 된다.

그러니 신중하게 선택하고, 그런 다음 전력을 다해 그 관계를 키워나가자.

7장
꿈을 성취하는 11가지 방법

군대에는 정확히 네 가지 유형의 장교가 있다. 첫 번째는 게으르고 멍청한 유형인데, 이들은 별 해를 끼치지 않으니 그냥 둬도 좋다. 둘째는 근면하면서 영리한 유형으로, 이들은 세세한 곳까지 신경을 쓰는 유능한 간부가 될 수 있다. 세 번째는 근면하지만 멍청한 유형인데, 이들은 엉뚱한 일을 만들어내 다른 사람에게까지 피해를 끼치므로 즉시 작전에서 빼야 한다. 마지막으로는 영리하면서 게으른 유형으로, 이들은 군대의 최고 위치에 아주 적합한 사람이다.

– 폰 만슈타인 장군

결과를 바꾸는 20%의 비밀

- 총명함과 게으름을 모두 겸비한 사람이 진짜 고수다.
- 게으름을 피우면서도 일을 잘 해낸다는 것은 80/20 법칙을 활용해 적은 노력으로 큰 성과를 내고 있다는 뜻이다.
- 지적 능력과 판단력을 적게 써서, 즉 영리하게 머리를 써서 큰 성과를 낼 수 있는 영역을 선택하는 것이 요령이다.
- 당신이 게으르다면 어디에 어떻게 노력을 투입할지 잘 선택해야 한다. 생각 없이 행동하지 말고 심사숙고하라는 뜻이다.
- 버트런드 러셀은 '행복과 번영으로 가는 길은 일을 체계적으로 줄이는 데 있다'라고 말했다. 어떤 일이건 적은 노력, 적은 인원, 적은 비용으로 더 잘 해낼 방법은 항상 존재한다. 창의력만 충분하다면 언제든지 자동화하고 단순화시킬 수 있다. 게으른 사람은 열심히 일하는 것이 미덕이고 필수라고 생각하는 사람보다 쉽게 성취하는 방법을 발견할 가능성이 더 크다.

이 장은 성공을 향해 달려가는 사람들을 위해 마련한 것이다. 치열한 경쟁사회에서 승자로 남고 싶은 사람들은 이 장에서 굉장히 많은 것을 얻게 될 것이다.

만슈타인의 모델

에리히 폰 만슈타인Erich von Manstein 장군이 말한 '군대 내에 존재하는 네 가지 장교 유형'에 대한 내용은 곧 이 장에서 얘기하고자 하는 핵심과 같다. 이번 장은 어떻게 하면 직장에서 성공할 수 있는가에 관한 80/20의 교훈을 다루고 있는데, 만일 그가 경영컨설턴트였다면 [도표 5]의 모델을 이용해 큰돈을 벌었을 것이다.

이는 다른 직원을 관리하는 방법에 관한 것이지만 자기 자신에게도 적용해보자. 사람들은 대부분 일을 할 때 능력과 근면은 빼놓을 수 없는 덕목이라고 생각한다. 그러나 만슈타인의 모델에서 근면성은 평가의 대상이 되지 못한다.

최고가 되는 길은 바로 영리하면서 게으른 사람을 우선 흉내내고, 자신을 그 상태로 만들어서 계속 유지해나가는 것이다. 정확하게 일을 선택하고, 가치가 높은 일만 하면 적게 일하면서도 더 많은 돈을 벌 수 있다.

그러나 그 전에 노력과 수입의 관계에 80/20 법칙, 즉 불균형이 존재한다는 것을 이해해야 한다. 만슈타인의 모델을 이용하

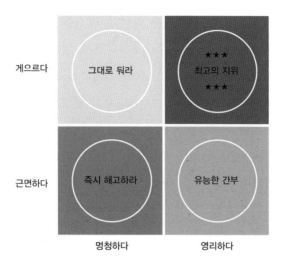

	멍청하다	영리하다
게으르다	그대로 둬라	★★★ 최고의 지위 ★★★
근면하다	즉시 해고하라	유능한 간부

[도표 5] 직장에 적용한 폰 만슈타인의 모델

면 현명한 해결책을 찾을 수 있다.

소수에게 성공과 소득이 집중되는 현상

오늘날 소득분포만큼 80/20 법칙을 잘 증명해주는 사례도 없다. 소수의 엘리트 전문가들이 올리는 소득은 엄청난 데다 계속 늘어나고 있기 때문이다.

최고를 제외한 나머지는 하늘과 땅 차이다

인류 역사를 통틀어 최고의 재능을 가진 사람이 벌어들이는 수입이 오늘날만큼 높았던 적은 없었다. 극소수의 사람들이 수많은 사람들로부터 인정받으며 대부분의 돈을 벌어들인다.

어느 분야든 탁월한 전문가의 수는 적지만 이들이 그 분야에서 차지하는 비중은 엄청나다. 한 나라 또는 전 세계에서 사람들이 종사하는 분야를 하나 골라보자. 야구, 농구, 축구, 골프, 럭비, 테니스 등의 스포츠 분야도 좋고, 건축, 조각, 회화 등의 시각예술 분야, 여러 장르의 음악, 영화, 연극, 자서전, 토크쇼 진행, 뉴스 진행, 정치 등 어느 분야를 선택해도 좋다. 그런데 사람들의 입에서 자동으로 튀어나올 만큼 그 분야에서 잘 알려진 전문인은 극소수다.

각 나라에 이런 사람이 얼마나 되는가를 따져보면 그 수는 놀랄 만큼 적을 것이고, 그 분야에서 비교적 활발한 활동을 하고 있는 사람들의 5%에도 못 미칠 것이다. 그럼에도 이들이 그 분야에서 차지하는 비중은 매우 크다. 모든 사람들이 이들을 원하고, 이 사람들의 활동은 항상 뉴스거리가 된다. 이들은 순식간에 이름을 날리면서 상품의 브랜드와 맞먹는 가치를 갖게 된다.

명성과 함께 경제적인 이익도 소수의 사람들에게 집중된다. 20% 이하의 소설책이 전체 소설 판매량의 80% 이상을 이루고 대중가요 CD나 콘서트, 영화도 마찬가지다. 영화배우, TV 탤런트, 운동선수에게서도 똑같은 현상이 나타난다. 프로골프 선수 중 대회 상금의 80%를 휩쓸어가는 것은 20% 이하의 선수들이다.

우리는 상품화 시대를 살고 있다. 최고의 위치에 있는 유명인들과 그보다 조금 못하거나 소수의 사람들에게서만 인정받는 사람들 사이의 간격은 매우 크다. 가장 유명한 야구, 농구, 축구 선수들은 수백만 달러를 벌어들이지만 최고가 아닌 사람들은 그저 걱정 없이 살 수 있는 정도의 수입만 올릴 뿐이다.

왜 승자가 모든 것을 갖는가

슈퍼스타들의 수입을 전체 인구의 수입과 비교하면 그 불균형의 정도는 더 심해지는데, 대개는 80 대 20 관계를 넘어 90 대 10, 95 대 5의 관계를 나타낸다. 많은 사람들이[1] 슈퍼스타에게 돌아가는 엄청난 수입을 경제적 또는 사회적으로 설명해보고자 했다.

그중 가장 설득력 있는 것은 두 가지 요인으로 인해 슈퍼스타의 수입이 증가하게 되었다는 주장이다. 하나는 매스컴의 도움으로 여러 사람이 슈퍼스타의 활동을 동시에 즐길 수 있게 되었다는 것이다. J. K. 롤링, 스티븐 스필버그, 오프라 윈프리, 마돈나, 크리스티아누 호날두 같은 사람들은 점점 더 많은 고객을 확보하게 되었으며, 늘어난 고객에게 자신을 '보급'하는 데 드는 추가 비용도 거의 제로에 가깝게 되었다는 뜻이다. 방송, 영상 제작, 책을 출간하는 데 추가 비용이 든다 해도 이는 전체 경비에서 작은 부분을 차지할 뿐이다. 슈퍼스타에게 수백만, 혹은 수천만 달러를 준다고 해도 고객 한 명당 늘어나는 경비는 불과 몇 센트 혹은 1센트 이하의 푼돈에 지나지 않는 것이다. 그들보다 훨씬 적은 수입을 벌기 위해 보통 사람이 쓰는 비용보다도 훨씬 적다.

슈퍼스타들의 수입을 증가시키는 두 번째 요인은 그들보다 재능이 떨어지는 사람이 그들을 대신할 수 없다는 점이다. 어느 분야에서건 최고의 자리에 있다는 것은 매우 중요하다. 어떤 배달원이 다른 배달원보다 속도가 배나 느리다면 이 사람은 다른 사람이 받는 임금의 절반만 받게 될 것이다. 그러나 누가 타이거 우즈나 셀린 디옹 혹은 안드레아 보첼리의 절반 정도 되는 재능만 가진 사람을 원하겠는가? 이런 이유로 슈퍼스타가 아닌 사람들은 슈퍼스타보다 훨씬 열등한 경제상황에 처하게 되는 것이다. 최고가 아닌 사람은 찾는 사람이 적고, 결국 훨씬 더 적은 수입에 머물게 된다.

슈퍼스타의 시대

매우 흥미 있는 사실은 슈퍼스타와 나머지 사람 사이의 극심한 불균형이 항상 존재해왔던 것이 아니라는 점이다. 예를 들어 1940년대나 1950년대 최고의 농구 선수나 축구 선수는 그리 많은 돈을 벌지 못했고, 저명한 정치가들이 가난하게 살다 인생을 마감하는 경우도 있었다. 즉 과거로 갈수록 승자가 모든 것을 갖는다는 이론은 적용되지 않는다.

셰익스피어는 그가 살았던 시대에 최고의 재능을 인정받은 사람이었고, 레오나르도 다빈치도 마찬가지였다. 오늘날의 기준으로 본다면 그들은 자신의 재능이나 창의력, 명성을 이용해 그 시대에서 손꼽히는 부자가 되었어야 마땅한데, 당시 그들의 수입은 평범한 재능을 가진 수많은 사람들과 비슷한 수준이었다.

시간이 흐를수록 재능의 차이에 따른 경제적 보상의 불균형은 더욱 뚜렷해진다. 오늘날 수입은 개인의 가치나 시장성과 밀접한 관계가 있는데, 특히 80/20 관계가 더욱 명백하게 드러난다.

현대 사회는 한 세기 전, 심지어는 불과 한 세대 전에 비해 훨씬 더 능력주의 사회가 되었다. 1950년대에 바비 무어_{Bobby Moore} 같은 축구 선수가 엄청난 수입을 올렸다면 영국 사회는 이를 부당하다 여겨 분노했을 것이고, 1960년대에 비틀스가 백만장자라는 사실이 밝혀졌다면 사람들은 경악했을 것이다. 하지만 오늘날 마돈나, J.K 롤링, 오프라 윈프리가 백만장자라는 사실에 놀라거나 분노하는 이들은 없다. 지금은 지위보다 시장가치와 유명세가 더 높이 평가받는 시대다.

몇몇 천재들이 세상을 바꾼다

이제 돈보다는 좀 더 영속적이고 가치 있는 업적에 관해 살펴보자. 어느 시대, 어느 직업에서건 업적과 명성은 소수의 사람에게 집중되어왔다. 셰익스피어나 레오나르도 다빈치는 계급의 벽이나 대중매체의 미발달로 인해 억만장자가 되지는 못했지만 업적과 명예는 인정받았다. 어느 시대에나 소수의 천재들은 커다란 영향력을 가지고 있었던 것이다.

모든 직업에서 나타나는 80/20 법칙

엔터테인먼트나 스포츠 분야에서 두드러지는 80/20 현상은 어느 직업에서나 나타난다. 실제로 이 백만장자들 가운데 유명 인사는 3%밖에 되지 않는다. 100만~2,000만 달러의 재산을 보유한 약 1,000만 명의 미국인은 대부분 기업 임원, 월스트리트 종사자, 최고 변호사나 의사 등 전문직이다. 좀 더 위로 올라가서 2,000만~1억 달러의 재산을 보유한 약 200만 명 중에는 그보다 '가난한 백만장자' 범주보다 기업가의 숫자가 두 배로 많다. 재산이 1억~10억 달러 이상인 좀 더 적은 숫자(몇 천 명)의 미국인 중에는 기업가와 펀드 매니저의 비중이 지배적이다. 억만장자 범주 또한 마찬가지다.「포브스」가 2007년에 집계한 억만장자는 946명이었는데 그중에는 새롭게 진입한 사람이 178명, 재진입한 사람은 17명이었다.

인재 분포는 언제나 80/20 패턴을 따랐을 것이고, 기술 발달이 가져온 결과는 인재를 90/10 혹은 95/5의 곡선으로 이동시킬 것이다. 그동안 보상은 70/30 곡선을 따랐지만 현재 가장 유명한 사람들의 곡선은 95/5 혹은 그보다 더욱 불균형한 형태에 가까워지고 있다.

80/20 혹은 99/1 곡선을 따르는 부의 분배는 거침없고 심지어 무섭기까지 한 트렌드가 되었다. 1990년과 2004년 사이에 미국인 소득 상위 1%의 소득은 57% 증가했고, 상위 1% 가운데 10분의 1의 소득은 85%까지 치솟았다. 억만장자들의 경우는 더욱 대단했다. 1995년에 4,390억 달러였던 그들의 재산총액은 현재 그보다 여덟 배가 늘어난 3조 5,000억 달러가 되었다. 2007년까지는 약 26% 증가했다. 이해에는 억만장자의 3분의 2가 그 이전

해보다 더 부자가 되었고, 재산이 줄어든 억만장자는 17%에 불과했다.

야망을 실현하는 11계명

80/20 법칙이 지배하는 세상에서 성공하려면 어떻게 해야 하는가? 슈퍼스타가 아닌 사람들이 성공하기가 이렇게 힘들다면 차라리 경쟁을 포기하고 싶다는 생각이 들지도 모르겠다. 그러나 포기하기에는 아직 이르다. 세계적인 갑부가 되고 싶은 사람, 혹은 그 정도까지는 바라지 않지만 80/20 법칙이 지배하는 직업 세계에서 성공하려는 사람에게 도움이 되는 열 한가지 주요 지침이 있다([도표 6] 참조).

이 지침은 야망이 큰 사람에게 더 효과가 있긴 하지만 적당한 수준의 야망을 갖고 있거나 직업적 성공을 바라는 사람들에게도 도움이 될 것이다. 이 책에서 자세히 설명하고 있는 것처럼, 자신의 직업활동에 80/20식 사고를 항상 활용해보라. 만슈타인의 모델을 항상 기억하고 자신이 어떤 분야로 가면 가장 능력을 인정받고, 여유롭게 일하면서도 가장 많은 보상을 받을 수 있는지 생각해보라.

1. 전문화하여 핵심 능력을 계발하라

전문화는 모든 생물체에 적용되는 가장 위대하고 보편적인 진

1	아주 좁은 분야로 전문화해서 핵심 능력을 계발하라.
2	스스로 좋아하면서 탁월한 능력을 발휘하여 일인자가 될 수 있는 분야를 선택하라.
3	일에 목숨 바치지 마라
4	지식이 곧 힘이라는 사실을 명심하라.
5	시장과 핵심 고객이 누구인지를 알아내 공략하라.
6	20%의 노력으로 80%의 성과가 나타나는 분야를 알아내라.
7	그 분야의 일인자에게 배워라.
8	전문 분야에서 자기 사업을 하라.
9	가치를 창조할 수 있는 직원을 가능한 많이 고용하라.
10	핵심 역량을 제외한 나머지는 모두 아웃소싱하라.
11	자본의 지렛대 효과를 활용하라.

[도표 6] 성공을 위한 11가지 주요 지침

리다. 이는 바로 생물체가 특수한 성질을 개발해 새로운 생태학적 종으로 진화해온 방법이다. 전문화되지 않은 소규모 사업은 얼마 안 가 무너진다. 전문화하지 않은 개인도 품삯을 받는 노예 같은 삶을 살 수밖에 없다.

생태계에 얼마나 많은 종이 존재하는지는 분명치 않지만 그 수가 엄청날 것이라는 점만은 확실하다. 이와 마찬가지로 비즈니스 세계의 분야는 보통 사람들이 생각하는 것보다 훨씬 많다. 그렇기 때문에 소규모 기업들이 거대한 시장에서 여러 경쟁사와 힘들게 경쟁하지 않고 자기만의 시장에서 단독으로 선두의 위치를 지킬 수 있는 것이다.[2]

개인의 경우에도 여러 가지를 피상적으로 알기보다는 몇 가지 또는 한 가지 분야만 뛰어나게 잘 아는 것이 좋다. 전문화는

80/20 법칙의 본질이다. 투입량의 20%에서 80%의 산출량이 만들어진다는 80/20 법칙이 나타나는 이유는 생산성이 높은 5분의 1이 나머지 5분의 4보다 훨씬 전문화되어 있다는 것을 의미한다.

80/20 법칙의 현상을 보면 비생산적인 5분의 4에 해당하는 자원을 좀 더 전문화할 필요를 느끼게 된다. 만일 비생산적인 80%의 자원도 적합한 분야로 전문화시킨다면 생산성 높은 20%로 바뀔 수 있다. 이는 80/20 법칙의 또 다른 측면이다. 즉 비생산적인 80%에 해당했던 것이 다른 분야에서는 생산적인 20%가 되는 것이다.

이는 19세기 독일 철학자 헤겔이 말하는 '변증법'[3]과 같은 것으로, 이 과정의 끊임없는 전개가 발전의 원동력이 될 수 있다. 전문화가 진행될수록 생활 수준은 더 높아진다. 인간 사회나 자연계 모두 끊임없는 전문화의 과정을 통해 진보해왔다.

전자공학 분야에서 전문화된 것이 컴퓨터이며, 그보다 한 단계 더 전문화되어 나타난 것이 개인용 컴퓨터다. 거기서 한층 더 전문화되어 누구나 사용할 수 있는 소프트웨어가 탄생되었고, 소프트웨어 이후 더 전문화된 결과 CD-ROM이 탄생했다.

직업 세계에서도 이런 과정이 나타나는데, 여기서 무엇보다 핵심적인 것은 지식이다. 가장 두드러진 현상의 하나는 기술자의 지위와 영향력이 높아지고 있다는 것이다. 예전에는 블루칼라라고 부르며 상대적으로 낮게 취급한 것이 기술자였지만 지금은 최첨단 기술을 가진 전문가들이 가장 각광받는다.[4] 기술자들

을 관리하는 사람보다는 전문 기술자들의 권한이 더 크고 연봉도 훨씬 높다.[5]

가장 기초적인 전문화의 지표는 자격증이다. 대부분의 사회에서 발행하는 자격증의 80%는 전체 경제활동인구의 20%가 소유하고 있다. 선진 사회에서 계층을 구분하는 가장 중요한 기준은 토지나 부가 아닌 정보의 소유 여부다. 그리고 80%의 정보는 20%의 사람들이 소유하고 있다.

미국의 경제학자이자 정치가인 로버트 라이히Robert Reich는 미국의 노동력을 네 그룹으로 나눴다. 그중 최고의 그룹은 숫자, 아이디어, 문제, 언어를 다루는 사람들로 '추상 분석가symbolic analyst'라 불렸다. 이 그룹에는 금융 분석가, 컨설턴트, 변호사, 의사, 언론인 등 지적 능력과 지식을 무기로 영향력과 힘을 갖게 되는 사람들이 포함된다. 라이히는 이 그룹을 '행운의 5분의 1'이라고 불렀는데, 이는 전체 부와 정보의 80%를 이들이 소유하고 있기 때문이었다.

승자가 모든 것을 갖는 현상을 고려하면, 전문화는 개인들에게 매우 희망적인 현상이다. 아인슈타인이나 빌 게이츠처럼 될 수는 없을지 몰라도 각자의 개성을 살려 전문화시킬 수 있는 분야는 수도 없이 많다. 그중에서는 빌 게이츠처럼 스스로 분야를 개척해낼 수 있는 사람도 나올 것이다.

전문화시킬 분야를 찾아라. 오랜 시간이 걸릴 수도 있지만 이것만이 엄청난 수입을 올릴 수 있는 유일한 방법이다.

2. 열정을 쏟아부을 수 있는 분야를 선택하라

전문화할 수 있는 분야가 좁을수록 판단은 더욱 신중하게 내려야 한다. 먼저 흥미를 가지고 즐겁게 일할 수 있는 분야를 전문화하라. 열정을 가지고 있는 분야가 아니라면 뛰어난 능력을 발휘하기 힘들다.

오늘날에는 어떤 취미나 열정, 재능도 비즈니스가 될 수 있다. 소셜미디어에서 활동하는 인플루언서와 핵심 오피니언리더가 돈벌이가 되는 직업으로 부상한 것만 봐도 알 수 있다. 최고의 위치까지 오른 사람들은 대부분 자신이 하는 일에 대해 대단한 열정을 가지고 있다. 열정은 스스로를 성공의 길로 이끌 뿐 아니라 다른 사람들에게까지 영향을 미쳐 더 큰 성과를 거두게 한다.

성공하고 싶지만 현재 하고 있는 일에 대해 열정적이지 않다면 그 직업을 포기하라. 그러나 직장을 그만두기 전에 자신에게 맞는 직업을 먼저 선택해야 한다. 자신이 좋아하는 것을 나열해보고, 그중 어느 것이 직업이 될 수 있는지 살펴본 다음 그중 가장 열정을 가지고 있는 것을 선택하자.

3. 일에 목숨 바치지 마라

2020년 말, 알렉산더 원더리치Alexander Wonderlich라는 독자가 보내준 두 개의 대조적인 사례를 소개해보겠다. 그는 이렇게 말했다.

"샘 월턴의 자서전을 읽다가 마지막 부분에 월턴이 병원에서 사망하는 장면이 나오는데, 월턴은 침상에서도 숫자를 확인하고 싶어서 월마트 지역 매니저를 곁에 두고 있었어요. 월턴은

80/20 라이프스타일과 반대되는 삶을 살았나 봅니다. 반면 워런 버핏은 억만장자가 되려고 그렇게 열심히 일하지 않아도 된다는 사실을 몸소 보여줍니다."

알렉산더는 게으름의 수호성인을 선택하라는 내 조언이 가톨릭 신자인 자신에게 깊이 와닿았다고도 했다. 알렉산더는 내게 가수이자 배우였던 빙 크로스비에 관한 이야기도 들려주었다. 그의 아내가 '노래하는 골프 선수'라고 부를 정도로 골프에 대한 열정이 대단했던 크로스비는 방송 스케줄들 사이에서 골프 칠 시간을 마련하느라 늘 머리를 쥐어뜯곤 했다.

하지만 빙 크로스비의 게으름에는 영리한 측면이 있었다. 골프 치는 시간을 더 확보하기 위해 라디오 생방송 프로그램에 참여하는 일을 피하고 싶었던 크로스비는 영화를 찍는 것과 비슷하게 방송을 사전 녹음하는 방법을 생각해냈다. 그의 전략은 이후 라디오 업계의 표준으로 자리 잡았다. 그레그 록우드Greg Lockwood와 나는 이를 '선의의 교환관계'라고 부르는데, 이처럼 잘만 하면 불운한 교환관계를 행운의 교환관계로 바꿀 수도 있다.

크로스비는 게으른 영리함으로 일과 골프 사이의 고약한 교환관계를 모면했다. 일은 즐겁게 해야 한다. 일 때문에 삶의 즐거움이 퇴색되는 일은 절대 있어서는 안 된다. 당신이 확실히 즐기며 할 수 있는 일을 찾아라. 머리를 써서 신중하게 찾는다면 충분히 찾아낼 수 있다.

4. 자신의 지식을 상품화하라

좋아하는 것을 직업으로 삼는 데 필요한 것이 바로 지식이다. 남들보다 그 분야에 관해 더 많은 것을 알아야만 한다. 그러고 나서 그것을 상품화시킬 방법을 결정하고, 판매 시장과 핵심 고객을 확보해야 한다.

남들보다 조금 더 아는 정도로는 안 되고, 최소한 일부에서라도 어느 누구보다 가장 많이 알고 있어야 한다는 것을 기억하자. 자신의 분야에서 누구보다 많이 그리고 잘 알고 있다고 확신할 때까지 전문지식을 습득하기 위한 노력을 멈춰서는 안 된다. 그 다음엔 자신이 알고 있는 바를 실행에 옮겨보고 깊이 재검토하며 더 심화시켜라. 다른 사람보다 더 많이 알고 있지 않으면서 최고가 되기를 기대해서는 안 된다.

상품화시키는 과정은 매우 창의적인 활동이다. 우선 어떻게 상품화할 것인지를 결정해야 한다. 비슷한 분야에서 지식을 상품화한 다른 사람의 예를 따르는 것도 좋은 방법이지만, 그것이 불가능하다면 다음 지침을 따르자.

5. 핵심 고객을 공략하라

당신이 소유한 지식에 대해 기꺼이 돈을 지불하는 사람들이 있는 곳, 그곳이 바로 당신의 시장이다. 그중 핵심 고객은 가장 많은 이익을 가져다주는 사람들이다.

시장은 곧 지식의 활동 무대다. 자신이 보유한 지식을 이곳에서 어떻게 팔 수 있는지를 판단해야 한다. 회사에 취직할 것인가, 아니면 자기 사업을 할 것인가? 한 회사에서 일할 것인가, 프리랜서로서 개인적으로 일할 것인가? 자신의 서비스는 개인을 대상으로 판매할 것인가, 기업을 대상으로 판매할 것인가? 지식 그 자체를 있는 그대로 판매할 것인가, 지식을 특수 상황에 맞게 가동하여 판매할 것인가, 아니면 지식을 이용해 상품을 만들어 낼 것인가? 이미 판매되고 있는 제품의 가치를 높여주는 부품을 생산할 것인가, 완제품을 만들어 판매할 것인가?

당신의 활동을 높이 평가하는 특정 개인이나 회사가 고객 또는 핵심 고객이 될 것이고, 당신은 이들을 통해 높은 이익을 얻게 될 것이다. 기업에 취직을 하건 창업을 하건, 또는 중소기업건 대기업이건 성공의 관건은 현재 확보하고 있는 핵심 고객에 있다.

핵심 고객을 소홀히 하고 무시했기 때문에 최고의 지위를 잃는 경우도 많다. 테니스 스타 존 매켄로는 관중과 프로테니스연맹이 자신의 고객임을 잊었고, 대처 수상도 하원의 보수당 의원들이 자신의 최고 고객이라는 사실을 잊었다. 리처드 닉슨은 자신의 핵심 고객이 고결함과 성실성을 추구하는 보통의 국민이라는 사실을 잊었기 때문에 최고의 위치를 빼앗긴 예다.

고객들에게 최선을 다하는 것도 중요하지만, 더 중요한 것은 자신에게 적합한 고객을 위해 최선을 다하는 것이다. 적합한 고객이란 내가 비교적 적은 노력을 기울여 최대의 만족을 제공해 줄 수 있는 고객을 말한다.

6. 20%의 노력으로 80%의 성과를 내는 분야를 알아내라

적은 노력으로 큰 성과를 얻지 못하는 사업은 별로 즐겁지 않을 것이다. 사업을 꾸려가기 위해 1주일에 60~70시간씩 일하거나 일을 밀리지 않고 제때 처리하기 위해 늘 고군분투해야 한다면 현재 잘못된 직업에 종사하고 있거나 일을 처리하는 방법이 완전히 잘못된 상태, 즉 80/20 법칙과 만슈타인의 모델을 제대로 활용하지 못하고 있는 상태에 해당한다.

80/20 사고방식으로 새로운 기준을 만들어라. 어떤 분야에서나 80%의 사람들은 겨우 20%의 성과를 올리고, 20%의 사람들이 80%의 성과를 올린다. 그렇다면 이 다수는 무엇을 잘못하고 있는 것이며, 소수는 무엇을 잘하고 있는가? 소수가 하는 일을 나도 할 수 있는가? 그들이 하는 일을 본받고 나아가 더 발전시킨 형태로 활용할 수 있는가? 더 효과적이고 효율적인 방법을 개발할 수 있는가? 자신과 고객의 니즈 사이에 일치하는 점이 있는가? 자신에게 적합한 회사에 다니고 있는가? 지금 하고 있는 일이 재미있고 그 일에 열정을 가지고 있는가? 그렇지 않다면 당장 '그렇다'고 대답할 수 있는 분야로 직업을 바꿀 수 있는 계획을 세워라.

지금 하고 있는 일에 만족하는데도 성공을 거두지 못하고 있다면 시간을 잘못 활용하고 있는 것이다. 20%의 시간 투자로 80%의 성과를 거두는 일이 무엇인지를 파악하여 그 일에 더 집중하라. 80%의 시간을 들이고도 미미한 성과밖에 얻지 못하는 일은 과감히 줄여라.

어떤 시장, 고객, 회사, 전문 분야든 더 능률적이고 효과적으로 일할 수 있는 방법은 반드시 있게 마련이다. 자신이 속한 기업은 어느 분야에서 가장 큰 이익을 얻는가? 어떤 동료가 일을 즐겁고 편하게 하면서도 높은 실적을 올리는가?

나의 직업인 경영컨설팅 분야에서는 능률적이고 효과적인 것의 판단 기준이 아주 분명하다. 맡기는 일의 규모가 큰 고객일수록 좋고, 임금이 낮은 여러 명의 젊은 직원들이 큰 규모의 일을 맡는 경우일수록 이익이 크다. 고객과 개인적으로 긴밀한 관계를 맺는 것이 좋고, 특히 최고경영진과 그렇게 하는 것은 회사의 이익에 매우 중요하다. 대기업의 최고경영자와 긴밀하게 오랜 관계를 유지하면서 예산 액수가 큰 프로젝트를 여러 명의 젊은 컨설턴트에게 맡긴다면 회사는 최고의 이익을 얻게 된다.

자신이 종사하는 직업에서 80/20 법칙은 어떻게 나타나고 있는가? 기업은 어느 분야에서 가장 큰 이익을 얻는가? 어떤 동료가 일을 즐겁고 편하게 하면서도 높은 실적을 나타내는가? 그들은 어떤 특별한 행동을 하는가? 생각하고 또 생각해보자. 대답은 어디엔가 있을 것이므로 반드시 찾아내야 한다. 회사 경영자 혹은 동료들에게 묻거나 책에서 답을 찾으려 하지 말라. 그런 식으로 얻은 답은 누구나 알고 있는 일반적 지혜에 불과하다. 답은 동종업계의 이단자나 전문분야의 이단자, 별난 사람들 속에 있다.

7. 그 분야의 일인자에게 배워라

어느 분야에서든 일인자는 20%의 노력으로 80%의 결과를 얻는 방법을 아는 사람이다. 이들은 경쟁자들보다 더 적은 시간을 들이고도 몇 배 더 가치 있는 결과를 만들어내고, 질과 양 모두에서 경쟁자들을 압도한다.

이들은 남들과 다르게 생각하고 다르게 느끼는 특이한 사람들이다. 어느 분야건 최고의 위치를 차지한 사람은 다른 사람들과 다르게 생각하고 행동한다. 그들은 자신들이 무엇이 다른지 의식하지 못할 수도 있다. 만약 일인자들이 성공 비결을 설명해주지 못하면 관찰에 의해 추론해낼 수 있다.

옛날 사람들은 관찰을 통해 배웠다. 제자는 스승의 발치에 앉아서 가르침을 받았고, 견습생은 장인으로부터 기술을 배웠다. 학생들은 교수의 연구를 돕는 과정에서 배웠고, 예술가 지망생들은 뛰어난 예술가들과 함께 시간을 보내면서 배웠다.

일인자와 함께 일할 기회를 가져라. 그리고 그들이 일하는 방법에 어떤 특징이 있는지 알아내라. 그들은 사물을 다르게 보고, 시간을 다르게 활용하며, 사람들과의 상호작용도 다를 것이다. 그들이 하는 것을 당신이 할 수 없거나 상식에 반하는 삶의 방식을 채택할 수 없다면 절대 최고의 위치에 오를 수 없다.

때로는 최고 기업의 시스템에서 중요한 노하우를 얻을 수도 있다. 먼저 평범한 회사에서 일한 후 일류 회사에서 일하면서 이 회사가 다른 회사와 어떤 점이 다른지 살펴본다. 나는 셸에서 근무하며 수많은 서류작업을 했고, 이후 컨설팅 회사에 입사해 고객과 일대일로 면담하며 내가 원하는 답을 이끌어내는 법을 배움으로써 20%의 노력으로 80%의 결과를 얻어내는 80/20 관계를 실행할 수 있게 되었다.

모든 분야의 일인자는 이 80/20 관계를 실행할 줄 아는 사람이다. 그 사람들을 관찰하고, 배우고, 실행하라.

8. 내가 성취한 모든 것을 내 것으로 만들어라

우선 다른 분야보다 다섯 배 정도 가치가 높은 일에 시간을 집중적으로 투자하라. 두 번째로, 자기가 만들어낸 가치를 모두 자신의 것으로 만들어라. 자기가 성취한 것을 모두 획득할 수 있는 위치에 있는 것이 이상적이며, 일찍 그 위치에 도달하는 것을 목표로 삼아야 한다.

80/20 법칙을 활용할 줄 아는 사람은 다른 평균 직원보다 몇 배는 더 능률적이지만, 동료가 받는 임금의 몇 배를 받는 것은 아니다. 그러므로 80/20 법칙을 활용할 줄 아는 사람은 자기 사업을 해야 더 많은 수입을 올릴 수 있다.

그러나 아직 많은 것을 배우는 단계라면 사업에 뛰어들어서는 안 된다. 아직 기업이나 전문 회사에서 많은 것을 배우고 있는 사람이라면, 그 배움의 가치는 그 사람이 기여하는 정도와 받는 임금 사이의 차이를 보상하고도 남는다. 보통 전문 직종에서는 이 기간이 1~3년가량이다. 경력이 있는 전문가가 이전 회사보다 더 높은 가치를 지닌 회사에 입사한 경우, 회사로부터 배우는 기간은 길어야 1년 정도다.

이 기간이 지나면 자기 사업을 하라. 이때 직업의 안정성에 관해 지나치게 걱정할 필요는 없다. 전문 기술이 있고 80/20 법칙을 활용할 줄 안다면 안정성은 보장될 것이다. 사실 회사라고 해서 언제나 안정성을 보장받는 것도 아니다.

9. 잉여가치를 생산하는 직원을 고용하라

성공의 첫 번째 단계는 시간을 잘 활용하는 것이고, 두 번째 단계는 자기가 만들어낸 가치를 모두 자기 것으로 만드는 것, 그리고 세 번째 단계는 바로 다른 사람의 힘을 이용하는 것이다.

당신이 고용할 수 있는 사람은 세상에 무수히 많다. 그러나 자신이 받는 임금보다 더 많은 가치를 회사에 더해주는 사람은 극히 소수다.

직원을 고용함으로써 더 직접적으로 분명한 효과를 얻을 수 있다. 80/20 법칙을 활용해서 그 분야의 보통 직장인보다 다섯 배 더 능률을 올리는 사람이 있고, 그 사람은 개인사업을 하므로 일한 대가를 고스란히 받는다고 가정하자. 이 경우 그 사람은 평균의 500%에 해당하는 수입, 다시 말해 직장 표준 임금의 400%를 추가 수입으로 얻게 된다.

그리고 그 사람이 열 명의 전문가를 고용해서 표준보다 세 배더 능률적으로 교육을 시켰다고 하자. 이 직원들은 고용주만큼 유능하진 않지만 자신들이 받는 임금보다 훨씬 더 많은 기여를 하게 된다. 이들의 사기를 북돋우기 위해 평균 임금보다 50%를더 지급할 경우 각 직원은 300%의 가치를 생산해내고 150%의 임금을 받아간다. 그러므로 고용주는 각 직원으로부터 150%의 이익을 얻게 된다. 열 명을 고용했다면 1,500%의 잉여수입이 생기고, 여기에 자신이 생산해낸 400%를 더하면 결국 전체 잉여수입은 1900%가 되므로 결과적으로는 직원을 고용하기 이전보다 다섯 배나 많은 이익을 얻게 된다.

문제는 잉여가치를 생산해낼 수 있는 직원을 찾아내는 능력과 고객을 확보하는 능력이다. 전자만 해결한다면 후자는 걱정할 필요가 없다. 잉여가치를 생산해내는 전문인이라면 그들의 서비스를 판매할 시장을 쉽게 확보할 수 있기 때문이다.

받는 임금에 비해 더 많은 가치를 생산해내는 직원만을 고용하는 것은 확실히 쉬운 일이 아니다. 그러나 반드시 최고의 직원만을 고용할 필요는 없다. 잉여가치를 생산해내는 직원을 가능한 많이 고용하는 것이 회사의 이익을 극대화시키는 길이다. 직원 중 일부는 표준보다 다섯 배나 능률적일 수 있는 반면 어떤 직원은 두 배 정도만 더 능률적일 수 있다. 이런 회사에서도 능률면에서 80/20 또는 70/30의 분포가 나타나게 마련이다. 최대의 이익을 거두는 때에도 능률의 분포는 어느 정도 불균형하게 나타난다. 그러므로 단 한 가지 점만 주의하면 된다. 바로 모든 직원 중 가장 효율성이 떨어지는 직원도 여전히 자신이 받는 임금에 비해 더 많은 가치를 생산해내야 한다는 점이다.

10. 핵심 역량을 제외한 나머지는 모두 아웃소싱하라

80/20 법칙에 따르면 우리는 모든 것을 선별적으로 취해야 한

다. 즉 자신이 가장 잘하는 5분의 1의 활동에 집중해야 최대의 효과를 얻을 수 있다는 뜻이다. 이 법칙은 개인뿐 아니라 기업에도 적용된다.

가장 성공적인 전문 회사나 기업은 주력 분야를 제외한 나머지 분야를 아웃소싱으로 해결한다. 핵심 기술이 마케팅인 회사는 제품 제조를 하지 않는다. 회사가 리서치와 개발 분야에 강점을 가지고 있다면 제품 생산이 아닌 마케팅과 판매는 다른 회사를 활용한다. 표준화된 상품의 대량생산에 강점이 있는 회사는 특수한 제품이나 고급 시장을 위한 제품을 생산해내지 않는다. 반대로 높은 이익을 남기는 특수제품을 만드는 핵심 기술을 보유하고 있다면 가격경쟁이 치열한 범용 제품시장에는 참여하지 않는다.

성공을 위한 네 번째 단계는 가능한 한 외부 자원을 많이 활용하라는 것이다. 경쟁사보다 몇 배 높은 이익을 얻는 분야에만 노력을 집중해서 회사를 최대한 단순하게 운영하라.

11. 자본의 지렛대 효과를 활용하라

자본 활용이란 더 많은 이익을 창출하기 위해 돈을 투자하는 것이다. 쉽게 말해 어떤 기계가 사람보다 더 능률적이라면, 그 기계를 구입해서 사람이 할 일을 대체하는 것이다.

오늘날 자본 활용과 관련된 가장 흥미로운 예는 '롤아웃roll out' 이다. 이는 어느 특정 지역이나 조건에서 효과가 입증된 아이디어 혹은 상품을 다른 지역이나 조건으로 확산시키기 위해 자본을 활용하는 것이다. 실제로 탁월한 노하우나 상품은 이미 개발된 것이므로 확산을 위해 적은 자본만 투자해도 큰 이익을 얻을 수 있다. 소프트웨어의 배급, 맥도날드 같은 패스트푸드 체인점의 확산, 콜라 공급의 세계화 등이 좋은 예다. 둥그렇게 말아놓은 카펫을 쫙 펼쳐나가는 이미지를 상징하는 롤아웃이란 개념은 사업 확대에서 점차 중요하게 자리 잡아가고 있다.

8장
돈을 버는 투자 10계명

누구든지 있는 사람은 더 받아 넉넉해지고 없는 사람은
있는 것마저 빼앗길 것이다.

– 마태복음 25장 29절

결과를 바꾸는 20%의 비밀

부의 대부분은 소득이 아닌 투자에서 창출된다. 그러나 투자 수익률은 매우 왜곡
되어 있다. 대부분의 투자는 평균 또는 평균 이하의 수익률을 낸다. 대부분은 돈
을 잃고, 극소수만이 높은 수익률을 올린다. 높은 수익을 올리고 싶다면 다음에
나오는 '코치의 투자 10계명'을 따르라.

1 자신의 성격에 맞는 투자전략을 정하라.
2 목표를 정하고 목표에 집중하는 투자를 하라.
3 주식을 중심으로 투자하라.
4 장기투자하라.
5 주가가 바닥일 때 최대로 투자하라.
6 시장평균을 앞설 수 없다면 시장평균을 따라가라.
7 자신의 전문지식을 살릴 수 있는 분야에 투자하라.

이 장은 현재 가지고 있는 돈을 더 늘리고 싶어 하는 사람들을 위해 쓰였다. 만일 미래가 과거와 조금이라도 같다면 돈을 늘리는 것은 매우 쉬운 일이다. 적당한 곳에 투자해놓고 지켜보면 될 테니 말이다.

돈의 80/20 법칙

파레토는 소득과 부의 분포를 연구하던 중에 돈에는 예측 가능한 매우 불균형적인 분포가 존재한다는 사실을 발견했다. 돈은 공평하게 분배되는 것을 싫어하는 속성이 있는 듯하다.

누진과세에 따라 재분배하지 않는 한 소득의 분포는 편중되는 경향을 보이며, 특히나 소수에게 집중된다.

* 누진과세를 적용하더라도 재산은 소득보다 더 불균형하게 분포한다. 소득을 평등하게 만드는 것보다 재산을 평등하게 하는 것이 훨씬 힘들다.

* 이는 재산의 대부분이 소득보다는 투자에서 나오기 때문

에, 그리고 근로소득보다는 투자소득이 더 불균형하기 때문이다.

- 투자는 복리(複利)라는 메커니즘 덕에 눈덩이처럼 늘어난다. 예를 들어 주식 시세가 매년 평균 12.5%씩 오른다고 가정하면, 1953년에 투자한 100달러는 2021년 기준 3억 8,400달러로 가치가 늘어나 있을 것이다. 일반적으로 인플레이션의 영향을 뺀 실제 투자소득은 인플레이션이 심하거나 매우 낮은 경우가 아니면 매우 유리하다.

- 투자의 복리 수익은 격차가 매우 크다. 어떤 투자는 다른 투자에 비해 훨씬 높은 수익률을 기록한다. 이는 부가 왜 그렇게 불균형하게 배분되는지 설명하는 데 도움을 준다. 연간 투자수익률을 각각 5, 10, 20, 40%의 복리로 계산하면 초기 투자금 100달러가 10년 후에는 각각 1,629달러, 2,593달러, 6,191달러, 2억 8,925달러가 된다. 연간수익률이 5%와 40%로 여덟 배의 차이가 날 경우 10년 후 소득 차이는 열여덟 배로 벌어지는 것이다. 이런 차이는 시간이 길어질수록 더욱 커진다.

돈을 버는 10가지 투자 규칙

근로소득보다는 투자소득이 부자가 되거나 부를 늘리기에 좋다. 이는 일찍부터 투자할 돈을 모을수록 이익이라는 것을 의미한다. 투자자금을 모은다는 것은 일을 열심히 하고 소비를 줄이는 것을 뜻한다. 당분간은 총소득보다 소비가 적어야 한다. 유산을 받거나, 부자와 결혼하거나, 복권에 당첨되거나, 도박 또는 범죄 등으로 돈을 얻는 것은 이 법칙에서 제외된다. 이런 방법은 예측 불가능하거나 가능성이 희박하고 그 결과를 장담할 수 없기 때문이다.

투자의 복리 효과 때문에 젊었을 때부터 투자하거나 오래 살거나 이 두 가지 방법을 함께 사용할 수 있다면 부자가 될 수 있다. 일찍 시작하는 것이 가장 통제 가능한 전략이다.

될 수 있는 대로 빨리 과거에 성공한 규칙들을 바탕으로 지속적이고 장기적인 투자전략을 개발해야 한다.

그렇다면 투자자금의 20%만으로 투자수입의 80%를 얻는 방법은 무엇인가? 그 해답은 [도표 7]에 정리해놓은 '코치의 투자 10계명'을 따르는 것이다.[1]

1	자신의 성격에 맞는 투자전략을 정하라.
2	목표를 정하고 그것에 집중하는 투자를 하라.
3	주식을 중심으로 투자하라.
4	장기투자하라.
5	주가가 바닥일 때 최대로 투자하라.
6	시장평균을 앞설 수 없다면 시장평균을 따라가라.
7	자신의 전문지식을 살릴 수 있는 분야에 투자하라.
8	손절매는 신속하게 하라.
9	이익을 재투자하라.
10	벤처기업에 투자하라.

[도표 7] 코치의 투자 10계명

1. 자신의 성격에 맞는 투자전략을 정하라

이미 성공 가능성이 증명된 방법 중에서 자신의 성격과 능력에 맞는 것을 선택하라. 개인투자자들이 실패하는 이유는 효과적이긴 하지만 자신에게 맞지 않는 전략을 사용하기 때문이다. 열 개 정도의 전략 중 자신의 성격과 지식에 알맞은 것을 골라야 한다.

- 수치에 밝고 분석적이라면 투자를 분석하는 방법에 매진해야 한다. 여러 데이터를 수집해서 저평가된 종목을 찾아내거나 가격 상승이 기대되는 종목을 찾아내는 것이다.
- 낙관적인 사람은 분석적 방법을 피하는 것이 좋다. 낙관주의자는 수익률이 낮아도 민감하게 인식하지 못하기 쉽다. 현재 투자수익이 주가지수를 상회하지 않으면 바로 주식을 판 다음 직접투자보다는 지수연계펀드index-tracking fund에 투자하라.
- 낙관주의자가 투자에 성공하는 경우는 잠재력이 큰 두세 가지 주식에 집중적으로 투자할 때다. 하지만 그 정도로 선견지명이 있지 않는 한 주식을 매입할 때는 사전에 냉정하게 생각해보는 것이 중요하다. 돈을 잃고 있는 주식은 당장 팔아야 한다.
- 특별하게 분석적이지도 않고 탁월한 낙관주의자도 아니라면 자신이 잘 아는 분야에 투자하거나 주가지수를 항상 상회하는 성공적인 투자가들을 따라 투자하는 것이 좋다.

2. 목적에 맞게 투자하라

'목표를 정하라'는 것은 투자결정을 스스로 하라는 뜻이다. 자문해주는 사람이나 펀드매니저에게 의지하는 것은 위험하다. 그들은 많은 수익을 가져다줄 불균형적인 포트폴리오를 추천하지 않기 때문이다. 그들은 주식, 채권, 단기금융상품, 부동산, 금, 미술품 등과 같이 광범위한 분야에 투자하면 위험 부담을 줄일 수 있다고 말하지만 이것은 목적에 맞지 않는다.

미래에 기존의 생활방식을 바꿀 수 있을 만큼 부자가 되고 싶다면 평균 이상의 수입을 얻어야 하고, 그렇게 될 가능성을 높이려면 불균형적인 포트폴리오를 유지해야 한다. 즉 투자종목의 수를 줄이고 고수익을 얻을 수 있는 곳에 투자를 집중해야 하는 것이다.

3. 주식을 중심으로 투자하라

특정 분야에 아주 탁월한 지식을 가지고 있지 않은 한 가장 이상적인 투자 분야는 주식이다.

장기적으로 주식투자는 은행 예금이나 국채 또는 회사채 같은 금리 상품에 투자하는 것보다 훨씬 큰 수입을 올렸다. 가령 1950년 영국의 주택금융조합에 100파운드를 예금했다면 1992년에 813파운드의 수입을 올렸겠지만 주식에 투자했다면 주가지수 상승률로 보아 그 열일곱 배가 넘는 1만 4,198파운드의 수입을 올렸을 것이다.[2]

주식에 대한 지식이 별로 없는 미국의 개인투자가 앤 샤이버

Anne Scheiber는 제2차 세계대전 직후 우량주식에 5,000달러를 투자한 뒤 그대로 방치해두었다. 그런데 1995년이 되자 그 5,000달러는 44만 배가 넘는 2,000만 달러로 불어났다. 다행스럽게도 주식 시장은 비전문가가 접근하기에 상대적으로 쉬운 투자 분야다.

4. 원하는 삶을 이룰 때까지 투자하라

단기매매를 반복하거나 포트폴리오를 자주 변경하지 않도록 한다. 큰 폭으로 가격이 하락하는 종목이 아닌 한 일단 매입한 주식은 몇 년간 그냥 가지고 있는다. 가능하다면 10년, 아니 20, 30년 계획을 잡아라. 단기간의 매매차익만을 노리고 주식을 사는 것은 투자가 아니라 투기에 가깝다.

가격이 오르면 바로 주식을 팔아서 돈을 쓰고 싶은 유혹이 생길 것이다. 그러나 부를 가장 잘 활용하는 방법은 자신이 원하는 직업이나 활동을 할 수 있고 원하는 대로 시간을 사용할 수 있는 라이프스타일을 만드는 데 돈을 쓰는 것이다. 그러므로 자신이 만족하는 새로운 라이프스타일을 만들 수 있을 때까지는 계속 투자해야 한다.

5. 주가가 바닥일 때 최대한 투자하라

길게 보면 주식은 대개 가격이 올라가지만, 일직선이 아니라 굴곡을 보이며 복잡한 과정을 거쳐서 상승한다. 경기순환도 무시할 수 없지만 그것 이상으로 심리의 변화가 큰 영향을 미친다.

케인스가 '애니멀 스피리트animal spirit'라고 부른 것, 그리고 기대와 공포가 주가를 움직이는 데 큰 영향을 준다. 파레토 역시 이런 현상을 관찰해서 다음과 같이 이야기한 바 있다.

> 윤리, 종교, 정치에는 감정의 기복이 있고, 그것은 경기순환 곡선과 매우 흡사하다. 하락 추세에 있을 때 특정 주식을 사지 않는 사람은 자신이 이성적으로 행동하고 있다고 생각하지만, 자기도 모르게 매일 듣는 경제뉴스에서 수없이 작은 영향을 받은 결과라는 사실은 모르고 있다. 나중에 상승 추세로 돌아섰을 때는 그 특정 주식 또는 비슷한 수준으로 가격이 오를 확률이 높은 주식을 매수하면서 자신은 이성에 따라 행동하고 있다고 생각할 것이며, 자신의 그러한 태도 변화가 주위의 분위기에 의해 생성된 감정에 따른 것이라는 사실도 모를 것이다.
>
> 대개의 사람들은 상승 시장에서 주식을 사고 하락 시장에서 판다는 사실은 증권거래소에서 익히 알려진 사실이다. 주식 시장에서 더 많은 경험을 쌓은 전문가들은 이런 사실을 잘 알기 때문에 대다수 사람들과는 반대로 투자를 하고, 이럴 때 큰 수익을 얻게 된다. 주가가 계속 상승할 때는 이런 호황이 계속될 것이라는 지극히 평범한 주장에도 대부분의 사람이 매료된다. 그래서 주가가 무제한으로 올라갈 수 없다는 사실을 얘기해주어도 아무도 귀담아 들으려 하지 않는다.[3]

바로 이 철학으로부터 가치투자의 개념이 나왔다. 이 투자법은 간단히 말해 주식 시장 전체, 혹은 특정 주식 가격이 하락해 있을 때 사고, 상승하면 팔라는 것이다. 역사상 가장 성공적인 투자가 중 한 사람이자 가치투자 지침서를 쓴 벤저민 그레이엄 Benjamin Graham의 철칙이 가지는 정당성은 이미 여러 차례의 성공을 통해 증명되었다.[4]

가치투자에 관한 여러 지침을 단순화하면 결국 가치의 80%는 투자 대상의 20%에서 나온다는 것이다. 절대로 손해 보지 않을 세 가지 철칙을 소개하면 다음과 같다.

첫째, 모든 사람들이 주가가 오를 수밖에 없다고 판단하고 너도 나도 살 때에는 매수하지 마라. 그 대신 모든 사람들이 장세를 비관적으로 볼 때는 주식을 매수하라.

둘째, 주식이 고평가되어 있는지, 저평가되어 있는지 판단하는 가장 좋은 기준은 주가수익률PER이다. 주가수익률은 세금을 공제한 후의 이익을 주식 가격으로 나눈 것으로 주가가 한 주당 이익의 몇 배인지를 알려준다. 예를 들어 주식이 550달러고 한 주당 이익이 55달러라면 그 주식의 주가수익률은 10이다. 만일 주가가 낙관론을 타고 1,100달러까지 올랐는데 한 주당 이익은 여전히 55달러라면 주가수익률은 20이다.

셋째, 일반적으로 주식 시장 전체의 주가수익률이 17을 넘으면 위험 신호가 들어왔다고 생각하라. 시장이 이렇게 상승세면 거액의 투자를 하지 말아야 한다. 주가수익률이 12 미만이면 매수하라는 신호이고, 10 미만이면 무조건 매수하라는 신호다. 누가 주가수익률이 뭐냐고 묻는다면 이렇게 대답하라. "아니 그 유명한 주가수익률도 몰라?"[5]

2021년 기준, 특히 미국의 주가수익률은 현실과 동떨어진 천문학적인 수치를 기록하고 있다. 주요 원인은 각 정부가 '양적완화quantitative easing, QE' 정책을 통해 금리를 제로에 가깝게, 때로는 유로존처럼 마이너스 금리로 설정했기 때문이다. 은행에 돈을 넣어 괜찮은 수익을 내지 못하게 된 것은 현대사에서 처음 있는 일이다. 반면에 주식에 투자하면 여전히 2~4%의 수익을 올릴 수 있다. 그 결과 막대한 자금이 주식시장에 유입되어 주가가 상승했다. 하지만 여기에 현혹돼서는 안 된다. 1897년에 파레토가 썼듯이 이런 상황은 영원히 지속되지 않는다. 이유도 시기도 알 수 없지만 심판의 날은 온다. 그날이 오면 참혹한 상황이 벌어질 것이다. 조심하라!

6. 시장평균을 앞설 수 없다면 시장평균을 따라가라

자신에게 맞는 방법으로 투자를 했는데 시장평균치를 넘어서기 어렵거나 남이 하지 않는 독자적인 방법을 실험하고 싶지 않다면 시장평균을 따라가는 것이 현명하다.

인덱스 투자라고 불리는 이 방법은 주가지수를 구성하는 주요 종목으로 포트폴리오를 구성하여 주요 주가 지수 구성에서 탈락하는 주식을 팔고 새로 편입되는 종목이 있을 경우에만 그 새로운 주식을 구매하는 방법이다.

인덱스 투자를 할 경우에는 투자펀드를 이용하는 것이 좋다. 인덱스 투자는 위험부담이 없는 데다 장기적으로 높은 수익을 낼 수 있다. 이 방법을 쓰기로 했다면 이 여섯 번째 계명까지만 읽으면 된다.

다음 네 개의 계명은 위험을 감수할 각오로 투자할 때 꼭 지켜야 할 지침이다. 그러나 자기 나름의 투자법으로 시도했다가 시장평균을 상회하지 못한다면 언제라도 인덱스 투자로 돌아가야 한다는 점을 명심하라.

7. 가장 잘 아는 분야에 투자하라

80/20 철학의 요점은 넓고 얕게 알기보다는 좁고 깊게 알라는 것이다. 이것은 투자에도 그대로 적용된다.

자신이 잘 아는 분야에 전문적으로 투자하면 투자에 성공할 가능성이 거의 무한에 가깝다. 자신이 일하고 있는 업종의 주식이나 취미 등 관심 있는 분야를 택하거나, 쇼핑을 좋아한다면 소매업체들의 주식을 전문으로 하겠다고 결정할 수도 있다.

처음에는 전문가가 아니라도 자신이 흥미를 느끼는 분야를 전문적으로 파고들다 보면 신문을 펼쳐도 그 분야의 뉴스를 먼저 보는 등 자연스럽게 지식도 축적되어 전문가의 경지에 이를 수 있을 것이다.

8. 손절매는 신속하게 하라

주식이 매수 가격의 15% 이상 떨어지면 즉시 팔아라. 이 지침을 엄격하게, 또 지속적으로 지켜라. 더 낮은 가격에 다시 사고 싶다면 적어도 며칠, 또는 몇 주 동안 기다렸다가 하락세가 멈추면 그때 매수할 것을 권장한다. 새로운 투자에도 똑같은 규칙, 즉 15% 하락하면 미련 없이 매도한다는 규칙을 적용하라.

다만 오랜 기간 장기투자를 할 사람은 예외다. 세계 대공황 시기인 1929년부터 1931년, 1차 오일쇼크의 시기인 1974년부터 1975년, 그리고 1987년과 2020년의 주가 폭락의 시기에도 흔들림이 없었던 사람들은 상당한 수익을 올렸다. 그러나 그 시기에 주가가 15% 하락했을 때 팔고 시장이 바닥을 친 뒤 15% 다시 올랐을 때 매수한 사람은 훨씬 큰 이익을 보았을 것이다.

이 15%의 규칙에서 중요한 점은 주식 시장 전체가 아닌 개별 종목에 적용해야 한다는 점이다. 개별 종목이 15% 이하로 떨어지는 경우가 전체 시장이 15% 떨어지는 경우보다 더 자주 발생하기 때문이다.

9. 이익을 재투자하라

장기적인 측면에서 성공하는 유일한 길은 단기 이익을 쌓아가는 것이다. 너무 일찍 이익을 취하려 하지 말라. 이 지점에서 많은 개인투자가들이 실수를 한다. 단기적으로 이익을 얻긴 하지만 그 때문에 훨씬 더 큰 이익을 놓치는 것이다. 단기 이익을 챙긴다고 망한 사람은 없지만, 그렇다고 그것만을 좇아 큰 부자가 된 사람도 별로 없다.

아직 살펴보지 않은 투자에 대한 80/20 법칙이 두 가지 있다. 장기간 운용된 많은 투자 포트폴리오를 비교해보면 포트폴리오의 20%가 수익의 80%를 차지한다는 사실이 대부분 적용된다.

개인 포트폴리오의 장기운용 성과를 조사해보면 이익의 80%는 투자 상품의 20%에서 나온다는 것을 알 수 있다. 주식으로만 이루어진 포트폴리오의 경우는 이익의 80%가 20%의 종목에서 발생한다.

이 법칙이 성립하는 이유는 극히 일부의 투자는 매우 높은 성적을 거두고 있는 데 반해 나머지 대부분의 투자가 그렇지 못하기 때문이다. 몇 안 되는 이 주요 주식들은 엄청난 이익을 올릴 수 있으므로 절대로 팔아서는 안 된다. 애니타 브루크너Anita Brookner의 소설에 나오는 등장인물이 마지막으로 남긴 말이 있다.

"글락소Glaxo 주식은 팔지 말아라."

튼튼한 기업은 지속적으로 기대를 능가하는 선순환을 하며 성과가 점차 높아진다. 몇십 년 후에 그런 추세가 반전되어버릴 때만 매도할지 여부를 고민해야 한다. 꼭 지키면 좋은 규칙 중 하나는 최근의 최고 가격에서 15% 이상으로 떨어지기 전에는 팔지 않는 것이다. 최고 가격의 15%까지 하락하면 경향이 바뀐다는 신호일 수 있다. 그 이외의 경우에는 도저히 팔지 않을 수 없을 때까지 가지고 있어야 한다.

10. 벤처기업에 투자하라

나는 작고 빠르게 성장하는 비상장 기업(이것이 내가 생각하는 '벤처기업'의 정의다. 간혹 이해할 수는 없지만, 빠르게 성장하지 않는 기업에 투자하는 벤처기업 투자자들도 있다)에만 집중적으로 투자하는 편이다. 벤처기업에 투자한 결과는 놀라웠다. 결과가 역전될 수도 있지만,

지금까지는 37년 동안 연간 20% 이상의 수익률을 기록했다.

벤처 투자로 높은 수익을 올릴 수는 있지만, 벤처기업에 절대로 투자해서는 안 되는 네 종류의 사람이 있다. 첫째, 신경질적이거나 위험을 회피하는 성격을 가진 사람들에게는 적합하지 않다. 쉽게 돈을 잃을 수 있다. 둘째, 참을성이 없거나 10년 안에 빨리 돈을 벌고 싶은 사람에게는 적합하지 않다. 셋째, 벤처기업은 게으르거나 시간이 부족한 사람들에게는 적합한 투자처가 아니다. 게으름이 때로 미덕이 될 때도 있지만 벤처기업의 세계에서는 그렇지 않다. 벤처 투자에서 성공하려면, 투자처를 찾고, 펀드나 신디케이트, 개별 회사를 설득해 자금을 유치하고, 기회를 평가하고, 투자한 사업이 어떻게 진행되고 있는지 주시해야 한다.

마지막으로 벤처 투자는 돈이 없는 사람들에게는 적합하지 않다! 내가 보기에 이 시장에 발을 담그려면 적어도 10만 달러의 손실 정도는 감당할 수 있는 자본금이 필요하다. 그 이유는 이렇게 생각해보면 알 수 있다. 한 회사에 투자할 때 유의미한 투자금 액수는 최소 10만 달러이다. 이러한 투자를 초대형 복권이라고 생각하지 않는 한, 한 회사에만 투자하는 것은 무모한 짓이다. 신생기업 대부분은 파산한다. 10개에서 15개 기업으로 포트폴리오를 구성해야 그중 한 기업이라도 성공(투자 비용을 회수하고, 대박을 터뜨리는 정도)할 가능성이 커진다.

신생기업에 투자하는 금액을 10만 달러 이상, 심지어 100만 달러까지 늘릴 수도 있다. 크리스 사카Chris Sacca와 제이슨 칼라카니스Jason Calacanis는 우버Uber 등 여러 신생기업에 크게 투자해서 성공했다. 이렇게 인생을 뒤바꿀 만한 (합법적인) 방법은 세상에 많지 않다. 복권에 당첨될 확률보다야 높지만 본질적으로는 여전히 승산 낮은 도박이다. 물론 손실이 발생해도 감당할 수 있는 여유가 된다면 문제될 것은 없다.

당신이 위험을 감수하고, 장기투자를 선호하며, 근면하고, 사업에 관심이 많고, 상당한 여유 자금이 있는 사람이라고 가정해보자(해당 사항이 없거나 관심이 없다면 결론 부분으로 넘어가도 좋다). 자, 당신의 벤처 투자전략은 무엇인가? 예전보다는 수월해졌지만 현명하게 투자하는 방법은 여전히 쉽지 않다. 여기에는 네 가지 방법이 있다.

첫 번째 방법이 가장 쉬우나 권장하지는 않는다. 미국의 엔젤리스트AngelList와 위펀더WeFunder, 영국의 크라우드큐브Crowdcube와 시드어스Seedrs와 같은 플랫폼은 거의 모든 사람에게 투자 기회를 제공한다. 문제는 당신이나 펀드회사가 먼저 발견하지 않는 이상, 이러한 플랫폼에 등장하는 회사는 이미 숨은 보석이 아닐 가능성이 높다는 점이다.

두 번째 방법은 제대로 된 창업투자 펀드 회사에 투자하는 것이다. 이때 실적을 신중하게 살펴야 한다. 위험 부담이 꽤 크긴 하지만, 실적이 좋은 신생 창업투자 회사는 매력적인 투자처다. 뛰어난 실적을 올리고 있는 펀드를 찾는다면 영국 펀드와 유럽 펀드를 눈여겨볼 만하다. 나는 피톤 캐피탈Piton Capital이라는 창업투자 펀드 회사에 투자했는데 운 좋게도 지금까지 성과는 매우 훌륭하다. 이러한 펀드 회사의 단점은 자금 대부분을 회수하는 데 10년 이상 기다려야 하고, 상당한 액수의 각종 수수료와 성과보수(창출한 수익의 20%가 일반적이다)를 지불해야 한다는 점이다.

세 번째 방법은 실행하기는 어려워도 더 재미있으며 높은 수익성을 기대해볼 수 있다. 여러 회사 창업자들과 관계를 구축한 다음 자금이 조성되면 투자하는 방법이다. 물론 창업자들과 만날 수 있는 플랫폼과 그들에게 전달할 메시지가 반드시 필요하다. 내가 발견한 흥미로운 플랫폼 중에 나인아더스9others라는 곳이 있다. 나인아더스는 매슈 스태퍼드Matthew Stafford가 창업가들을 위해 설립한 소규모 국제 다이닝 클럽으로 매우 큰 영향력을 발휘한다.[6] 나인아더스는 투자 신디케이트 역할도 한다. 좋은 신디케이트에서는 투자 결정을 내리기 전에 엄선된 거래 목록과 거래 메모를 볼 수 있다. 신디케이트가 좋은 거래에 접근할 수 있고, 투자자 분포가 광범위하다면, 잘 알려지지 않았거나 저평가된 벤처기업에 5,000달러 정도의 적은 금액으로 투자하는 것도 가능하다.

마지막 방법은 내가 사용하는 방식으로, 아마추어 벤처투자가로 직접 움직이는 방법이다. 하지만 괜찮은 거래를 스스로 찾는 일은 쉽지 않다. 내가 쓴 『스타 비즈니스 법칙The Star Principle』이라는 책을 먼저 읽어보면 도움이 될 것이다. 나는 보스턴 컨설팅 그룹Boston Consulting Group에서 정의한 '스타 비즈니스', 즉 확실한 시장 또는 진입장벽이 높은 틈새시장에서 빠른 성장세를 보이는 1등 기업에만 투자한다. 엔젤투자에 대한 기본적인 전문지식도 물론 쌓아야 하지만, 이 판단 기준을 활용하면 괜찮은 신생 벤처기업을 훨씬 쉽게 찾을 수 있다.[7] 최소 10개 이상의 기업에 투자해 위험을 분산해야 한다는 점을 명심하라.

벤처 투자는 매력적이지만 초보 엔젤투자자가 성공하는 사례는 드물다. 자신이 하는 투자에 대한 이해와 확신이 없다면 벤처기업에 많은 돈을 투자하지 않는 것이 좋다. 초기 투자에서 좋은 결과를 얻지 못하면, 차라리 실적이 좋은 펀드에 투자하거나 아예 주식시장으로 투자 무대를 옮기는 편이 나을 수 있다.

무엇 때문에 돈을 버는가

돈은 돈을 낳는다. 하지만 돈을 낳는 방법에 따라 커다란 격차가 생긴다. 새뮤얼 존슨은 "돈을 버는 것만큼 인간이 순수하게 열정을 바치는 경우는 없다"고 말했다. 그러나 부의 축적과 직업적 성공은 그 자체가 목적이 되어버릴 위험을 안고 있다.

성공에는 부작용이 따를 수 있다. 부를 축적하면 이를 관리하기 위해 변호사, 세무사, 은행가 등과 매우 신경 쓰이는 만남을 가져야 하고, 최고의 자리에 오르려면 타인들 및 그들의 돈을 사용해야 한다. 그렇게 되면 많은 사람과 관계를 맺게 되는 반면 자신에게 정말 소중한 친구나 가족과 함께하는 시간은 줄어든다. 성공이라는 어지러운 교차로에서는 정말 중요한 것에 대한 초점과 균형 그리고 개인적 가치를 잃기 쉽다.

성공의 계단을 어느 정도 오른 다음에는 잠시 쉬면서 자신을 되돌아보는 시간을 가져보자. 한 걸음 물러서서 무엇 때문에 성공하고 무엇 때문에 돈을 벌려고 했는지를 생각해보는 것이다. 인생에서 '행복'만큼 중요한 것이 또 어디 있겠는가?

9장
행복으로 가는
7가지 습관

성격은 숙명적인 것이 아니다.

– 대니얼 골먼[1]

결과를 바꾸는 20%의 비밀

- 가장 행복하다고 느끼는 때를 파악해 그 시간을 최대한 늘려라.
- 불행하다고 느끼는 때를 파악해 그 시간을 최소한으로 줄여라. 행복해지기 위한 가장 좋은 방법은 불행을 멈추는 것이다.
- 자신에 관한 생각을 바꿔라. 자신을 상냥하고 관대하게 대하라. 죄책감은 버리고, 약점은 생각하지 말고, 강점을 인정하고 발전시켜 나가라. 나에 대한 이야기를 적절히 구성한 다음, 그것을 굳게 믿어라!
- 행복감을 높이는 일곱 가지 비결
    1 자신에게 맞는 연애 상대를 골라라.
    2 상대에게 헌신하라.
    3 자기 일을 사랑하라.
    4 부를 이용해 자유를 얻어라.
    5 소수의 훌륭한 친구와 교제하라.

6 자신에게 솔직하고 양심에 충실하라.

7 행복한 기운을 발산하라.

아리스토텔레스는 "모든 인간 활동의 목적은 행복이다"라고 말했다. 그러나 그는 어떻게 하면 더 행복해질 수 있는지 이야기해주지도 않았고 행복과 불행의 원인도 분석하지 않았다.

80/20 법칙이 정말 우리의 행복을 증폭시킬 수 있을까? 나는 그렇다고 믿는다. 대개의 사람들은 우리가 살아가는 시간의 극히 일부분에서만 행복의 대부분을 느낀다고 한다. 80/20 가설 중 하나는 '행복의 80%는 우리가 살아가는 시간의 20% 안에서 생긴다'라고 할 수 있다. 내가 친구들에게 1주일을 하루 단위로, 또는 한 달을 1주일 단위로, 혹은 1년을 한 달 단위로, 그리고 인생을 1년 단위로 나누어 생각해볼 때 진정으로 행복하다고 느낀 시간이 얼마나 되는지 물어보았더니 3분의 2는 80 대 20과 유사한 불균형적인 유형을 보였다.

모든 사람에게 이 가설이 적용되는 것은 아니다. 내 친구들의 3분의 1은 80 대 20의 유형과는 달랐다. 그들의 행복은 시간상으로 거의 균등하게 분포되어 있었다. 흥미로운 점은 그 친구들은 행복의 절정이 인생의 극히 일부분에 편중된 친구들보다 훨씬 더 행복해 보였다는 것이다.

이 현상은 상식과도 일치한다. 인생의 대부분에 걸쳐 행복을 느꼈던 사람들은 전반적으로도 행복할 가능성이 높지만, 행복이 짧은 기간에 집중된 사람들은 인생 전체에 대해서는 그들보다 행복하지 않을 가능성이 높다.

이 현상을 80/20 법칙의 눈으로 보면 우리 생활에는 낭비가 많고 개선의 여지도 크다는 이 책의 일관된 주장과도 일치한다. 하지만 더 중요한 점은 80/20 법칙이 우리가 더 행복해지는 데도 큰 도움을 줄 것이라는 사실이다.

행복으로 가는 2가지 방법

이 두 가지 방법 중 하나는 자신이 가장 행복하다고 느꼈을 때를 파악하여 그런 시간을 최대한으로 늘리는 것이고, 다른 하나는 자신이 가장 불행하다고 느꼈을 때를 파악하여 그런 시간을 최대한으로 줄이는 것이다.

행복해지려면 나를 행복하게 만드는 것이 무엇인지 알아내고 어떻게 하면 그 행복을 더 키워나갈 수 있는지 생각하는 것이 좋다. 그러나 어떤 순간이 행복한지를 모른다면 먼저 행복을 방해하는 것을 찾아내 없애나가는 방법을 선택한다.

불행도 선택이다

다른 사람보다 행복감을 더 쉽게 느끼는 사람들이 있다. 물이 절반 정도 들어 있는 컵을 보고 '반이나 있다'고 말하는 사람이 있는 반면 '반밖에 없다'고 말하는 사람도 있다. 심리학자들과 정신과 의사들은 유전자, 유아기의 체험, 뇌의 반응, 인생의 중요한 경험들의 상호작용으로 행복의 용량이 결정된다고 한다. 이런 논리라면 이미 어른이 되어버린 사람들은 행복을 통제할 수 없다고 봐야 할 것이다.

그러나 다행스럽게도, 사람에 따라 들고 있는 행복의 카드는 다르지만 인생의 게임에서 자신의 카드를 어떻게 활용하느냐에 따라 결과가 크게 달라진다는 사실이 확인되고 있다. 쉬운 예로 각자 운동신경을 타고나지만 규칙적인 운동을 꾸준히 반복하면 놀랄 정도로 신체 능력을 높일 수 있다. 또한 유전적인 영향과 가정환경 때문에 지적 능력이 조금 떨어지는 사람도 두뇌를 훈련시키고 계발할 수 있다. 또 유전자와 환경에 의해 비만이 되기 쉬운 사람도 있지만 적절하게 식사를 조절하고 운동을 하면 대부분의 뚱뚱한 사람들은 상당히 날씬해질 수 있다.

타고난 성격도 마찬가지다. 훈련을 통해 우리는 얼마든지 행복의 용량을 늘릴 수 있다. 스스로 내린 결단으로 말미암아 놀랄 만큼 행복해지거나 반대로 불행해진 경우를 주변의 친구들에게서 본 적이 있을 것이다. 새로운 배우자, 새로운 직업, 새로운 집, 새로운 생활양식 또는 인생에 대한 새로운 태도 등과 관련된 결정은 모두 한 개인의 행복에 영향을 줄 수 있으며, 또한 모두 스스로 통제할 수 있는 것들이다. 숙명론은 그것을 믿는 사람들에게만 영향을 미칠 뿐 신빙성이 별로 없는 주장이다. 자신의 의지에 따라 운명을 바꾼 사람의 예는 얼마든지 있다.

당신에겐 행복과 불행을 결정할 자유가 있다

마침내 경제학보다 더 '우울한 과학'인 심리학과 정신의학 분야에서도 우리의 상식이나 실제 관찰결과와 일치하는 보다 희망적이고 일관된 비전이 제시되고 있다. 유전학자들은 복잡한 인간의 태도를 오로지 물려받은 유전자의 탓으로만 돌리는 결정론적인 이론을 주장해왔다. 그러나 유전학자인 런던 유니버시티 칼리지의 스티브 존스Steve Jones 교수는 이렇게 이야기한 바 있다. "조울증, 정신분열증 그리고 알코올중독증을 일으키는 유전자를 발견했다는 발표가 있었지만 그 주장들은 나중에 모두 철회되었다."[2] 한 저명한 신경정신학자는 다음과 같이 말한다. "정신신경면역학이라는 새로운 분야의 연구결과에 따르면 인간은 통합된 전체로서 행동한다. 우리의 일상적인 사고방식과 감정은 육체적, 정신적 건강에 미묘한 영향을 미친다."[3] 다시 말해 우리는 일정 범위 안에서는 자신의 행복이나 불행을 직접 선택할 수 있으며 심지어는 건강까지도 결정할 수 있다는 것이다.

행복은 어린 시절의 경험에 크게 좌우된다

그렇다고 유아기나 청소년기의 불행이 중요한 영향을 준다는 과거의 연구성과를 폐기해야 하는 것은 아니다. 제1부에서 보았듯이 카오스 이론은 '초기 상태에 대한 예민한 의존'을 강조한다. 이는 어렸을 때 겪은 사소한 일, 우연한 사건 그리고 작은 원인들은 성인이 되었을 때의 생활에 커다란 영향을 줄 수 있다는 것이다.

사랑을 받았는가, 머리가 좋은가, 다른 사람으로부터 존중을 받아왔는가 또는 모험을 할 기회가 있었는가의 여부 등은 유아기에 형성되는 자의식에 영향을 주고, 이 자의식은 그 후의 인생에 큰 영향을 미친다. 유아기의 사고방식은 아무런 객관적 근거 없이 형성되는 경우가 많지만, 그것이 스스로 힘을 얻어 현실로 되기도 한다. 즉 모든 사람이 자신을 좋아한다고 스스로 믿으면 실제로 그렇게 되고, 모두 나를 싫어한다고 생각하면 실제로도 그렇게 미움 받을 짓만 골라 하는 사람이 되는 것이다.

사람은 어른이 되어가면서 여러 경험을 한다. 시험을 못 봤다거나, 애인과 헤어졌다거나, 원하는 직업을 얻지 못했다거나, 승진을 하지 못한다거나, 퇴출당한다거나, 몸이 아프다거나 하는 불행이 중첩되다 보면 자신에 대한 부정적인 시각을 가지게 될 가능성이 많다.

행복을 찾기 위한 시간 되돌리기

인생은 끊임없는 불행의 연속일 수밖에 없는 걸까? 나는 그렇게 생각하지 않는다.

15세기 이탈리아의 인본주의자였던 피코 델라 미란돌라Picodela

Mirandola는 인간이 다른 동물들과 결정적으로 다른 점을 잘 지적했다.[6] 인간을 제외한 동물들은 완전히 결정된 본성이 있고 그것을 스스로의 힘으로는 바꿀 수 없다. 오로지 인간만이 불완전한 본성을 타고 나며 더욱이 그것을 자신의 힘으로 바꿀 수 있다. 다른 모든 창조물들은 수동적인 데 반해 인간만이 홀로 능동적이다. 다른 동물들은 창조되었지만 인간은 스스로 창조할 수 있는 힘을 가진다.

불행이 닥치면 인간은 어떤 일이 일어나고 있는지 인식하고 그것을 바꾸는 방향으로 대응할 수 있다. 인간에게는 생각하고 행동하는 방식을 스스로 변화시킬 수 있는 자유가 있다.

장 자크 루소의 유명한 말을 바꾸어 말하면, 인간은 어디에나 구속되어 있지만 동시에 어디에서든 자유로울 수 있다. 일단 발생한 일을 되돌릴 수는 없지만 그것을 어떻게 받아들이는지는 전적으로 우리가 가진 의지의 문제다. 이것은 단지 사고방식의 문제만이 아니라 어떻게 대응할 것인지 하는 행동의 문제이고, 그에 따라 사람은 행복해질 수도 불행해질 수도 있다.

감성지수가 높을수록 행복하다

대니얼 골먼을 비롯하여 몇몇 사람들이 '스스로에게 동기를 부여하고, 욕망을 억제하며, 기분을 조절하고, 고민을 자연스럽게 수용하고, 언제나 희망을 잃지 않는'[5] 능력인 EQ의 중요성을 역설했다. 우리에게 행복을 가져다주는 것은 IQ가 아닌 EQ다. 그러나 골먼은 "IQ가 높다고 해서 부와 명예, 행복이 보장되는 것은 아니다. 그런데도 학교와 사회는 학력에만 주목할 뿐 인생을 좌우하는 또 하나의 중요한 자질, 즉 EQ에는 관심을 기울이지 않는다"[6]고 말했고, 사회적 현실도 별반 다르지 않다.

다행스럽게도 EQ는 어렸을 때는 물론 인생의 어떤 단계에서도 개발할 수 있다. 골먼의 글에서처럼 '성격은 바꿀 수 있다'. 우리는 성격을 바꿈으로써 운명을 바꿀 수 있다. 심리학자 마틴 셀리그먼은 "불안, 슬픔 또는 분노 같은 기분은 스스로도 어쩔 도리 없이 저절로 찾아오는 것이 아니다. 어떻게 생각하느냐에 따라 스스로 느끼는 기분을 바꿀 수 있다"[7]고 지적한다.

건강과 행복에 손상을 주지 않도록, 슬픔과 우울의 초기 증상을 벗어나게 해주는 검증된 기술이 몇 가지 있다. 낙관주의를 습관화하면 행복한 삶을 누릴 수 있을 뿐 아니라 몸의 병도 예방할 수 있다. 골먼은 행복은 두뇌에서 일어나는 신경학적인 과정과 관련이 있다고 이야기한다.

행복을 느낄 때의 중요한 생물학적 변화로는 우리의 두뇌에서 부정적인 느낌을 억제하고 유익한 에너지의 증가를 유도하는 부분의 활동이 활발해진다는 것과, 불안감을 만들어내는 부분의 활동이 둔화된다는 것이 있다. 이렇게 평온한 상태에서는 심리적 동요에 신체가 반응해도 비교적 짧은 시간 안에 원래의 상태로 회복하는 것이 가능하다.[8]

세상을 보는 방법을 바꾼다

우울하고 부정적인 생각에 빠져 상황을 더욱 악화시켰던 경험은 누구나 가지고 있을 것이다. 탈출구는 항상 가까이 있었다는 사실은 그런 심리 상태에서 벗어난 다음에야 깨닫게 된다. 새로운 친구를 만들거나 가구 배치를 바꾸거나 땀 흘려 운동을 하면 그러한 기분을 떨쳐버릴 수 있다.

신경정신과 전문의인 피터 펜윅Dr. Peter Fenwick에 의하면 '어둠 속에서도 희망을 잃지 않도록 지켜주는 것은 무조건적인 낙천주의가 아니라 건강한 자기방어적 메커니즘이다. 이에 대해서는 분명한 생물학적 근거도 있다.'[9]

낙천주의는 의학계에서 인정하는 성공과 행복의 요소이며 이 세상에서 가장 훌륭한 동기부여자인 듯하다. 캔자스 대학의 심리학자인 C. R. 스나이더C. R. Snyder는 특히 희망을 "목적이 무엇이든 간에 이를 성취하려는 의지와 방법이 있다고 믿는 것"[10]이라고 정의했다.

자신의 성취를 만끽한다

심리학자들은 행복에 대한 인식은 자기가치에 대한 의식과 관련이 있다고 말한다. 자기가치는 죄책감을 버리고 약점을 잊어버리고 장점을 키움으로써 높일 수 있다. 자신이 행한 모든 선행과 크고 작은 성취, 그리고 지금까지 받은 모든 긍정적인 피드백을 기억하고 자랑하라.

우리는 항상 무의식적으로든 의식적으로든 자신에게 자신에 대해 이야기한다. 따라서 부정적인 이야기보다는 긍정적인 이야기를 선택하는 편이 나을 것이다. 그렇게 하면 자신으로부터 시작하여 다른 사람에게까지 행복을 확산시킬 수 있기 때문이다.

일상을 바꾼다

일상의 사건들을 변화시키면 더 큰 행복을 누릴 수 있다. 모든 사건을 완벽히 규제할 수는 없지만 이런 노력은 생각했던 것보다는 훨씬 큰 힘을 발휘한다.

행복해지기 위한 가장 좋은 방법이 불행해지지 않는 거라면, 제일 먼저 해야 할 일은 자신을 우울하게 하거나 비참하게 만드는 사람과 연결되는 상황을 피하는 것이다.

■자주 만나는 사람을 바꾼다

가까운 친구 몇 명은 강한 스트레스도 감당하게 한다는 의학적 증거가 있다. 하지만 어떤 종류의 인간관계든 자신의 행복과 건강에 매우 큰 영향을 준다. 오하이오 주립대의 심리학자인 존 카치오포John Cacioppo는 다음과 같이 이야기한다. "매일 보는 사람들처럼 삶에 있어 중요한 대인관계들은 건강에 매우 중요한 영향을 준다. 그리고 인생에서 그 관계들이 높으면 높을수록 건강에 미치는 영향도 크다."[11]

매일 만나는 사람들에 대해 다시 생각해보라. 그 사람들 덕분에 당신은 행복을 느끼는가? 이 질문의 대답에 따라 그들과 보내는 시간을 조절하라.

■싫어하는 일을 피한다

나는 뱀 공포증을 없애기 위해 사람들을 교육시키는 것을 이해할 수 없다. 정글이나 애완동물 가게에 가지 않으면 될 일 아닌가.

마음을 심란하게 만드는 요소들은 사람에 따라 다르다. 나의 경우 무의미한 관료주의를 대하면 화가 난다. 또 교통체증에 걸리면 불안해진다. 태양을 보지 못한 상태에서 며칠을 보내면 약간 우울해지기도 하고, 같은 공간에 너무 많은 사람들이 있는 것도 싫어하며, 사람들이 변명을 하거나 해결방법이 없는 문제에 대해 얘기하는 것을 보면 참을 수 없다.

하지만 실용적인 한도 안에서만 이런 상황들을 피하는 방법을 익혔다. 나는 통근을 하지 않고, 러시아워에는 대중교통을 이용하지 않으며, 한 달 중 적어도 1주일은 햇빛을 보고, 교통체증이 있으면 오래 걸리더라도 돌아가며, 부정적인 성격의 사람일 경우 보고서 받는 것을 피하고, 변호사에게서 걸려온 전화의 통화시간이 5분을 넘기면 전화가 끊어지게끔 했다. 이런 행동들의 결과로 나는 훨씬 더 행복하다.

자신에게 스트레스를 안겨주고 압박하는 것들을 적어보고, 이 부분들을 피하도록 자신의 생활을 의식적으로 점검하라. 얼마나 성공적인지 매달 점검하고 작은 도망에 성공할 때마다 자축하라.

일상에서 행복을 키우는 7가지 습관

불행의 원인을 없앤 후, 또는 없애려고 계획한 후에는 행복을 적극적으로 찾는 데 노력의 대부분을 쏟아라. 행복은 매우 실존적이고, 현재에만 존재한다. 과거의 행복은 기억할 수 있고 미래의 행복도 계획할 수 있지만 행복이 주는 즐거움은 '현재'에서만 누릴 수 있다.

이제 필요한 것은 매일 하는 운동이나 건강을 위한 식이요법처럼 일상적인 행복 습관이다. [도표 8]에 나의 일상적인 행복습관을 일곱 가지로 요약해놓았다.

행복한 하루의 필수 요소는 육체적 운동이다. 나는 운동하는 동안뿐 아니라 운동을 끝낸 뒤에도 언제나 기분이 좋다. 이런 이유는 운동을 하면 엔돌핀이라는 자연적 항울제가 생성되기 때문이라고 한다. 매일 빠짐없이 운동하는 습관을 들여라. 회사에 가기 전에 꼭 운동을 하고 여행을 자주 다니는 경우엔 여행 중 언제 운동할지를 계획하고 스케줄을 조정하라.

행복한 하루의 또 다른 필수요소는 정신적 자극이다. 이것은 직장에서 얻을 수도 있겠지만 그렇지 않을 경우 매일 지적 또는 정신적 훈련을 하도록 한다. 각자의 취미에 따라 방법에도 여러 가지가 있다. 특정 신문과 잡지, 독서, 추상적인 주제를 놓고 지적인 친구와 적어도 20분 동안 토론하는 것, 짧은 글 또는 일기를 쓰는 등 스스로 적극적으로 사고하도록 요구하는 그 어떤 것을 해도 좋다. 하지만 TV 시청은 어떤 프로그램을 보든 간에 이

1	육체적 운동
2	정신적 자극
3	영혼 혹은 예술적 자극과 명상
4	선행(善行)
5	친구와의 즐거운 휴식 시간
6	자신을 즐기기
7	스스로에 대한 칭찬

[도표 8] 일상에서 행복을 키우는 7가지 습관

에 해당되지 않는다.

세 번째 필수적인 요소는 영혼 혹은 예술적 자극과 명상이다. 이는 흔히들 생각하는 것만큼 접근하기 힘든 것이 아니다. 상상력이나 영혼을 위한 양식이 적어도 30분 정도 필요한 것뿐이기 때문이다. 연주회나 미술관, 공연장이나 영화관에 가거나, 시를 읽거나, 해가 뜨고 지는 것을 보거나, 흥분되고 자극적인 어떤 행사에서 스타나 참석자를 보는 것 모두가 여기에 해당된다. 명상도 좋은 방법이다.

일상적인 행복 습관 네 번째는 다른 사람에게 좋은 일을 하는 것이다. 엄청난 자선사업은 아니어도 다른 사람의 주차비를 내주거나 길을 모르는 사람에게 길을 가르쳐주는 일 등과 같은 무작위의 친절한 행동이어도 된다. 짧은 시간이지만 남을 돕는 행위는 기분에 많은 영향을 줄 수 있다.

다섯 번째 습관은 친구와 함께 즐거운 휴식 시간을 보내는 것이다. 적어도 30분 동안 방해받지 않고 단둘이서 보내야 하지만 그 형식은 마음대로 해도 좋다. 커피 한 잔, 술 한 잔, 식사나 여유로운 산책 등도 모두 적합하다.

여섯 번째 습관은 스스로에게 한턱 내는 것이다. 매일 스스로를 격려하기 위해 자신이 즐겁게 할 수 있는 일들의 목록을 작성해보자. 남에게 보여줄 필요도 없으니 걱정은 하지 말자. 매일 적어도 한 가지는 할 수 있도록 한다.

마지막 습관은 하루를 마감하며 일상적인 행복 습관을 실천한 스스로를 칭찬하는 일이다. 자신을 행복하게 만드는 데 그 목적이 있으므로 마지막 항목까지 합해서 다섯 가지 이상을 지켰다면 성공했다고 볼 수 있다. 만일 다섯 가지는 안 되지만 뭔가 중요한 것을 성취했다든가 스스로 즐겼다면 가치 있는 하루를 보낸 자신을 칭찬해주자.

행복한 삶으로 가는 지름길

일곱 가지 행복 습관에 덧붙여 [도표 9]는 행복한 삶으로 가는 지름길 일곱 가지를 요약해놓은 것이다.

첫 번째, 자신에게 맞는 연애 상대를 골라라. 행복한 사람들을 대상으로 한 설문 조사에서 한 명만 빼고 응답자 모두 사귀는 사람이 있었다. 저명한 심리학자인 마틴 셀리그먼은 "어쩌면 기혼자가 다른 사람보다 더 행복하다는 것을 보여주는 강력한 증거일 수 있다."고 말한다. 어느 대규모 설문 조사에서는 결혼 생활

1	자신에게 맞는 연애 상대를 골라라.
2	상대에게 헌신하라.
3	자기 일을 사랑하라.
4	부를 이용해 자유를 얻어라.
5	소수의 훌륭한 친구와 교제하라.
6	자신에게 솔직하고 양심에 충실하라.
7	행복한 기운을 발산하여 주변에 행복을 퍼뜨려라.

[도표 9] 행복한 삶을 위한 7가지 전략

이 매우 행복하다고 답한 응답자의 58%가 자신의 삶이 매우 행복하다고 답했다.

우리는 한 명의 사람과 함께 살도록 교육받았다. 배우자 선택에 관한 문제는 우리가 인생에서 행복을 결정하는 몇 안 되는 요소 중 하나다. 우주의 대신비 중 하나인 성적 매력은 80/20 법칙의 극단적인 형태로 나타난다. 시간의 1% 안에 매력의 99%를 느끼며 그 순간 바로 이 사람이 내 인생의 반려자라는 것을 알게 된다.[12] 하지만 80/20 법칙을 떠올리며 차분하게 생각해보자. 그 앞길에는 위험과 불행이 기다리고 있을 수도 있다. 논리적으로만 보면 배우자로 맺어질 수 있는 사람은 수없이 많다. 심장이 터질 것 같은 기분은 지금 말고도 여러 번 느낄 기회가 올 것이다.

아직 배우자를 선택하지 않았다면 배우자의 행복이 자신의 행복에 많은 영향을 준다는 사실을 염두에 두도록 한다. 스스로의 행복과 사랑을 위해서는 배우자 역시 행복해야 한다. 만일 배우자가 처음부터 행복한 성격을 가지고 있고 의식적으로 나의 행복 습관과 같은 행복 친화적인 생활을 택한다면 훨씬 쉬운 일이 될 것이다. 행복하지 않은 배우자와 살면 자신도 불행해질 가능성이 높다. 자존감이 낮은 사람들은 서로를 아무리 사랑한다 해도 같이 살기가 매우 어렵다. 만일 자신이 행복한 사람이라면 불행한 사람을 행복하게 만들 수도 있겠지만 이는 매우 힘들다. 서로 매우 사랑하지만 그다지 행복하지 않은 두 사람이 행복해지기로 굳게 마음먹고 노력한다면 물론 서로 행복을 얻을 수도 있을 것이다. 그러나 나라면 거기에 내기를 걸지는 않겠다. 아무리 사랑하는 사이라도 두 명의 불행한 사람들은 서로를 미치게 만들 것이다. 만일 행복하고 싶다면 행복한 배우자를 선택하라.

하지만 성적 매력이나 행복한 사람을 찾는 것보다 올바른 결정을 내리는 것이 더 중요하다. 다음에 나오는 [도표 10] '성공적인 관계를 예측하는 일곱 가지 지표'를 통해 올바른 결정을 내리도록 하라.

두 번째, 상대에게 헌신하라. 평생에 걸친 관계는 오랜 시간 함께하는 것이니 필연적으로 온갖 어려움과 장애물을 맞닥뜨릴 수밖에 없다. 이상적인 상대를 찾았다면 무슨 일이 있어도 그 사람에게 헌신하라.

세 번째, 자기 일을 사랑하라. 진정으로 즐기지 못하는 일이라면 아무리 큰 부와 명성을 안겨준다 해도 추구할 가치가 없다. 여덟 시간의 즐거움을 선택할 것인가, 여덟 시간의 고통과 스트레스를 선택할 것인가? 이렇게 생각하면 답은 뻔하지만, 매일같

1	상대방을 내가 원하는 대로가 아니라 있는 그대로 받아들인다.
2	배우자와 함께하는 시간을 즐긴다. 배우자는 크고 작은 일을 함께하는 좋은 친구 사이다.
3	서로가 서로를 존경한다.
4	인생을 함께하는 모험으로 생각한다.
5	함께할 미래를 낙관하는 것은 매우 중요하다. 의심하는 마음은 씨가 되어 실제로 그런 일이 벌어질 수도 있다.
6	관계를 시작하기 전에 '마의 삼각지대'에 빠질 수 있는 주제를 미리 논하라. 자녀 계획, 각자의 역할과 책임과 같은 근본적인 문제에 의견이 일치하지 않으면 아무리 희망적인 관계라도 결국 침몰하고 만다.
7	마지막으로 권력이 평등하거나 불평등을 유쾌하게 받아들이는 사이라면 오랫동안 좋은 관계를 유지할 수 있다. 상대와의 관계를 힘겨루기로 여긴다면 좋은 관계가 될 수 없다.

[도표 10] 성공적인 관계를 예측하는 7가지 지표

이 출근해 일하면서 누구나 한 번쯤은 하기 싫다거나 애증을 느끼기 마련이다. 좋아하는 직업이나 일을 찾는 것은 평생 행복을 누릴 수 있는 간단하고 확실한 방법이다.

네 번째, 부를 이용해 자유를 얻어라. 부유하지 않아 보이는 심리학자와 사회학자 대부분은 부와 행복 사이의 연관성이 모호하거나 약하다고 주장한다. 하지만 행복 연구의 대가인 에드 디에너Ed Diener 교수는 이렇게 반박한다.[13]

어떤 사람들은 데이터를 보면 돈이 행복에 영향을 미치지 않으며, 부자들은 심지어 불행하다는 것을 알 수 있다고 주장한다. 그러나 이와 반대로 재정적으로 부유한 개인이 가난한 사람보다 평균적으로 더 행복하다는 연구 결과는 반복적으로 나오고 있다. (중략) 국가의 부와 평균 행복도 사이에도 강한 상관관계가 있다.

방대한 연구 끝에 벳시 스티븐슨Betsey Stevenson과 저스틴 울퍼스 Justin Wolfers는 이렇게 썼다.

> 많은 학자들이 '기본적 욕구'가 충족되면 소득이 높아져도 행복감이 높아지지 않는다고 주장해왔지만, 이러한 주장을 뒷받침하는 확실한 증거는 없다. 행복과 소득 사이의 관계는 (중략) 소득이 증가한다고 줄어들지 않으며, 포화점(부가 늘어나도 행복도가 높아지지 않는 지점)이 있다는 증거를 찾을 수 없다.

연구진은 이러한 결과가 국가 간 부의 격차를 비교할 때뿐만 아니라 개별 국가 내 빈부격차를 비교할 때에도 동일하게 적용된다는 것을 보여주었다.[14]

부유한 사람들이 더 행복한 데는 여러 이유가 있지만 부유함이 주는 가장 큰 장점은 자유다. 자신을 더 행복하게 해주고 타인에게 좀 더 유용한 일에 시간을 할애할 수 있는 귀중한 자유는 그 자체로 행복감을 높인다.

다섯 번째 지름길은 행복한 친구 몇 명과 진한 우정을 나누는 것이다. 80/20 법칙에 따르면 친구에게서 얻는 대부분의 행복은 소수의 친한 친구들과의 관계에 집중되어 있다. 친하지 않은 친구와는 너무 많은 시간을, 그리고 매우 친한 친구와는 너무 적은 시간을 함께 보내고 있는 셈이다. 행복을 가져다주는 친구들과 많은 시간을 보내면서 가능한 많은 우정을 쌓아라.

여섯 번째, 자신에게 솔직하고 양심에 충실하라. 행복은 내면의 공허함과 반대되는 개념으로서, 기쁨으로 마음의 잔이 넘칠 때 느끼는 '내면의 충만함'이라고 할 수 있다. 자기 자신에게 충실하다는 것은 자신의 능력을 최대한 발휘하고 최고의 모습이 되기 위해 노력하며 인생을 적극적으로 살아간다는 뜻이다.

마지막으로 행복한 기운을 발산하라. 주위에 행복을 퍼뜨려라! 매일 누군가에게 행복을 전하라.

10장
당신의 숨겨진 친구

세상을 움직이는 힘은 당신의 잠재의식이다.
- 윌리엄 제임스(미국 심리학계의 선구자)[1]

표면의 흐름 아래, 얇고 가벼운 그 아래
우리가 느낀다고 말하는, 그 흐름 아래
마치 불빛처럼, 우리가 느낀다고 생각하는, 그 흐름 아래
소리 없는 강력한 거친 물살, 모호하고도 깊은
그 중심적인 흐름, 우리가 진정으로 느끼네[2]
- 매슈 아널드(영국 빅토리아 시대 시인)

결과를 바꾸는 20%의 비밀

- 무의식이라고도 일컫는 잠재의식은 80/20 법칙의 기적을 일으켜 노력을 거의 하지 않고도 엄청난 성과를 만들어낸다.
- 모든 80/20 현상처럼 잠재의식도 가진 힘을 모두 사용하지 않는다. 우리는 잠재의식을 인식하고, 비교적 적은 노력으로 엄청난 성과를 이룰 수 있도록 프로그래밍할 수 있다.
- 창의적인 해결책, 목표 달성, 마음의 평정심을 유지하는 것 등 이루고 싶은 것을 의식적으로 생각한다.
- 잠재의식에 주입할 문장을 '나는…'으로 시작하는 긍정문으로 작성한다. 예를 들어 창의적인 해결책을 원한다면 '나는 이 제품을 업그레이드하면서 가격을 낮출 방법을 찾고 있다.'라고 쓰고, 목표를 설정하고 싶다면 '나는 백만장자가 될 것이다.'라고 쓰고, 마음의 평온을 얻고 싶다면 '내 친구들이 멋진 이유는…'이라고 쓰는 것이다.

- 위에서 생각한 문장을 다음과 같은 방법으로 잠재의식에 입력한다.
  - → 긴장을 풀고 꿈을 꾼다.
  - → 반복을 요하는 운동 전에 메시지를 읽거나 생각한다.
  - → 일기장에 기록한다.
  - → 잠들기 전에 문장을 생각하거나 소리내어 말한다.
- 메모 등을 통해 잠재의식이 알려주는 해결책을 받을 준비를 한다.
- 해결해야 할 골치 아픈 문제가 있다면 하룻밤 자면서 생각해본다.
- 매일 명상하거나 생각을 자유롭게 한다.
- 자신의 인생 이야기를 다른 사람이 보기에도 그럴듯할 뿐만 아니라 자신에게 친절하게, 최대한 긍정적으로 그린다.

우리의 숨겨진 친구는 우리 모두가 소유하고 있는 어떤 것이다. 그것은 우리가 특별한 노력을 하지 않더라도 우리에게 놀라운 결과를 준다. 우리의 숨겨진 친구는 우리의 성공과 행복을 대부분 결정하지만 우리 가운데 극소수만이 그 친구를 이용할 뿐이다. 가장 강력하며 80/20에 해당하는 이 숨겨진 친구란 바로 우리의 잠재의식이다. 만약 우리가 그 가치를 인정하고 적절히 사용할 수만 있다면 이것은 우리의 가장 강력한 우군이 될 수 있다.

잠재의식은 무엇을 말하는가?

잠재의식을 인지하고 그것에 이름을 붙인 최초의 인물은 위대하지만 지금은 거의 잊혀진 프랑스의 심리학자 피에르 자네Pierre

Janet다. 그는 잠재의식을 생각과 이성과 같은 의식의 아래에 놓여 있는 마음(혹은 두뇌)의 강력한 한 부분으로, 우리의 감정과 행동에 강력한 영향력을 행사하는 것이라 했다.[3] 지그문트 프로이트는 '무의식'이란 용어를 선호해서 '잠재의식'이란 용어를 무시했다. 그는 유일하게 대조되는 것은 '의식'과 '무의식'뿐이라 했고,[4] 잘 알려진 바와 같이 "무의식은 유쾌하지 않은 기억이나 욕망 그리고 공포의 저장고"라고 주장했다. 짧게 말해 무의식에 포함된 것은 의식이 억제한 것으로, 사회적으로 받아들여질 수 없는 것들을 말한다. 칼 융은 무의식에 대해 더욱 실용적이고 긍정적인 견해를 갖고 있었다. 그는 "우리의 마음에 기억이나 지식과 같은 거대한 저장고가 없다면 어떤 일도 가능하지 않을 정도로 모든 것이 어수선하고 무질서 속에 놓일 것"이라고 주장했다.[5]

현대 심리학자들은 무의식과 잠재의식에 대해 건설적인 견해를 갖는다는 점에서 프로이트보다는 융과 의견을 함께한다. 참고로 현대 심리학자들은 무의식과 잠재의식을 섞어서 사용하지만, 나는 이 책에서 '잠재의식'이란 용어를 사용할 것이다. 미국의 뇌과학자 폴 맥린Paul MacLean은 뇌의 '삼중구조' 모델을 내놓았다. 이 모델에 따르면 인간 두뇌의 의식 부분(대뇌피질, cortex)은 가장 최근에 형성된 것으로 최소한 4만 년 정도의 역사를 갖고 있으며 여전히 진화 중에 있다. 이보다 오래된 부분(포유류 뇌, mammalian brain)은 5,000만 년 정도의 역사를 가진 것으로 감정과 느낌을 통제하고 지시한다. 포유동물이 새끼를 돌보는 것은 이 부분의 역할이 크다. 이보다 더 오래된 부분[파충류(원시적) 뇌,

reptilian brain]은 2억 5,000만 년쯤 된 것으로 파충류를 생존하게 하는 부분임과 동시에 인간을 포함한 포유동물이 호흡이나 심장박동 그리고 출산 등과 같은 기능을 수행하도록 해준다. 즉 우리로 하여금 생존의 위협으로부터 자신을 본능적으로 보호해주는 기능을 수행하는 것이다.

우리의 의식은 추론이나 사유와 같은 인간적인 특성을 관장한다. 반면에 잠재의식은 포유동물의 고유한 느낌이나 감정 같은 기능은 물론 파충류와 포유동물이 가지는 고유한 호흡이나 심장박동에 관한 기능을 관장한다.

의식과 잠재의식의 결정적 차이

- 우리의 잠재의식은 의식에 비해 상당히 커서, 전체 뇌 크기의 92%를 차지한다.
- 의식은 한 번에 단 하나의 일만 수행할 수 있다. 이것이 운전을 하면서 책을 읽을 수 없는 이유다. 반면 잠재의식은 수많은 활동을 동시에 수행할 수 있다.
- 의식은 기억 용량에 한계가 있지만 잠재의식의 기억 용량은 무한하다.
- 잠재의식에는 의식이 갖고 있는 '지시하는 지성'이 없고, 정보를 솎아내는 기능도 없다. 따라서 옳은 것이든 틀린 것이든 간에 모든 것을 받아들이기 때문에 '생각하는 기계'라기보다는 체중계와 같다. 잠재의식은 정보의 강도(세

기), 신선도(새로움) 그리고 빈도에 의해 영향을 받는 반면, 의식은 옳은 정보와 틀린 정보를 구분해서 받아들인다.

여기서 정보의 강도란 어떤 정보가 얼마나 감정과 잘 맞는가를, 신선도는 최신 정보가 잠재의식의 상층부를 차지함을, 빈도는 어떤 견해를 얼마나 자주 접하는가를 뜻한다. 잠재의식은 반복에 의해 크게 영향을 받는다.

의식과 마찬가지로 잠재의식도 '인지 부조화'를 경험한다. 즉 서로 반대되는 견해를 동시에 갖는 일이 불편하기 때문에 일치시키려 한다는 의미다. 의식과 잠재의식의 큰 차이는 옳고 그름을 분간하는 능력을 갖고 있는가의 여부다. 잘 훈련된 사람의 경우 의식은 좋은 것과 나쁜 것 그리고 진실된 것과 거짓된 것을 구분하도록 해준다.

• 잠재의식은 이미지와 감정을 다루는 반면 의식은 이성과 논리를 다룬다. 예를 들어 우리는 TV 광고가 한쪽으로 치우쳐 있고 상품의 가치에 기초한 올바른 정보를 갖고 있지 않다는 것을 안다. 광고는 잠재의식을 조종한다. 이 때문에 광고 효과를 높이기 위해 시청자들의 감정을 이용하는 것은 매우 효과적이다. 과거 반세기 동안 일어난 변화는 꽤 흥미로운데, 특히 의식과 잠재의식 사이에서 잠재의식 쪽에 훨씬 크게 무게중심이 실리는 변화는 주목할 만하다. 미디어 이론가이자 문화비평가인 마셜 맥루언은 이미지와 감정에 호소하는 전자 시대가 프린트 기술과 이로 인해 이성이 압도적으로 지배하던 수 세기를 대체할

것이라고 주장했다.[6] 뇌과학자인 조지프 르두Joseph LeDoux는 "의사결정은 늘 감정적인 배경에서 만들어지는 것"이라고 말한다.[7]

그러나 다른 연구자들은 우리의 의식적인 생각들, 가령 우리가 말하거나 쓰는 것은 우리의 감정을 결정한다고 주장한다. 의식과 잠재의식은 서로 영향을 미치는 관계이므로 우리는 우리가 생각하는 것을 주의해야 한다는 것이다.

- '의지력will-power'이라는 용어의 두 가지 구성요소를 분리하자. 여기서 '의지will'는 의식이 갖고 있는 것이지만 잠재의식도 '파워power'를 갖고 있다. 우리가 자신의 의식을 통해 의지력을 훈련하는 것은 자기파괴적이다. 신학자인 해리 윌리엄스Harry Williams는 이런 이야기를 했다. "나는 단순히 의지력을 통해서 나 자신을 향상시킬 수 있는 힘을 순식간에 불러일으킬 수 있다고는 생각하지 않는다. 의지력이란 개념은 곧 분리를 뜻한다. 즉 서로 반대되는 방향을 향해 나아가기를 원하는 두 가지로 이해해야 한다."[8] 의지력은 '의지'가 움직이는 의식과 '파워'가 움직이는 잠재의식으로 구성되어 있다. 나는 이것이 어떻게 이루어질 수 있는가를 보여주고 싶다.

- 의식의 영역인 '의지'와 잠재의식의 영역인 '파워' 사이에 존재하는 긴장을 탐구하는 또 다른 방법은 '상상력'과 '의지'를 나란히 대조시키는 것이다. 프랑스의 유명한 심리학자이자 자기암시 발명자인 에밀 쿠에Emile Coué는 "'의지'

와 '상상력'이 서로 충돌하면 '상상력'은 늘 '의지'를 이긴
다"라고 말한다.[9] 이때 '의지'는 의식으로부터 나오고, '상
상력'은 잠재의식으로부터 나온다. 의식이 잠재의식에서
비롯되는 '상상력'을 효율적으로 사용할 수 있을 때에만
우리는 '의지력'을 제대로 발휘할 수 있다.

· 의식은 지식의 보물창고지만 잠재의식은 창조성의 보물
창고다. 초현실주의 예술은 어디로부터 오는가? 스페인
출신의 초현실주의 화가 살바도르 달리는 가만히 앉은 다
음에 긴장을 풀고 상상하는 습관을 갖고 있었다. 이렇게
하는 목적은 자신이 그리고 싶은 이미지를 떠올리기 위함
이다. 자기가 그리고 싶은 이미지를 떠올리기 위해 그는
그의 손에 확실한 대상물을 잡고 있는 훈련을 한다. 자기
마음에 있는 이미지를 보았을 때 그는 그 대상에서 힘을
빼면서 긴장을 푼다. 긴장을 완전히 풀었을 때 그의 손에
있던 대상물은 바닥에 떨어지면서 깨지고, 그 소리에 깨
어난 그는 자신이 상상했던 이미지를 그리기 시작한다.[10]

· 의식은 과거를 기억할 수 있고 미래를 계획할 수 있다. 하
지만 잠재의식은 영원한 현재에서만 살아 있을 뿐이다. 이
에 대해서는 나중에 다시 이야기할 기회가 있을 것이다.
마지막으로 의식은 의지를 갖고 노력하지만 잠재의식은
의지를 갖고 어떤 노력도 필요로 하지 않는다. 다만 눈에
드러나지 않는 곳에서 쉬지 않고 노력하고 있을 뿐이다.

잠재의식에서 80/20 법칙이 중요한 이유

첫째, 잠재의식은 의도적인 노력을 하지 않으면서도 대단한 결과를 낳는다. 잠재의식은 우리를 건강하게 하며, 우리가 더욱 창조적인 사람이 되어 세상을 바꿀 수 있도록 우리에게 감정과 기억을 공급한다. 여기서 우리는 하나의 역설과 만나게 된다. 우리가 의도적인 노력을 많이 하면 오히려 잠재의식을 쫓아내게 된다는 것이 그것이다.

둘째, 만일 살바도르 달리가 했듯이 잠재의식에 현명하게 접근할 수 있다면 우리는 의식을 사용한 정교한 노력 없이도 환상적인 목표와 결과를 얻을 수 있다.

셋째, 잠재의식을 사용한 결과는 고전적인 80/20 법칙을 따르는데 때로는 99/1 법칙이 일어날 수도 있다. 정교하게 잠재의식을 사용하는 사람들은 전체의 1%에 불과하지만 이렇게 극소수의 사람들이 대부분의 결과물을 갖는다. 선구자적 업적을 남긴 과학자들 가운데 잠재의식을 활용한 이들은 수없이 많다. 과학자들은 하나의 문제에 대한 해답을 찾는 데 어려움을 겪고, 수년 동안 노력했지만 별다른 성과를 얻지 못하는 경우도 비일비재하다. 어떤 과학자들은 크게 실망한 나머지 문제를 잠시 방치해두다가 어느 날 일상적인 업무를 하던 중이나 꿈속에서 혹은 밤중에 일어났을 때 갑자기 해답이 떠오르는 경험을 할 때가 있다.

프랑스 수학자 앙리 푸앵카레Henri Poincaré는 어느 날 파리에서 친구와 버스를 타고 잡담을 나누던 중 "불현듯 내가 고민하고 있던 문제가 완전히 해결되었음을 느꼈다"고 말했다. 철학자이자 수학자인 버트런드 러셀Bertrand Russell은 캠브리지에서 파이프 담배를 살 때 그런 경험을 했다고 한다.[11] 독일 과학자이자 노벨상 수상자인 아우구스투스 케쿨레August Kekulé는 수년 동안 화학구조에 관한 이론 문제를 해결하기 위해 노력하다가[12] 도저히 해결책을 찾을 수 없어 포기하고 말았다. 하지만 1858년 늦여름의 어느 날, 런던에서 말이 끄는 마차 위에 앉아 백일몽을 꾸던 중 그는 자신이 고민했던 원자와 분자 구조에 관한 해답을 얻었다.[13]

토머스 에디슨, 알베르트 아인슈타인, 이탈리아 물리학자 구글리엘모 마르코니Guglielmo Marconi, 에디슨 이후의 발명왕 찰스 케터링Charles Kettering, 제임스 왓트James Watt, 자연과학자 장 루이 아가시Jean Louis Agassiz 및 그 밖의 많은 과학자들이 불현듯 떠오른 아이디어로 과학 발전에 이바지했다.[14] 과학사학자인 토머스 쿤Thomas Kuhn은 과학자들이 자신이 갖고 있는 정보와 이론 사이의 격차를 더욱 더 확인하는 방법에 관해 말한다. 쿤은 새로운 패러다임은 이성적인 추론을 통해서 발견되는 것이 아니라 "떠오른다. 한밤중이나 상당한 위기에 빠진 사람의 마음 등에서 갑자기 생겨난다"고 주장했다.[15]

쿤의 주장은 잠재의식의 활용에 대한 이야기다. 그가 그것을 알고 있었든 아니든, 그는 잠재의식이 어떻게 획기적인 전환을 가져오는 과학 이론의 발전에 이바지하는가에 대해 말하고 있다. 다시 한 번 강조하면, 패러다임의 전환을 가져오는 과학 이론이나 발견은 의식에 의해 성취되는 경우가 드물다.

잠재의식의 3가지 사용법

창의적인 해법

아인슈타인은 "'창조성'은 지식보다 더욱 중요하다"고 말했다. 만일 당신이 어떤 문제에 대해 창의적인 해법을 원한다면 잠재의식은 그것을 제공할 수 있다. 창조성이 발휘될 수 있는 분야는 다음과 같이 다양하다.

- 첫째, 그림, 조각, 시, 작곡, 집필, 방송 등과 같은 특정 형태의 창작 활동
- 둘째, 온라인이나 오프라인용 창의적인 게임
- 셋째, 새로운 비즈니스 일으키기
- 넷째, 과학 및 기술적인 혁신
- 다섯째, 획기적인 신상품 개발
- 여섯째, 획기적인 사회 이론이나 실천법
- 일곱째, 경쟁우위를 확보하도록 돕는 경영법

언론인이자 작가인 데이비드 브룩스_{David Brooks}는 '창조성'에 대해 다음과 같이 말했다.

> 잠재의식은 타고난 탐험가다. 잠재의식은 시야에 들어오는 다양한 요소들의 중요도를 평가한다. 잠재의식은 의식이 다른 일 때문에 바쁘게 활동하는 동안에도 새로운 상황과 옛날 모델을 연결시키거나 조화로운 해법을 찾아낼 때까지 문제들의 여러 요소들을 조정함과 더불어 연결, 패턴, 유사성을 찾아 부지런히 움직이면서 조화로운 결론을 얻을 수 있을 때까지 느낌이나 은유를 찾는다. 또한 잠재의식은 감정과 감각과 같은 심리적인 도구들의 모음을 충분히 활용한다.[16]

개인적인 목표 세우기

성공하는 사람들은 목표를 기록하거나 자주 확인하고 평가한다. 다시 말해 목표를 기록하거나 평가할수록 그것을 달성할 가능성을 크게 올리는 것이다. 만일 여러분이 우주에 어떤 흔적을 만들기를 진정으로 원하거나, 특별한 성취에 관심이 있거나, 많은 돈을 벌고 싶다면 구체적인 목표를 세우는 것은 대단히 중요하다. 그리고 잠재의식을 활용하는 것은 그 목표에 도달하는 가장 확실하고 쉬운 방법이다.

평온한 마음을 갖기

마음의 평화와 평온은 모두가 원하는 바람이다. 우리 모두는 에덴동산에 대한 꿈을 갖고 있다. 그곳에선 우리와 세상이 일치된 조화로움과 기쁨의 삶이 가능하다. 우리의 의식과 잠재의식의 일치, 또 우리의 마음과 이웃의 마음 사이의 일치를 위해 우리에게 필요한 것은 한 가지다. 그것은 우리 자신이 진실과 아름다움 그리고 개인과 공동의 선을 추구하는 일에 깊이 몰입하는 것이다.

만일 우리 자신이 우리가 생각하는 것이라면, 우리는 가장 고귀하고 가장 창의적인 생각을 의식의 표면과 잠재의식의 깊은 곳으로 불러들여야 한다. 이 같은 행동이 반드시 종교적이어야 할 필요는 없지만 어느 정도 도덕적일 필요는 있다. 왜냐하면 이것이 내적인 평화와 외적인 일치를 달성할 수 있는 유일한 방법이기 때문이다.

여러분이 진리, 정직, 정의, 순수, 사랑, 선함을 무엇으로 정의하든, 자신이 생각하는 것을 분명히 하라. 어떤 말이나 생각이나 행동에 덕이 있다면 그리고 찬양할 수 있다면 그것들에 대해 생각하라. 이는 모두를 위한 귀한 조언이다. 또한 우리가 의무감으로 해야 하는 일이 아니라 우리 모두에게 도움을 주는 일이기 때문이다.

잠재의식 활용법에 대한 새로운 모델

잠재의식에 관한 대부분의 책은 잠재의식을 활용하는 방법을

복잡하게 다룬다. 하지만 나는 아래의 그림이 보여주듯이 3단계
로 아주 단순하게 만들고 싶다.

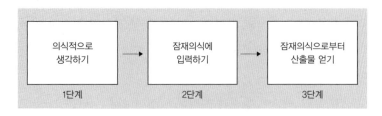

[도표 11] 무의식적 사고의 3단계

1단계에서 말하는 '의식적으로 생각하기'는 잠재의식이 우리
를 위해 수행해야 하는 일을 아는 것, 즉 잠재의식으로부터 그
런 일을 수행하도록 과제를 제공하는 방법을 인식하는 일이다. 1
단계는 복잡하지 않지만 세 가지 단계들 중 가장 어려운 단계다.
따라서 우리는 잠재의식이 우리를 위해 무엇을 해야 하는지에
관해 깊이 생각해야 한다.

2단계에서 말하는 '잠재의식에 입력하기'는 우리의 생각을 잠
재의식에 전하는 것이다. 많은 책들이 이를 복잡하게 이야기하
지만, 나는 매우 간단하게 정리할 수 있다.

3단계인 '잠재의식으로부터 산출물 얻기'는 잠재의식으로부터
해답이나 결과물을 수확하는 일이다. 만일 우리가 잠재의식이
우리에게 도달할 수 있게만 한다면 이 또한 무척 쉬운 단계다.

1단계: 의식적으로 생각하기

매우 강력한 정신 활동과 마찬가지로 특별한 에너지를 투입하지 않은 상태에서 잠재의식을 최대한 활용하는 일은 사전에 한 가지를 필요로 한다. 바로 우리가 정확하게 성취하기를 원하는 것에 관해 주의 깊게 생각하는 일인데, 이를 위해서는 일정한 도움이 필요하다.

■ 창의적인 해법을 위한 조언

- 첫째, 잠재의식에 명확한 요구를 하기 위해 한 번에 단 하나의 문제를 선택하라.
- 둘째, 당신이 요구하는 문제나 이슈는 당신이 업무나 경력이나 개인의 삶에서 해답을 찾기 위해 노력하는 것이어야 한다. 잠재의식에 요구하기 전에 우선순위를 정하는 것이 중요하다.
- 셋째, 문제나 이슈는 당신의 의식을 이용해서 해결하기 위해 노력했거나 실패한 문제여야 한다.
- 넷째, 문제나 이슈에는 다음과 같은 것들이 포함될 수 있다.
  - 업무와 가정사 가운데 해결책을 찾기 위해 노력해야 하는 문제
  - 당신이 작곡 중인 곡의 가사를 떠올리는 문제
  - 기존의 제품과 다른 획기적인 제품을 찾아내는 문제
  - 친구나 가족 그리고 동료와의 갈등을 해결하는 문제
- 다섯째, 당신 자신뿐만 아니라 이해당사자들 모두에게 정

의로운 해답을 찾아라.

■ 목표 설정을 위한 조언

- 첫째, 목표는 당신이 진정으로 원하는 것이어야 한다.
- 둘째, 설령 다른 사람들이 목표 설정에 회의적인 생각을 갖고 있더라도 목표를 세울 수 있다고 믿어야 한다. 만일 당신이 믿을 수 없다면 잠재의식은 움직이지 않을 것이다.
- 셋째, 목표는 정확하고 구체적이어야 한다.
- 넷째, 목표를 달성할 수 있고, 그것이 당신으로 하여금 더욱 큰 행복과 충만감을 느끼게 해줄 것이라고 믿어야 한다.
- 다섯째, 목표를 성취하는 당신을 시각화하라. 목표를 성취하는 것을 상상하고 묘사하는 데 모든 감각을 활용하라.
- 여섯째, 목표가 전적으로 자신을 위한 것, 다시 말해 당신의 운명이라고 믿어야 한다.
- 일곱째, 설령 몇 년간 추구하는 목표를 얻지 못한 상태라 할지라도, 지금만큼은 목표를 얻었다고 상상할 수 있어야 한다. 내가 이미 언급한 바와 같이 잠재의식은 영원한 현재와 함께한다. 잠재의식에서 미래와 과거는 영원히 지속되는 현재를 대표하는 일정한 자료로 존재할 뿐이다. 예를 들어 우리가 영화를 볼 때 영화 내용이 그리는 미래와 과거는 90분 정도의 영화에 포함되지만, 영화를 보는 동안 당신은 주인공의 삶 속으로 들어가게 된다. 그것은 당신에게 늘 현재다.

마찬가지로 잠재의식에서 모든 시간은 현재다. 잠재의식에서 현실은 상상이고 상상은 현실이다. 영화를 볼 때 당신의 기억 속에 남아 있는 영화 속 모든 장면은 실제의 시제가 과거든 미래든 관계없이 영원히 현재다.

■ 마음의 평온을 위한 조언

여러분 스스로가 긍정적으로 자신에 대해서든 목표에 대해서든 뭔가를 선언한다는 것은 곧 잠재의식에 뭔가를 등록하는 것을 뜻한다. 잠재의식에 효과적으로 등록하거나 각인하는 방법은 아래와 같다.

- 나는 ~에 대해 감사한다.
- 나는 ~에 대해 기쁨과 관대함, 행복을 느낀다.
- 나는 창의적인 사람이다. 왜냐하면….
- 내 일은 내게 중요한 의미가 있다. 왜냐하면….
- 나는 남을 도울 수 있어서(대상과 시간, 방법을 구체화하기) 운이 좋다.
- 나는 기쁘고 건강하다.
- 내게는 내가 좋아하는 회사, 그리고 의지할 수 있는 좋은 동료들이 있다.
- 운 좋게도 내게는 멋진 애인이 있다(혹은, 나는 곧 내 인생의 반려자가 될 누군가를 만나게 될 것이다).
- 나는 운 좋게도 매우 멋진 곳에서 살고 있다(혹은, 나는 아름

다운 곳을 곧 가보려 한다).

- 나는 ~에 대해 정말 열정적이다.
- 내가 요즘 읽고 있는 책은 환상적이다. 왜냐하면….

이런 문장들은 하루에도 여러 번 반복될 수 있다. 그렇게 말하는 이유가 반드시 논리적이고 이성적일 필요는 없다. 절반 정도만 합리적이어도 충분하다. 가능한 이런 말을 크게 자신에게 외치거나 메모로 적어보는 것은 더 좋은 방법이다. 문화에 따라서는 이런 반응을 경박하거나, 비이성적이거나, 뻔뻔하다는 행동에 대해 보일 수 있다. 나는 영국 사람인데 사실 영국인들은 이런 것을 별로 좋아하지 않는다. 그러나 만일 여러분이 마음의 평화 혹은 평온을 간절히 구한다면, 내가 제안한 방법을 따르면 된다. 긍정적인 확신은 항상 도움이 된다!

우리가 좋다고 여기는 것은 환경이 아니라 우리 자신이다. "일찍이 뒤틀린 인간성을 가지고 올바른 일을 성취한 예는 없다"는 말이 있다. 마음의 평화를 위해 우리 스스로 세상에 도움이 되는 일을 할 수 있다고 믿어야 하고, 세상을 더 나은 곳으로 만들 수 있다고 믿어야 한다. 이러한 믿음을 갖지 않는다면 삶은 암울할 수밖에 없다. 다음에 소개하는 격언들은 다소 진부하게 보일 수도 있지만 설득력이 있는 문장들이다.

매일 매일, 이런 저런 방법으로 나는 더 나아지고 있다.
– 에밀 쿠에

당신이 되기를 원하는 모습으로 당신 자신을 생각하라.

– 해리 카펜터

나는 내가 될 수 있는 한 최선의 버전이 될 것이다.

– 매슈 켈리

2단계: 잠재의식에 입력하기

잠재의식에 여러분의 메시지를 쉽게 전달하는 방법은 다음의 세 가지다.

1. 긴장을 풀고 꿈을 꾸어라

* 조용한 사적 공간의 편안한 의자에 앉아라.
* 긴장을 풀어라.
* 두뇌의 모든 생각이 힘을 잃도록 만들어보라.
* 메시지를 당신의 잠재의식에 보내라. 조용하게 보내는 것도 괜찮지만 가능하다면 크게 말하라.

2. 반복을 요하는 운동 시간 동안 꿈을 꾸어라

* 당신에게 익숙하고 반복적인 행동을 요구하는 운동을 시작하라.
* 당신이 하는 운동은 쉽게 할 수 있고 별다른 스트레스를 동반하지 않는 것이어야 한다. 실내 사이클이나 편안하게 하는 걷기가 이에 속한다.
* 운동을 시작하기 전에 잠재의식에 보낼 메시지를 읽거

나 생각하라. 당신이 운동하거나 꿈을 꾸는 동안 메시지를 기억할 수 있다면, 반복하라. 또 다시 메시지를 반복하라.

3. 잠들기 전에 해야 할 일

- 침대에 누워 있는 동안 긴장을 완화하는 음악 혹은 트랜스 음악(의식을 몽롱하게 만드는 전자 음악)을 들어라.
- 잠에 빠져들기 전 1~2분 동안 메시지를 마치 두뇌 속에 보내듯이 반복하라.
- 깊은 잠과 편안한 숙면을 기대하라.
- 깊은 잠에 빠져들기 전에 메시지를 반복하라.

3단계: 잠재의식으로부터 산출물 얻기

잠재의식은 여러분이 보낸 메시지나 구하려는 해답을 갖고 여러분과 대화하려고 노력할 것이다. 지나친 분주함이나 휴식 없는 마음 상태를 피할 수 있다면 여러분은 메시지나 해답을 모두 얻을 수 있을 것이다. 잠재의식의 도움을 받으려면 2단계에서 소개한 것과 같이 긴장을 완화하고 꿈을 꾸는 일이 필요하다. 해답은 종종 밤에 잠을 깨기 시작하는 무렵이나 아침 시간에 도착할 수 있다. 해답을 놓치지 않기 위해 노트나 펜을 침대 탁자 곁에 비치해두는 것이 좋다.

잠재의식의 위력을 깨닫게 되면 당신은 친구와 가족들에게 꼭 같은 방법을 권할 것이다. 그들에게 이 책을 읽어보도록 권하기 바란다. 이런 작은 노력이 대단한 성과를 만들어내는 데 도움을 줄 수 있을 것이다.

최신 신경과학 연구에서 얻은 세 가지 힌트

금세기 초부터 신경과학 분야의 최신 연구를 추적해오면서 나는 황홀과 좌절을 동시에 경험하고 있다. 인류는 세상에서 가장 위대한 기적이라 할 만한 의식의 '안쪽 공간', 우리가 짐작하는 것보다 훨씬 강력하고 신비로운 잠재의식의 엄청난 능력을 발견해나가는 중이다. 방대한 자료를 연구한 끝에 나는 매우 유용하고 귀중한 사실 세 가지를 찾아냈다.[17]

1. 잠재의식을 절친한 친구처럼 대하라

매일 밤 우리가 잠들어 있는 동안 잠재의식은 묵묵히 쉬지 않고 낮 동안 겪은 심리적 피해를 복구하고, 마음을 해독하고, 최대한 긍정적인 관점에서 경험을 재구성한다.[18]

두뇌 영상 실험은 의식이 어떻게 우리에게 유리하게 편향되는지, 우리의 꿈, 열망, 개인적인 선호를 지지하고 발전시키는지를 보여준다. 잠재의식은 불공평한 현실을 유리한 방향으로 헤쳐나가려고 노력한다. 잠재의식이 지닌 도움과 치유의 힘을 더욱 효과적으로 활용할 수 있을까?

■ 자면서 생각하기

신경과학계는 이 오랜 속설이 사실임을 입증했다. 중요한 결정을 내려야 할 때 하룻밤 자면서 생각해보라는 것인데, 나는 잘 그러지 못하는 편이다. 성격이 급해서 일과를 마무리할 때, 종일 시달렸던 까다로운 의사결정 과정에 종지부를 찍고 내일의 다른 업무를 위해 머릿속을 깨끗이 비우고 싶어 하는 편이다. 나는 이런 방식이 잘못되었다는 사실을 어렵게 깨달았다.

어렵고 곤혹스러운 일은 다음 날 다시 생각하라. 아침이 되면 상황이 명확하고 단순하고 긍정적으로 바뀔 것이다. 우리가 자는 동안 뇌는 최선의 경로를 알아낸다. 피곤하거나 과로했거나 지쳤거나 실의에 빠졌을 때는 절대로 중요한 일을 결정하지 마라. 잠재의식을 변화시켜 정신건강을 지키고 꿈을 실현하자.

■ 숙면 취하기

잠재의식이 치유되는 데는 시간이 필요하다. 수면을 방해받거나 수면이 부족하면 다음 날 최상의 컨디션을 유지할 수 없다. 다음은 수면의 질을 높일 수 있는 몇 가지 지침이다.

- 매일 정해진 시간에 잠자고 정해진 시간에 일어난다.
- 잠자리에 들기 전에 차분한 음악을 듣거나 독서를 하며 긴장을 풀되, 뇌에 무리가 가거나 악몽을 꾸게 할 만한 것은 피한다.
- 잠자리에 들기 전에 뜨거운 물로 목욕이나 샤워를 한다.

- 내가 효과를 본 민간요법 중 하나는 자기 전에 키위 한 조각을 먹는 것이다. 잠이 잘 안 온다면 시도해보라.
- 저녁 늦은 시간에는 논쟁거리나 스트레스를 유발하는 활동을 피하라. 카페인이 함유된 음식도 먹지 않는다.
- 불면증이 있다면 일반 수면제보다는 잠자리에 들기 30분 전에 스트레스 완화 효과가 있는 천연 보충제나 영양제를 먹어보라.
- 알람 소리에 기상하는 습관을 버려라. 가능하면 원하는 만큼 충분히 잠을 자라.
- 조용하고 어두운 방에서 자되, 자연광이 들어올 수 있게 하여 아침에 서서히 잠에서 깨어날 수 있도록 하라.
- 잠이 오지 않을 때 억지로 잠들려고 하지 마라. 책을 읽거나 조용한 음악을 듣거나 피곤해서 다시 잠이 올 때까지 기다려라.

2. 매일 명상하거나 생각을 자유롭게 하라

여러 명상법 중에 가장 간단하고 쉽게 할 수 있으며 가장 큰 해방감을 주는 방법은 티베트 불교 승려의 명상법이다. 승려들은 매일 한 시간씩 명상하며 살아 있는 모든 생명을 연민하고 사랑하는 마음을 수련한다. 실험에 따르면 승려들은 '감마 동기화 gamma synchrony', 즉 뇌 전체에 분포한 뉴런의 집합이 함께 작동하여 정보를 통합하고 그 의미를 알아내어 문제를 해결하는 능력의 수준이 매우 높다고 한다. 승려의 누적 명상 시간과 감마파가 높은 상관관계를 보인다는 점은 매우 흥미롭다.[19] 명상, 특히 자애로움에 집중하는 명상은 실제로 뇌 기능을 향상하는 것으로 보이는데, 이러한 작용은 잠재의식 수준에서만 일어난다.

나는 명상은 안 하지만, 매일 '생각을 자유롭게 하는 시간'을 갖는다. 구조화되지 않은 방식으로 의식을 완전히 자유롭게 흐르도록 하여 이전에는 연결되지 않았던 경험이나 아이디어를 연결하는 것이다. 나는 주로 익숙한 경로를 따라 자전거를 타며 이런 시간을 갖는데, 비교적 반복적인 운동을 할 때나 평온한 장소에 앉아 있을 때 해도 좋다. 비결은 아무런 목적이나 계획 없이 그저 한가로운 생각만 하는 데 있다. 유용한 생각이 수면 위로 떠오르면 나중에 다시 떠올릴 수 있도록 반드시 기록해두어라. 아무런 노력이 필요 없고, 건강이나 평온함 같은 다른 보상까지 얻을 수 있으니 자유로운 사고는 유용한 아이디어를 얻는 가장 80/20적인 방법이라고 할 수 있다.

3. 자기 삶의 이야기를 구성하라

티모시 윌슨Timothy Wilson 교수는 자서전 쓰기 연습이 잠재의식의 치유 잠재력을 표면화하는 매우 유익한 방법이 될 수 있다고 제안한다.[20] 그는 수백 명의 피험자에게 자신의 속마음, 감정, 인생의 주요 전환점에 대해 글을 쓰도록 독려한 제이미 페네베이커 Jamie Pennebaker 연구 팀의 작업을 인용한다. 때로 충격적인 경험을 조리 있게 써내려 가면서 피험자들은 대학 성적 향상, 건강 증진, 자신감 상승과 같은 놀라운 혜택을 경험했다.

월슨은 이 아이디어를 확장해 잠재의식을 이용해 삶의 이야기를 쓰면 인생이란 긴 여정에 의미와 존엄성을 부여하고 자기 성찰을 통해 우리 자신에 대한 통찰력을 이끌어낼 수 있다고 말한다. 글쓰기가 어렵다고 느껴져도 용기를 내라. 처음에 혼란스럽고 일관성 없는 이야기로 시작해도 괜찮다. 자서전을 쓰는 연습을 통해 가장 큰 혜택을 얻는 사람들은 그 이야기 속에서 점들을 연결하고 그 결과 자기가 힘든 이유를 찾아낼 수 있는 사람들이다.

전기에 실린 모든 내용은 해석에 따라 달라진다. 모든 것은 이야기다. 마음속으로 이야기를 그릴 때 자신을 관대하게 대하라. 최고의 이야기, 공감되는 이야기, 삶의 가치를 높일 수 있는 이야기를 찾아 기록으로 남겨라. 이야기는 당연히 그럴듯해야 하지만, 해석이 다양할 수 있으니 그중에서 가장 관대한 해석을 선택하라. 그 이야기를 자신과 다른 사람에게 반복해서 들려주면 당신의 삶은 몰라보게 나아질 것이다. 자신에 대한 긍정적이고 설득력 있는 이야기는 우리 스스로 행복해지고 성공할 수 있다는 믿음을 강화하여 현실화하는 힘을 갖고 있다.

3부

성공의 판도를 바꾸는 80/20 법칙

The 80/20 Principle

11장
80/20 법칙으로
성공한 기업들

우리가 이제는 거울로 보는 것같이 희미하나 그때에는 얼굴과 얼굴을 대하여 볼 것이요, 이제는 내가 부분적으로 아나 그때에는 주께서 나를 아신 것같이 내가 온전히 알리라.

- 고린도전서 13장 12절

결과를 바꾸는 20%의 비밀

- 80/20 법칙은 1940년대 후반부터 진행된 품질혁명과 정보혁명에 일조한 숨은 원동력이었다.
- 성공한 기업은 최소한의 노력으로 최대의 매출을 발생시킬 수 있는 시장에서 사업을 운영한다. 오늘날 이는 보통 네트워크 특성과 바이럴 마케팅으로 돌아가는 인터넷기업을 뜻한다(17장 참고).
- 기존에 수익성이 가장 높은 시장 영역과 고객 그룹에 집중해, 해당 부문을 급격히 확대하면 수익을 상당히 높일 수 있다.
- 회사에서 현재 가장 큰 흑자를 내는 부분(개인, 공장, 영업소, 간접부문, 지역)을 파악하여 권한을 강화하고 자원을 늘려주면 수익은 배가될 것이다.

비즈니스맨들은 80/20 법칙을 얼마나 알고 있을까? 이제까지 80/20 법칙에 관한 책은 한 권도 없었지만 이 법칙이 적용되는 사례는 쉽게 찾을 수 있다. 성공한 기업과 개인들은 80/20 법칙을 크게 신뢰하고 있었으며 MBA 소지자 대부분이 이 법칙에 대해 들어본 일이 있다고 대답했다. 80/20 법칙은 비록 널리 알려져 있지는 않지만 수많은 사람들의 삶에 영향을 주고 있다. 그 영향력에 비하면 이 법칙에 대한 관심은 너무 낮다. 이제 생각을 바꾸어야 한다.

최초의 80/20 물결: 품질혁명

1950~1990년에 일어난 '품질혁명'은 소비재 상품은 물론 다른 제품의 품질과 가치를 크게 변화시켰다. 품질혁명은 통계학과 행동과학의 기법을 사용하여 원가는 낮추면서 품질은 높이고, 궁극적으로는 불량품 비율 0%에 도달하는 것이다. 현재 0%의 불량률을 실현하는 기업도 여럿 등장하고 있다. 아마 1950년대 이후 전 세계적으로 생활수준 향상에 가장 크게 영향을 준 것이 이 품질혁명일 것이다.

그 배경에는 흥미로운 역사가 있다. 품질혁명의 선구자인 조지프 주란과 에드워드 데밍Edwards Deming은 둘 다 루마니아 태생의 미국인으로 주란은 전기기사, 데밍은 통계학자였다. 두 사람 모두 제2차 세계대전 이후 비슷한 시기에 자신의 이론을 각각 전개했으나 고품질을 추구하는 미국 대기업의 흥미를 끄는 데는 실패했다. 주란은 1951년 품질혁명의 바이블 격인 『품질관리 핸드북』이라는 책을 출간했는데 반응은 매우 냉담했다. 오히려 일본에서 진지한 관심을 보여 두 사람은 모두 1950년대 초에 일본으로 건너갔다. 이들의 선구적 연구활동 덕분에 당시 싸구려 모조품만 만들던 일본은 고품질과 생산성의 본고장으로 변화했다.

오토바이나 복사기와 같은 일본 상품들이 미국 시장에 침투해 들어오자 대부분의 미국과 서구 기업들은 그제야 비로소 품질혁명을 진지하게 받아들이기 시작했다. 1970년부터, 특히 1980년대 이후 주란과 데밍 그리고 그 제자들은 서구의 기업에서 품질의 일관성, 불량률의 최소화, 그리고 생산원가의 대폭 절감 등 품질 기준을 향상시키는 데 큰 공을 세웠다.

이 품질혁명의 바탕이 된 것이 바로 80/20 법칙이다. 조지프 주란은 '파레토의 법칙' 혹은 '절대적 소수의 법칙'의 신봉자였다. 주란은 『품질관리 핸드북』의 초판에서 '불량품', 즉 품질이 나빠서 반품되는 제품이 발생하는 요인은 그다지 많지 않다고 말했다. 그는 "불량품의 분포는 매우 불균형하며, 결함의 대부분은 극히 일부 품질의 특성으로 인해 일어난다"고 이야기하며 다음과 같은 주석을 달았다.

경제학자 파레토는 부가 균일하지 않게 분포된다는 사실을 발견했다. 범죄자들 사이의 범죄 분포, 위험한 공정에서의 사고 발생 분포 등 비슷한 예는 수없이 많다. 파레토의 균일하지 않은 분포의 법칙

은 부의 분포는 물론 품질결함에 대해서도 적용할 수 있다.[1]

　주란은 80/20 법칙을 통계적 품질관리에 응용했다. 그는 품질결함의 원인을 중요도 순서대로 나열하여 대부분의 결함을 일으키는 소수의 원인을 찾아내도록 권고했다. 모든 문제를 다 해결하려 하기보다는 '결정적인 몇 가지 문제'를 찾아 그것을 해결해야 한다는 것이었다.

　품질개선 운동은 사후에 결함을 찾아내 고치는 것이 아니라 결함이 없는 제품을 만든다는 '품질관리'에서 종합적인 '품질경영'으로 발전했고, 소프트웨어의 사용이 급격히 증가하면서 80/20 법칙 또한 더욱 중시되어왔다. 오늘날 품질개선과 관련된 일을 하는 사람들은 대부분 이 법칙에 대해 잘 알고 있다.

　최근 몇 가지 관련 자료를 보면 80/20 법칙이 오늘날 어떻게 쓰이는지 알 수 있는데, 『국가생산성 리뷰Nationl Productivity Review』의 기사에서 로널드 J. 리카르도Ronald J. Recardo는 다음과 같이 이야기했다.

　전략적으로 가장 중요한 고객에게 악영향을 주는 결함은 무엇인가? 품질관리와 마찬가지로 파레토의 법칙은 여기에도 적용된다. 문제점 중 가장 중요한 20%를 해결하면 고객 만족의 80%를 실현할 수 있다. 이 최초의 80%로 당신은 질적인 도약을 이룰 수 있다.[2]

다른 필자는 기업재건에 초점을 맞춰 이야기한다.

모든 업무 진행에 대해 그것이 가치를 창조하는가 아닌가, 그리고 문제의 근본적 해결에 도움이 되는가 아닌가를 늘 자문해보라. 만일 둘 다 아니라면 그것은 낭비일 뿐이니 그 일은 진행하지 않는 것이 좋다. 이것이 80/20 법칙이다. 우리는 낭비를 100% 제거하는 데 투입할 비용의 20%만을 사용하여 낭비의 80%를 없앨 수 있다. 이 신속한 처방을 바로 실천하라.[3]

품질개선 프로그램인 '싱고Shingo'상을 수상한 포드일렉트로닉스Ford Electronics Maunfacturing도 80/20 법칙을 활용한다.

JITJust-In-Time 프로그램은 '가치의 80%는 수량의 20%에 집중되어 있다'는 80/20 법칙을 토대로 도입되었으며, 이를 바탕으로 설비 가동률도 지속적으로 분석하고 있다. 제품라인별로 사이클타임 분석을 실행하여 임금과 간접비 배분을 개선한 결과 제품의 사이클 타임은 95%나 단축 되었다.[4]

80/20 법칙을 포함하는 새로운 소프트웨어 역시 품질을 높이는 데 활용되고 있다.

스프레드시트 부분에 자료를 입력하거나 가져오십시오. 그리고 원하는 부분을 블록으로 설정한 후 메뉴에서 여섯 가지 그래프 모양 중 원하는 모양을 선택해주십시오. 막대그래프, 관리도control chart, 런차트run chart, 산포도, 원그래프 및 파레토 그래프 중 원하는 유형의 도표를 한 번의 클릭만으로 작성할 수 있습니다. 파레토 그래프에는 80/20 법칙이 적용되어 있어서, 가령 1,000가지의 소비자 불만 사항 중 약 800가지는 원인의 20%만을 없애면 해소할 수 있다는 점을 보여줍니다.[5]

– 'ABC 데이터 애널라이저_{ABC Data Analyzer}'의 매뉴얼 중에서

80/20 법칙을 제품 디자인과 개발에 활용하는 사례도 점차 늘어나는 중이다. 예를 들어 미국 국방성의 문건에는 전사적 품질경영TQM을 어떻게 실행했는지 말해주는 구절이 있다.

개발 과정의 초기 단계에서 내린 결정이 라이프사이클 원가의 대부분을 결정한다. 여기에도 80/20 법칙이 적용된다. 즉 개발 기간의 20%만 진행하면 라이프사이클 원가의 80%가 고정되는 것이다.[6]

고객 만족과 가치, 그리고 개별 기업과 국가의 경쟁력에 끼친 엄청난 영향에 비해 품질혁명에 대해 분명하게 연구된 바는 많지 않다. 80/20 법칙이 품질혁명을 이끌어낸 '결정적으로 중요한 소수'를 인식하는 자극이 되었던 것은 명백하다. 하지만 80/20 법칙의 영향력은 우리의 생각보다 훨씬 거대하다. 이 법칙은 품질혁명과 함께, 오늘날의 글로벌한 소비사회를 구축하는 데 기여한 두 번째 혁명에서도 중요한 역할을 수행했다.

두 번째 80/20 물결: 정보혁명

1960년대에 시작된 정보혁명은 비즈니스 분야에서 작업 습관과 효율성을 크게 바꾸어놓았고 주요 조직의 체질을 근본적으로 개선시키고 있다. 정보혁명을 추진하는 컴퓨터와 소프트웨어 전문가들은 품질혁명을 가까이에서 접한 사람들이기 때문에 일반적으로 80/20 법칙에 대해 잘 알고 있으며 이를 광범위하게 사용했다.

대상을 정확하게 선정하여 문제를 단순명쾌하게 정리하는 80/20 법칙을 활용하면 정보혁명을 가장 효과적으로 추진할 수 있다. 서로 다른 두 명의 프로젝트 담당자가 이 사실을 증명한다.

작게 생각하라. 첫날부터 먼 미래까지 생각하지 마라. 대부분의 경우 투자수익률은 80/20 법칙을 따른다. 이익의 80%는 시스템의 가장 단순한 20%에서 나머지 20%는 시스템의 가장 복잡한 80%에서 나온다.[7]

1994년 개발된 RISC 소프트웨어는 80/20 법칙을 활용하여 하드웨어의 기능을 대체하기 위해 개발된 제품이다.

RISC는 변형된 80/20 법칙을 토대로 개발되었다. 이 법칙은 대부분의 소프트웨어가 실행 시간의 80%를 전체 기능의 20%만을 사용하는 데 쓰인다고 가정한다. RISC 프로세서는 그 중요한 20%의 실행을 최대한 활용하고, 나머지 80%를 제거함으로써 칩 사이즈와 비용을 크게 낮추었다. RISC는 과거에 가장 많이 이용된 시스템인 CISC가 실리콘에서 했던 기능을 소프트웨어로 해결한 것이다.[8]

소프트웨어를 사용하는 사람들은 사용빈도가 80/20의 규칙을 따른다는 사실을 잘 알고 있다. 한 개발자는 다음과 같이 말했다.

비즈니스 세계는 오랫동안 80/20 법칙을 따라왔다. 소프트웨어의 경우 제품 사용 시간의 80%가 전체 기능의 20%에만 집중되어 있다는 점에서 특히 그렇다. 이는 사용자가 필요로 하지 않고 원하지도 않는 부분에 돈을 낭비하고 있다는 것을 의미한다. 소프트웨어 개발자들은 드디어 이 사실을 깨닫고 이 문제를 모듈화된 응용프로그램으로 해결하려고 생각하고 있다.[9]

소프트웨어 설계에서는 가장 많이 사용하는 기능들을 가장 손쉽게 사용하게끔 만드는 것이 매우 중요하다. 이와 동일한 접근법은 새로운 데이터베이스 서비스에서도 사용되고 있다.

워드퍼펙트WordPerfect나 다른 소프트웨어 개발자들은 어떻게 이 문제를 해결하는가? 먼저 개발자들은 사용자들이 가장 원하는 것이 무엇이고 그것을 어떻게 사용하고 싶어 하는지를 파악하는데, 이것이 바로 80/20 법칙이다. 사람들은 프로그램 사용 시간의 80%

를 기능의 20%만을 활용하며 보낸다. 우수한 소프트웨어 개발자들은 자주 쓰이는 기능들을 가장 단순화하고 자동화하여 쓰기 쉽도록 만든다.

이것을 데이터베이스 서비스에 적용하려면 이용 빈도가 높은 고객에게 주의를 기울여야 한다. 고객들이 어떤 파일을 찾아야 좋을지, 그리고 그 파일은 어디에 있는지 등의 문의전화 빈도를 잘 조사해 보아야 한다. 그리고 이것을 반영하여 잘 설계하면 그런 문의전화가 오지 않게 할 수 있다.[10]

데이터의 저장이나 검색, 처리 등 어느 분야에서든 정보와 관련된 효과적인 혁신은 실제로 핵심이 되는 극히 일부인 20%에 집중되어 있음을 알 수 있다. 애플은 모든 자사 제품의 단순성, 편리성, 유용성, 심미성을 향상하는 데 80/20 법칙을 활용했다.

정보혁명은 계속된다

비즈니스 역사에서 정보혁명만큼 파괴적인 힘을 가진 것은 없었다. 이미 보통 사람들이 정보의 힘을 가지게 됨에 따라 현장의 노동자와 기술자가 지식과 권위를 보유하기 시작했다. 이제 과거에 지식을 독점함으로써 지위를 유지하던 중간 관리자의 권력과 업무 자체가 파괴되고 있다.

정보혁명은 물리적으로도 기업들을 분산시켰다. 핸드폰, 컴퓨터, 인터넷 등의 등장과 지속적인 소형경량화로 인해 본사라는 궁전에 안주하던 기업 내의 특권층이 없어지기 시작했다. 궁극적으로 정보혁명은 관리라는 직업 자체를 없애고 진정으로 고객을 위해 일하는 사람이 이제까지보다 더 큰 가치를 창조할 수 있도록 만들어줄 것이다.[11]

한편 기하급수적으로 증가하는 정보의 가치는 이제 우리의 용량을 초과하여 넘치고 있다. 정보를 효과적으로 사용하기 위한 열쇠는 80/20 법칙에서 말하는 선별에 있다. 피터 드러커는 『미래의 결단Managing in a Time of Great Change』에서 다음과 같이 그 방향을 제시한다.

> 데이터가 아무리 넘쳐도 데이터베이스 자체는 정보가 아니다. 그것은 정보의 원석에 불과하다. 기업이 가장 필요로 하는 정보는 원시적이고 혼란한 상태로밖에 존재하지 않는다. 의사결정, 특히 전략을 결정할 때 가장 필요한 것은 기업 외부에서 전개되고 있는 상황에 대한 데이터다. 기회나 위협, 그리고 성과를 획기적으로 향상시킬 수 있 는 요인은 모두 기업의 외부에만 존재한다.[12]

드러커는 부의 창조를 측정하는 새로운 방법이 필요하다고 말한다. 이언 고든Ian Godden과 나는 이 새로운 도구들을 '자동화된 성과 측정'이라고 부른다.[13] 정보혁명의 자원 중 80% 이상, 아마 거의 99%는 우리가 과거부터 중요하다고 생각해왔던 것을 더 정확하게 측정하는 데만 쓰이고, 실제로 기업이 창조하는 부를 측정하는 새로운 방법을 개발하고 단순화하는 데는 쓰이지 않고 있다. 그러나 정보혁명을 통해 전혀 새로운 형태의 기업을 만들려는 일부의 작은 노력이 앞으로는 엄청난 충격을 주게 될 것이다.

공개되지 않은 비즈니스 성공 비결

80/20 법칙은 아직도 많은 부분이 베일에 싸여 있고, 80/20이라는 용어 자체도 눈에 띄는 사건 없이 조용히 스며들고 있다. 80/20 법칙을 이해하는 사람조차도 그 효과를 단편적으로 이용할 뿐 충분히 활용하지 못하는 것이 사실이다.

이 법칙은 매우 다재다능해서 모든 비즈니스와 조직, 그리고 조직 내부의 기능이나 개별 직무에도 유익하게 사용될 수 있고, 최고경영자와 현장 관리자는 물론 갓 입사한 지식 노동자들에게도 도움을 줄 수 있다.

최소의 노력으로 최대의 성과를 거두는 80/20 법칙

비즈니스에서 80/20 법칙을 적용할 때의 핵심 목적은 최소의 자산과 노력으로 최대의 이익을 거두는 것이다. 19세기에서 20세기 초에 걸쳐 전통적 경제학자들이 개발한 균형 이론과 현대적 기업 이론은 현재까지 우리의 사고를 지배하는 주류를 이루어 왔다. 이 이론에 따르면 완전한 자유경쟁 상태에서의 기업은 초과 이윤을 남길 수 없기 때문에 이윤은 0 혹은 타당한 이자율에 해당하는 정상자본 비용에 가까워진다. 이 이론은 내적인 일관성을 가지고 있지만 단 한 가지의 치명적 결함도 보인다. 실제 경제활동, 특히 개별 기업의 활동에 대해서는 어떤 경우에도 적용될 수 없다는 것이 그것이다.

기업의 80/20 이론

현실에서는 존재할 수 없는 이론과 달리 기업의 80/20 이론은 행동지침으로 유효하며 그 효과도 이미 입증되었다. 기업에 대한 80/20 이론은 다음과 같다.

- 어떤 시장에서든 고객이 필요로 하는 것을 만족시키는 소수의 기업과 그렇지 못한 대다수의 기업이 생긴다. 전자에 속하는 기업은 최고의 가격을 설정할 수 있고 시장점유율도 가장 높을 것이다.

- 어떤 시장에서든 대부분의 다른 기업에 비해 매출 대비 비용의 효율을 높이는 데 성공한 소수의 기업이 생길 것이다. 즉 같은 제품을 제조하고 같은 매출액을 기록하더라도 다른 기업에 비해 적은 비용으로 그것을 달성하는 기업이 있는 것이다. 일부 기업은 다른 기업에 비해 잉여가치를 더 많이 창출한다(저자는 '이익'이라는 단어 대신 '잉여가치'란 말을 사용했다. 이익이란 말에는 주주들에게 배당할 수 있는 이익이라는 뉘앙스가 내포되어 있는 데 반해 '잉여가치'는 사업을 계속하는 데 필요한 자금을 제외하고도 남는, 즉 주주배당이나 재투자에 쓸 수 있는 자금의 수순을 의미하기 때문이다-역자 주). 잉여가치가 커지면

다음 중 하나 혹은 그 이상의 결과가 나타날 것이다.

① 제품과 서비스에 재투자할 수 있는 자금이 많아지므로 품질을 더 향상시킴과 더불어 고객 만족도도 높일 수 있다.

② 판매와 마케팅, 그리고 다른 기업의 인수에 더 많이 투자할 수 있으므로 시장점유율을 높일 수 있다.

③ 직원들의 급여를 인상할 수 있으므로 업계에서 가장 우수한 인력을 확보하고 유지할 수 있다.

④ 주식 배당금을 늘릴 수 있고, 그에 따라 주가는 올리고 자산 비용을 낮춤으로써 투자와 기업 인수를 보다 손쉽게 할 수 있다.

- 장기적으로 보면 상위 20%의 기업이 시장의 80%를 점유하며 높은 수익성을 나타낸다. 이 지점에서 기존의 기업과 새로운 기업 모두 혁신을 추구하여 작지만 강력한 경쟁력을 가진 '틈새시장'을 확보하려고 노력할 것이다. 틈새시장을 공략하다 보면 특정 고객이 요구하는 특화된 제품이나 서비스를 제공하게 되므로 시간이 지날수록 시장은 더욱 세분화된다. 그러나 틈새시장에서도 경쟁의 80/20 법칙이 작용한다. 한 분야로 특화된 기업이 시장의 리더가 되는 경우도 있고 폭넓은 사업을 전개하면서도 특정 분야에 강점을 가진 기업이 리더가 되는 경우도 있다.

- 기업 내에서도 투입과 산출, 그리고 노력과 성과 사이에 불균형이 생길 가능성이 높다. 직원이나 공장, 기계 등 기

업의 경영자원 사이에는 생산성의 격차가 나타난다. 즉 소수의 사람들이 큰 이익을 창출하고 다수의 사람들이 약간의 이익 혹은 적자를 내는 것이다.

- 이 법칙은 기업 자원의 가장 작은 단위인 개개인의 업무에도 적용된다. 한 사람이 창조하는 가치의 80%는 그가 업무에 쓰는 시간의 약 20%를 통해 성취된다. 이는 개인의 특성과 업무의 성격 등 환경이 잘 맞을 경우에는 평소의 몇 배에 해당하는 업무량을 소화할 수도 있다는 의미인데, 결과적으로 이런 불균형 상태가 모든 경제활동을 지배한다. 작은 차이가 큰 격차를 낳는 것이다. 경쟁자의 것보다 더 가치 있는 제품을 100%만 더 만들 수 있다면 경쟁자보다 매출액으로는 1.5배, 이익으로는 두 배의 우위를 점할 수 있다.

80/20 법칙의 3가지 교훈

80/20 이론의 첫 번째 교훈은 성공한 기업들은 최소의 노력으로 최대의 수익을 낼 수 있는 시장에서 활동한다는 점이다. 투자수익률의 절대적 수준이 높고 이익률 또한 경쟁상대보다 높다면 성공한 기업이라고 할 수 있다.

모든 기업에게 주는 두 번째의 실용적인 교훈은 현재 가장 큰 이익을 올리는 시장과 고객층에만 집중하면 재무성과를 획기적으로 향상시킬 수 있다는 점이다. 이것은 자원을 재분배하고 생산성이 낮은 직원과 비용을 줄이는 것이다.

세 번째는 모든 기업이 내부 자원의 투입과 성과 사이의 불균형을 해소함으로써 수익을 높일 수 있다는 점이다. 그러기 위해서는 이익을 가장 많이 창출하는 부분에 권한과 자원을 집중시켜 강화해야 한다. 역으로 말하면 수익이 적은 부분은 근본적으로 개선하고 그 이후에도 수익을 높이지 못할 시엔 자원투입을 중단해야 한다는 뜻이다.

'불규칙의 규칙'을 찾아내라

80/20이라는 관계의 뒤에 있는 유동적인 힘을 이해해둘 필요가 있다. 이 점을 파악하지 못하면 80/20 법칙을 너무 융통성 없이 이해하게 되어 이 법칙이 가진 힘을 충분히 활용하지 못한다.

아무리 작은 원인들도 하나로 합쳐지면 커다란 결과를 낳을 수 있다. 우유를 데울 때를 생각해보자. 우유는 특정 온도를 넘어서는 순간 끓어 넘치는 성질이 있다. 처음에는 차가운 우유가 데워짐에 따라 마시기 좋은 따뜻한 우유가 되고, 조금 더 데우면 맛있는 카푸치노를 만들 수 있다. 하지만 거기서 1초라도 늦게 불을 끄면 정신없이 레인지 위로 흘러넘칠 것이다.

물론 비즈니스에서는 사건이 발생하는 데 더 많은 시간이 걸리는 것이 사실이다. 업계 선두를 달리던 일류 기업도 여러 작은 원인이 누적되어 파산을 겨우 모면하기 위해 버둥거리는 신세로 전락하는 일도 이제는 그리 놀랄 만한 것이 아니다.

창조적인 시스템은 균형과 거리가 멀다. 원인과 결과, 투입과 산출은 비례하지 않는다. 자신이 투자한 만큼 버는 경우는 거의 없다. 어떤 경우는 그보다 훨씬 적게, 어떤 경우는 그보다 훨씬 많이 버는 것이 세상의 이치다. 비즈니스 시스템의 큰 변화는 사소한 원인에서 비롯되는 경우가 많다. 지식과 능력과 헌신성에서 완전히 똑같은 사람이 똑같은 일을 해도 작은 구조적 차이가 여러 경로로 작용해 결과에서 큰 차이를 낳을 수도 있다.

수면 아래의 힘을 파악하라

한 가지 주의할 점은 같은 패턴이 반복되기는 하지만 결과를 완벽하게 예측할 수는 없다는 것이다. 하지만 사건에 영향을 미치는 것을 찾아내어 적절히 이용하는 것은 가능하다.

카지노에서 룰렛게임을 한다고 상상해보자. 카지노 전체를 놓고 봤을 때 특정 숫자가 나올 확률은 35 대 1이지만 테이블에 따라 잘 나오는 번호가 다르다. 어느 테이블에서는 숫자 5가 20번에 한 번씩 나오지만 다른 테이블에서는 50번에 한 번씩 나온다. 승부는 어느 테이블을 골라서 어떤 숫자에 걸 것인가에 의해 결정된다. 만일 5란 숫자가 50번에 한 번밖에 나오지 않는 테이블에서 계속해서 5에 건다면, 아무리 칩을 산더미같이 쌓아놓고 게임을 한다 해도 결국엔 다 잃고 말 것이다.

비즈니스도 똑같다. 만일 자신의 기업이 어떤 분야에서 투자 효율이 가장 높은지를 파악한 뒤 그 부분에 거는 판돈을 올린다면 큰돈을 벌 수 있을 것이다. 같은 방법으로 자신의 기업이 어떤 분야에서 투자효율이 낮은지를 알아낸다면 그 분야에서 철수하여 손실을 줄일 수 있다.

경쟁력이 크게 떨어지는데도 단 하나의 강점만을 앞세운 기업이 시장을 거의 독점해버리는 것이 현실이다. 어떤 기업은 자연의 섭리에 역행해서 엄청난 적자를 보기도 한다.

우리는 현실의 복잡 미묘한 문제를 제대로 파악하기 어렵다. 더욱이 회계 시스템은 모든 것을 평균치로 보여주기 때문에 그것을 통해 현실을 왜곡하게 된다.

비즈니스에서 우리가 알 수 있는 것은 현실의 전체적인 모습이 아니라 발생한 사건이 어떤 영향을 미쳤느냐 하는 것뿐이다. 우리가 바라보는 수면 밑에서는 긍정적인 것과 부정적인 것이 서로 대치하고 있으며, 그것들이 서로 결합하여 눈에 보이는 결과를 낳는다.

수면 밑에 있는 모든 힘을 파악할 수 있을 때 80/20 법칙은 가장 큰 위력을 발휘할 수 있다. 즉 모든 원인을 파악할 때 부정적인 것은 억제하고 가장 생산적인 원인에 최대한의 힘을 실어주는 80/20 법칙의 강점이 잘 드러난다는 뜻이다.

12장
몰락하는 기업들의 자화상

혁신은 리더와 추종자를 구분하는 잣대다.

— 스티브 잡스

결과를 바꾸는 20%의 비밀

- 회사가 창출하는 수익의 80%는 활동의 20%, 매출의 20%에서 나온다.
- 그러므로 수익을 높이고 싶다면 그 20%가 무엇인지 알아내야 한다. 이 장에 서는 그 방법을 설명한다.

80/20 법칙을 이용해 전략을 변경하지 않는다면 아마 당신의 기업에서는 많은 오류가 발생할 것이다. 어느 부문에서 가장 많은 수익을 거두는지 혹은 손실을 보고 있는지 정확하게 파악하지 못할 것이고, 그 결과 직원은 너무 많고 사업

분야는 너무 광범위해서 자원을 낭비하게 될 것이다. 유용한 사업전략을 세우려면 사내의 모든 부분을 수익성과 현금흐름의 관점에서 치밀하게 분석해야 한다.

어디에서 이익이 발생하는가

사업에서 각각 어느 분야가 황금알을 낳는 닭의 역할을 하는지 아니면 겨우 현상 유지만 하고 있는지, 또는 거액의 적자를 내고 있는지를 파악하라. 그러기 위해서는 사업의 각 분야의 수익성에 대해 80/20 분석을 해야 한다.

- 제품 또는 제품그룹·종류
- 고객 또는 고객그룹·종류
- 지리적인 지역이나 판매경로 같은 자료가 충분히 있으며, 자신의 사업에 관계가 있는 분야
- 경쟁력 있는 시장 영역

제품의 지난 분기, 지난달, 지난해의 판매실적을 검토하고 총비용을 배분한 후 수익성을 계산하라. 제품 또는 제품별로 매출액을 집계하고 영업이익(매출액에서 매출원가를 뺀 금액)을 계산한다. 간접비까지 모두 포함한 회사 전체의 비용을 집계하여 합리적인 기준으로 간접비의 합계를 제품 내지 제품그룹별로 나눈다.

가장 간단한 것은 매출액의 비율을 기준으로 회사 전체의 비용을 배분하는 것이지만 이는 그다지 정확한 방법이 아니다. 어떤 제품은 그 가치에 비해 상대적으로 영업사원의 시간이 많이 소비되었거나 적게 소비되었을 수 있고, 어떤 제품은 광고를 많이 하는 반면 다른 제품은 전혀 하지 않을 수도 있으며, 어떤 제품은 생산하는 데 매우 까다로운 반면 다른 제품은 자동화 공정을 통해 생산될 수도 있다.

이러한 요인을 잘 계산하여 회사 전체의 간접비 배분을 조정한 다음 그 결과를 검토해보라.

전체 매출에서 차지하는 비율은 낮지만 수익성이 매우 높은 제품이 있을 것이다. 그럭저럭 손해는 보지 않을 것이라고 생각한 제품도 간접비까지 배분하여 수익성을 계산해보면 큰 적자를 내는 경우를 발견하기도 한다.

[도표 1]은 한 전자기기 회사를 대상으로 내가 진행했던 연구의 결과고, [도표 2]는 같은 데이터를 시각적으로 나타낸 것이다.

두 가지 수치를 살펴보면, 제품그룹 A는 매출 전체에서 차지하는 비중이 3%에 불과하지만 전체 이익에서는 10%를 차지함을 알 수 있다. 제품그룹 A, B, C를 합하면 매출액의 20%를 차지하지만 이익에서는 53%나 된다. 이런 점은 이 데이터를 80/20 도표([도표 3])나 80/20 그래프([도표 4])로 바꾸어보면 더 명확히 나타난다.

이 결과는 정확히 80 대 20의 분할을 보이는 것은 아니지만 매출액의 30%를 점하는 제품이 이익의 67% 정도를 점유하고

제품	매출액	이익	매출이익률(%)
제품그룹 A	3,750	1,330	35.5
제품그룹 B	17,000	5,110	30.1
제품그룹 C	3,040	601	25.1
제품그룹 D	12,070	1,880	15.6
제품그룹 E	44,110	5,290	12.0
제품그룹 F	30,370	2,990	9.8
제품그룹 G	5,030	- 820	- 15.5
제품그룹 H	4,000	- 3,010	- 75.3
합계	119,370	13,380	11.2

(단위: 1,000달러)

[도표 1] 전자기기 회사의 제품그룹별 매출과 이익 도표

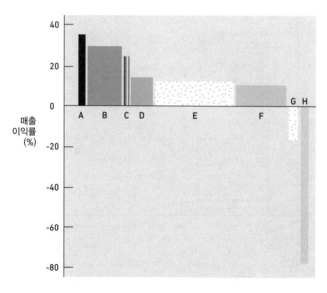

[도표 2] 전자기기 회사의 제품그룹별 매출과 이익 그래프

제품	총매출에서 차지하는 비중		총이익에서 차지하는 비중	
	그룹별	누적	그룹별	누적
제품그룹 A	3.1	3.1	9.9	9.9
제품그룹 B	14.2	17.3	38.2	48.1
제품그룹 C	2.6	19.9	4.6	52.7
제품그룹 D	10.1	30	14.1	66.8
제품그룹 E	37	67	39.5	106.3
제품그룹 F	25.4	92.4	22.4	128.7
제품그룹 G	4.2	96.6	-6.1	122.6
제품그룹 H	3.4	100	-22.6	100

[도표 3] 전자기기 회사의 80/20 도표

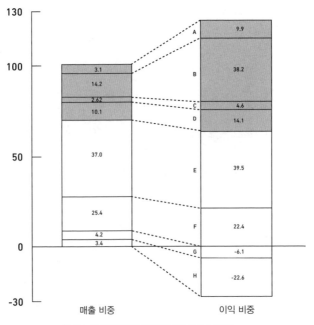

[도표 4] 전자기기 회사의 80/20 그래프

있음을 나타낸다. 이런 분석결과를 본 사람은 당연히 제품그룹 A, B, C의 매출을 어떻게 높일 수 있는지에 집중하게 될 것이다.

예를 들어 제품 A, B, C의 판매를 늘리는 데 주력하라고 지시하며 나머지 80%의 제품에 투자되는 노동력과 비용을 수익성이 높은 제품으로 옮길 수 있는 것이다. 이 전략이 성공하여 세 제품의 판매량이 20%만 증가해도 이익은 50% 이상 늘릴 수 있다. 또는 제품 그룹 D, E, F에 대한 비용절감이나 가격인상, 또는 제품 그룹 G, H의 과감한 축소나 포기를 생각할 수도 있다.

최상의 이익을 가져다주는 고객을 파악하라

이번에는 고객별 또는 고객 그룹별로 총구매량을 살펴보아야 한다. 어떤 고객은 비싼 값을 치르지만 그만큼 까다롭기 때문에 서비스 비용이 많이 드는데, 사실 이런 고객은 소수다. 대다수 고객은 까다롭지 않고 대량으로 같은 제품을 구입하지만 가격을 낮추려고 한다. 간혹 이런 긍정적인 측면과 부정적인 측면이 상쇄되는 수준에서 구매가 이루어지는 경우도 있지만 그렇지 않은 경우도 많다. 앞에서 분석한 전자기기 회사를 대상으로 한 분석 결과를 [도표 5]로 정리했다.

고객유형 A는 판매 규모는 작지만 직접 판매를 하고 비싼 가격을 지불하기 때문에 매출이익은 매우 높다. 서비스 비용이 매우 많이 들어가지만 이는 이익으로 충당할 수 있다. 고객유형 B

고객	매출액	이익	매출이익률(%)
고객유형 A	18,350	7,865	42.9
고객유형 B	11,450	3,916	34.2
고객유형 C	43,100	3,969	9.2
고객유형 D	46,470	-2,370	-5.1
합계	119,370	13,380	11.2

(단위: 1,000달러)

[도표 5] 전자기기 회사의 고객유형별 매출액과 이익 도표

는 대량으로 주문을 하기 때문에 서비스 비용이 낮으면서도 높은 가격을 지불하는 유통업자들이다. 비싼 가격을 지불하는 이유는 제품 구매비 총액에서 그것이 차지하는 비중이 크지 않기 때문이다. 고객유형 C는 비싼 가격에 구매하는 수출업자이지만 서비스 비용이 매우 많이 들어간다는 단점이 있다. 고객유형 D는 대규모 전자기기 제조업체로 끊임없이 가격인하와 기술적 지원을 요구하며 특별 주문사항도 많다. [도표 6]과 [도표 7]은 각각 고객유형별 데이터를 80/20 도표와 80/20 그래프로 나타낸 것이다.

이 수치가 나타내는 불균형의 비율은 59 대 15, 88 대 25이다. 가장 수익성이 높은 고객유형은 매출액에서 15%의 비중을 차지하지만 전체 이익의 59%를 차지한다. 그리고 가장 수익성 높은 고객 A와 B를 합하면 매출에서 차지하는 비중은 25%지만 이익에서는 88%에 이른다.

이는 가장 수익성이 높은 고객이 역시 가장 수익성 높은 제품을 구입하는 고객이기 때문이기도 하지만 서비스 비용이 상대

고객	총매출에서 차지하는 비중		총이익에서 차지하는 비중	
	개별	누적	개별	누적
고객유형 A	15.4	15.4	58.9	58.9
고객유형 B	9.6	25	29.3	88.2
고객유형 C	36.1	61.1	29.6	117.8
고객유형 D	38.9	100	-17.8	100

[도표 6] 전자기기 회사의 고객유형별 80/20 도표

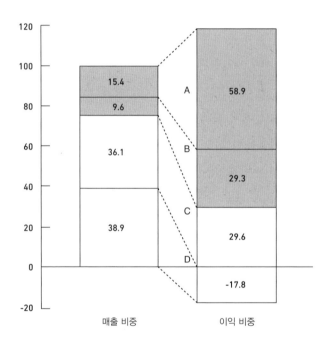

[도표 7] 전자기기 회사의 고객유형별 80/20 그래프

적으로 낮다는 점도 하나의 원인으로 작용한다.

이 회사는 분석결과를 기초로 소규모 직접 판매 고객인 고객유형 A와 유통업자인 고객유형 B를 늘리기 위한 판촉활동을 벌여나갔다. 이 판촉에 들어간 비용을 고려하더라도 그 결과는 매우 성공적이었다.

수출업자인 고객유형 C에 대해서는 일부 가격을 인상하고, 직접 방문해서 판매하는 대신 전화를 더 많이 이용하여 서비스 비용을 줄이는 데 성공했다. 대규모 제조업체인 고객유형 D는 개별적으로 협상을 벌였다(D 유형에서는 아홉 개 회사가 매출에서 97%를 차지하고 있었다). 그 결과 기술 개발 서비스에 대한 비용을 별도로 청구하게 된 경우도 있었고, 가격인상 협상에서 성공한 경우도 있었다. 협상에서 실패한 세 개 회사는 경쟁사로 거래처를 바꾸었으나 이들을 고객으로 받아들인 경쟁사는 틀림없이 수익성이 악화될 것이며 경영진도 한편으로는 이 점까지 계산에 넣고 있었을 것이다.

성공한 컨설팅 회사의 80/20 분석

다른 부문에 대해서는 어느 컨설팅 회사를 예로 들어 분석해보았다. [도표 8]과 [도표 9]에 나타나는 전략컨설팅 회사의 매출과 이익을 보자. 이들이 맡은 대형 프로젝트는 전체 매출에서 21%의 비중을 차지하지만 전체 이익의 56%를 창출한다.

사업 규모	매출액	이익	매출이익률(%)
대형 프로젝트	35,000	16,000	45.7
소형 프로젝트	135,000	12,825	9.5
합계	117,000	28,825	17

(단위: 1,000달러)

[도표 8] 전략컨설팅 회사의 대형 프로젝트 대 소형 프로젝트의 수익성 도표

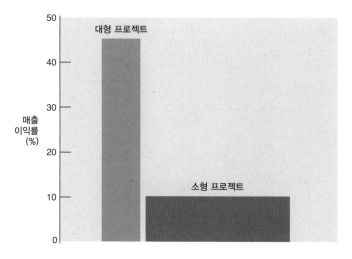

[도표 9] 전략컨설팅 회사의 대형 프로젝트 대 소형 프로젝트의 수익성 그래프

[도표 10]과 [도표 11]은 이 회사의 데이터를 거래 기간이 3년 이상된 '장기'고객과 6개월 이하인 '신규'고객, 그리고 그 중간의 고객으로 나누어 분석한 결과다.

이것을 보면 매출의 26%를 점유하는 장기고객이 이익의 84%를 창출한다는 것을 알 수 있다. 따라서 가격에 민감하지 않고 서비스 비용이 적게 드는 장기고객과의 거래를 유지하고 새로

고객종류	매출액	이익	매출이익률(%)
장기고객	43,500	24,055	55.3
중간고객	101,000	12,726	12.6
신규고객	25,500	-7,956	-31.2
합계	170,000	28,825	17

(단위: 1,000달러)

[도표 10] 전략컨설팅 회사의 장기고객 대 신규고객의 수익률 도표

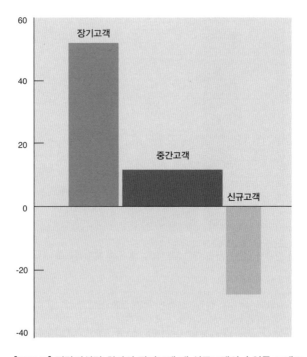

[도표 11] 전략컨설팅 회사의 장기고객 대 신규고객의 수익률 그래프

컨설팅 분야	매출액	이익	매출이익률(%)
M&A	37,600	25,190	67
전략분석	75,800	11,600	15.3
사업 프로젝트	56,600	-7,965	-14.1
합계	170,000	28,825	17

(단위: 1,000달러)

[도표 12] 전략컨설팅 회사의 프로젝트 유형별 수익률 도표

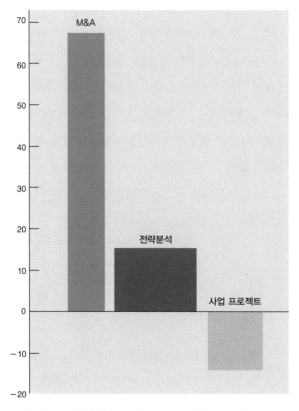

[도표 13] 전략컨설팅 회사의 프로젝트 유형별 수익률 그래프

유치하는 데 중점을 두어야 한다. 장기고객으로 편입되지 않는 신규고객은 오히려 적자를 내므로 장기고객이 될 가능성이 높은 고객을 선별적으로 유치하는 정책을 취해야 한다.

[도표 12]와 [도표 13]은 컨설팅 프로젝트를 M&A, 전략분석, 그리고 사업프로젝트 등 세 가지로 나누어 분석한 결과로, 87대 22의 비중을 보여준다.

M&A 업무는 총매출의 22%에 불과하지만 전체 이익에서 차지하는 비중은 87%로 매우 수익성이 높다. 이 컨설팅 회사는 이 분석을 토대로 M&A 업무를 두 배로 늘렸다.

장기고객을 위한 사업 프로젝트 컨설팅을 따로 분석해보면 거의 손익분기점에 이르는 수준이고, 신규고객을 위한 사업프로젝트에서는 큰 적자가 발생했다. 따라서 신규고객의 업무는 맡지 않기로 하고, 장기고객에 대해서는 이런 형태의 프로젝트에 대한 비용을 높이거나 사업 프로젝트를 전문으로 하는 컨설팅사를 소개하는 식으로 정리할 필요가 있다.

수익을 높이려면 세분화하라

사업의 수익성을 알아보는 방법은 '경쟁 부문competitive segment'을 나누어보는 것이다. 경쟁력을 높이는 데 가장 중요한 것은 '제품과 고객을 어떻게 조합할 것인가'다.

어디에 강점이 있는가

기업의 경쟁상대는 제품이나 고객에 따라 다르고 그 역학관계도 다르다. 이제 어느 한 부문에서 제품과 서비스를 구체적으로 그려보고 다음의 두 가지 질문에 답해보라. 제품, 고객, 고객그룹에게 팔리는 제품라인, 또는 자신에게 중요한 것이면 어느 분야라도 좋다.

- 그 제품이나 서비스에서는 나머지 부문과 전혀 다른 강력한 상대가 존재하는가?

  대답이 '네'이고 그 분야를 경쟁 부문이라고 할 수 있으며 경쟁상대가 해당 분야로 특화되어 있다면 다음 사항을 고려해보라. 고객은 누구를 선호하는가? 해당 제품이나 서비스를 제공하는 데 드는 자기 회사의 비용은 경쟁사에 비해 많은가, 또는 적은가?

  수익성을 크게 좌우하는 것은 경쟁사의 움직임이다. 따라서 경쟁사를 누르거나 그와 같은 수준에서 싸우려면 그 분야를 독립적으로 떼어내서 생각해야 한다.

- 또한 그 분야의 경쟁상대가 다른 분야의 경쟁상대와 완전히 같은 경우라고 해도(가령 제품 A와 제품 B의 경쟁자가 같다고 해도) 다음과 같은 문제를 생각해볼 필요가 있다.

  자사와 경쟁사는 두 분야의 매출액이나 시장점유율이 회사 전체에서 차지하는 비중이 같은가? 또한 경쟁상대는 한 분야에서 강하고 자사는 다른 분야에서 상대적으로 강점을 가지고 있는가? 예를 들어, 제품 A에 대한 자사의 시장점유율이 20%고 주요 경쟁사는 두 배 많은 40%지만, 제품 B의 점유율은 똑같을 수도 있다. 고객은 제품 B는 자사의 것을 선호하지만 제품 A는 경쟁사의 제품을 선호할 수 있다. 사업효율과 가격경쟁력에서 보면 자사는 제품 A에 대한 경쟁에서 뒤처지지만 제품 B에 대해서는 이기고 있다는 사실이 중요하다. 이 단계에서 그 이유까지 알 필요는 없다. 두 분야에서 경쟁상대는 같더라도 경쟁력에서는 우열이 있을 수 있다는 사실이 중요하기 때문이다. 이처럼 제품 A와 제품 B를 따로따로 분석해보면 수익성에 큰 격차가 있다는 사실을 알 수 있다.

경쟁자의 핵심 사업을 파악하라

앞에서 소개한 전자기기 회사의 경우 경영자들은 사업을 어떻게 분석할 것인지에 대해 의견을 통일하지 못했다. 제품별, 고객의 업종별, 또는 국내시장과 해외시장을 구분해서 생각해야 한다는 사람도 있었다.

이러한 논쟁은 사업을 경쟁부문으로 나눔으로써 간단하게 해결되었다. 전자기기 제조업체 시장을 분석해보면 대부분의 분야에서 제품에 따라 경쟁상대가 전혀 달랐다. 경쟁상대가 같은 분야에서는 거의 비슷한 비중을 차지하고 있었으며 사업 내용도 범용기계를 양산하는 분야였다. 그러나 이것만 예외적이었고 대부분의 분야에서는 제품별로 상황이 매우 달랐다.

경영진에게 '고객이 석유정제 회사인 경우와 식품가공 회사인 경우 점유율이 다른가'를 묻자 그들은 한 가지 제품을 제외하면 차이가 없다고 대답했다. 그러나 그 한 가지 제품인 액체농도계측기의 경우는 고객의 업종에 따라 경쟁상대가 전혀 달랐다. 그래서 액체농도계측기에 대해서는 석유회사와 식품회사 시장을 나누어 분석하기로 했다.

다음으로 국내시장과 해외시장에서 경쟁상대나 경쟁상의 지위에서 차이가 있는지 물어보았더니 대부분의 제품에 대해 다르다는 답이 나왔다. 그 회사에게는 수출이 중요하다고 했기 때문에 나는 나라별로 같은 질문을 해보았다. 프랑스나 아시아에서의 경쟁자나 영국에서의 경쟁자가 동일한가? 경쟁자가 다른 경우 우리는 그 사업을 별도의 부문으로 나누었다.

이렇게 하여 우리는 이 회사의 수익성을 열다섯 개 부문으로 나누어 분석하기로 했다. 대부분은 제품별, 지역별로 분류했지만 단 한 가지 액체농도계측기만은 고객의 업종별로 분류했다. 열다섯 개 분야는 경쟁자나 시장점유율이 각각 달랐다. 그다음에는 열다섯개 부문별로 매출액과 이익을 계산하여 분석했고, 그 결과를 정리한 것이 [도표 14]다.

이익을 기준으로 볼 때 상위 여섯 개 부문이 총매출액의 26.3%를 차지하지만 이익에서는 82.9%를 차지하는 것을 알 수 있다. 즉 여기에서는 83 대 26의 관계가 성립한다.

부문	매출액	이익	매출이익률(%)
1	2,250	1,030	45.8
2	3,020	1,310	43.4
3	5,370	2,298	42.8
4	2,000	798	39.9
5	1,750	532	30.4
6	17,000	5,110	30.1
7	3,040	610	25.1
8	7,845	1,334	17
9	4,224	546	12.9
10	13,000	1,300	10
11	21,900	1,927	8.8
12	18,100	779	4.3
13	10,841	-364	-3.4
14	5,030	-820	-15.5
15	4,000	-3,010	-75.3
합계	119,370	13,380	11.2

(단위: 1,000달러)

[도표 14] 전자기기 회사의 부문별 수익성 도표

부문	총매출에서 차지하는 비중		총이익에서 차지하는 비중	
	개별	누계	개별	누계
1	1.9	1.9	7.7	7.7
2	2.5	4.4	9.8	17.5
3	4.5	8.9	17.2	34.7
4	1.7	10.6	6.0	40.7
5	1.5	12.1	4.0	44.7
6	14.2	26.3	38.2	82.9
7	2.5	28.8	4.6	87.5
8	6.6	35.4	10.0	97.5
9	3.5	38.9	4.1	101.6
10	10.9	49.8	9.7	111.3
11	18.3	68.1	14.4	125.7
12	15.2	83.3	5.8	131.5
13	9.1	92.4	-2.7	128.8
14	4.2	96.6	-6.0	122.6
15	3.4	100.0	-22.6	100.0

[도표 15] 전자기기 회사의 부문별 매출액과 이익에 대한 80/20 도표

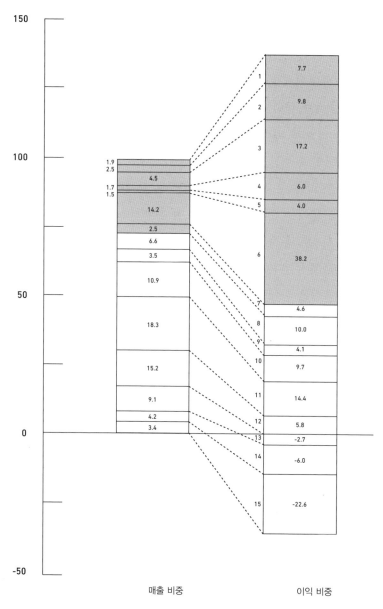

[도표 16] 전자기기 회사의 부문별 매출액과 이익에 대한 80/20 그래프

매출 비중

이익 비중

전자기기 회사는 어떤 방법으로 이익을 향상시켰는가

뒤에 나오는 [도표 17]은 [도표 14]의 결과에 따라 각 사업을 세 가지 유형으로 분류한 것이다. 이를 통해 우리는 과거 최고의 이익을 이룩했던 4분기에서 1~6부문이 황금알을 낳는 닭임을 알 수 있었다. 따라서 이 여섯 개 부문을 가장 적극적으로 키워 나가야 할 최우선순위 그룹 A로 분류했다.

이 여섯 개 부문으로부터 이익의 80% 이상을 얻었지만 판매 관리에 들이는 시간은 평균치에 불과한 것을 알게 된 경영자는 이들 사업에 투자하는 시간을 전체 시간의 3분의 2까지 끌어올 리기로 결정했다. 영업사원들은 기존의 고객이든 신규고객이든 이 제품들을 판매하는 데 초점을 맞추었다. 이 분야에서는 새로운 서비스를 제공하거나 가격을 약간만 인하해도 매우 높은 이익을 얻을 수 있었다.

두 번째 그룹인 7~12의 6개 부문을 합치면 매출액의 57%, 총 이익의 49%를 차지한다. 전체 평균에 약간 못 미치는 비중이었다. 이 그룹 내에서도 우선순위가 달라지는데, 이 문제는 이 장의 뒷부분에서 설명하겠다.

경영자는 두 번째 그룹 B를 관리하는 시간이 전체 시간의 60%였음을 발견한 뒤 그것을 절반으로 줄이기로 결정했다. 그리고 수익성이 떨어지는 일부 부문은 가격을 인상했다.

우선순위 X로 분류된 세 번째 그룹은 적자인 13~15부문으로 구성되어 있다. 이 그룹에 대한 대책은 그룹 B의 시장별 매력도와 경쟁력 분석이 완전히 끝난 다음에 결정하기로 했다. 하지만

우선순위	부문	총매출에서 차지하는 비중	총이익에서 차지하는 비중	조치
A	1~6	26.3	82.9	판매 활동 증대 관리 시간 증대 탄력적 가격
B	7~12	57.0	48.5	판매 활동 축소 관리 시간 축소 일부 가격 인상
X	13~15	16.7	-31.4	회생 가능성 재검토
합계		100.0	100.0	

[도표 17] 전자기기 회사의 80/20 분석 결과

잠정적으로 [도표 17]과 같이 우선순위를 바꿀 수는 있었다.

모든 부문에 대해 최종 결정을 내리기 전에 최고경영진은 수익성 외에 전략에 관련된 두 가지의 중요한 질문을 검토해보았다.

• 각 부문이 과연 참여할 가치가 있을 정도로 매력적인가?
• 각 부문에서 어느 정도의 경쟁력을 가지고 있는가?

이에 대한 결론을 정리한 것이 [도표 18]이다.

어떤 전략을 실행할 것인가

그룹 A에 속한 부문들은 모두 매력적인 시장이었다. 지속적으로 성장하고 있고 신규 경쟁자가 진입할 여지도 적으며 공급보다 수요가 많은 데다 경쟁 기술의 위협도 없었고, 고객이나 부품 공급자 모두 탁월한 협상력을 가지고 있었기 때문이다. 이 시장

부문	시장은 매력이 있는가	시장에서의 경쟁력은	수익성
1	있다	강하다	매우 높다
2	있다	강하다	매우 높다
3	있다	강하다	매우 높다
4	있다	강하다	매우 높다
5	있다	강하다	높다
6	있다	강하다	높다
7	있다	보통	높다
8	있다	보통	높다
9	있다	약하다	보통
10	없다	강하다	보통
11	없다	강하다	보통
12	없다	보통	낮다
13	있다	개선 중	적자
14	없다	보통	적자
15	없다	약하다	적자

[도표 18] 전자기기 회사의 전략 진단

의 다른 경쟁자들도 대부분 높은 이익을 얻고 있었다. 그룹 A는 수익성도 가장 높기 때문에 1~6부문을 앞으로도 최우선순위로 삼아 기존 고객을 향한 판매 촉진과 신규고객의 개척 활동에 전력을 기울이도록 했다.

그룹 B의 경우 각 부문에 따라 전략을 재검토할 필요가 있었다. 9부문은 수익성이 '보통'인데 그 이유가 시장 매력도가 떨어지기 때문은 아니었다. 다수의 경쟁자가 많은 이익을 올리는 것을 보면 시장은 충분한 매력을 가지고 있다. 이 회사는 낡은 기술을 사용하고 있었기 때문에 비용효율이 떨어지고 그에 따라 시장점유율도 낮았던 것이다.

그러나 새로운 기술로 대체하기에는 너무 많은 노력과 비용이 들었다. 따라서 이 부문에서는 가격을 올리기로 결정했다. 결과적으로 매출은 줄어들었지만 이익률이 높아졌으며 단기적으로는 판매량이 그다지 줄지 않았다.

10과 11부문은 시장점유율 1위지만 구조적으로 매력이 없는 시장이었다. 시장 규모가 축소되는 추세였고 업계 전체가 과잉 상태였기 때문에 고객이 가격인하를 강력하게 요구할 수 있는 시장이었던 것이다. 따라서 이 부문에 대한 신규 투자계획은 모두 동결되었다. 12부문에 대해서도 같은 결론을 내렸다.

그러면 적자만 내는 그룹 X에 대해서는 어떤 조치를 내려야 하는가? 14와 15부문은 시장 규모는 크지만 성장 가능성이 없고 시장점유율도 높지 않았다. 그래서 한 부문은 시장에서 철수하기로 결정하고 가동을 완전히 중단했으며, 나머지 한 부문은 공장을 경쟁상대에게 매각했다. 매우 낮은 가격에 매각했지만 회사 입장에서는 약간의 현금이 들어오고 적자 발생이 멈췄을 뿐 아니라 그 공장에서 일하는 사람들 일부는 직업을 유지할 수 있었다.

같은 X그룹에 속하지만 13부문의 운명은 달랐다. 이 부문은 적자를 내고 있기는 하지만 시장 자체는 구조적으로 가능성이 있었다. 매년 10%씩 성장 중이었고 대부분의 기업이 높은 이익을 올리고 있었기 때문이다. 전체 간접비를 배분하면 손실을 내기는 했지만 그 부문 자체의 이익률은 상당히 높았다.

문제는 시장에 진출한 지 1년밖에 되지 않아 기술 개발과 판매망 구축 등 초기 부담이 수익성을 압박하고 있다는 것이었다. 하지만 시장점유율이 높아지는 추세였고 지금 속도로 간다면 3년 안에 시장의 리더가 될 수 있다는 가능성도 있었다. 그 시점에서는 초기 투자와 비용을 회수할 수 있고 이익률도 더 높아질 것으로 예상되었다. 따라서 빠른 시간 안에 최소한의 필요 규모로 성장할 수 있도록 13부문에 더 주력하기로 결정했다.

80/20 분석의 주의점

13부문의 경우처럼 단순히 이익에 대한 80/20 분석만으로는 올바른 결론을 끌어내지 못한다. 80/20 분석은 특정 시기의 이익만을 분석하기 때문에 수익성을 바꿀 수 있는 트렌드나 그 영향력까지는 고려하지 못한다. 따라서 수익성에 대한 80/20 분석은 바른 전략을 세우기 위한 필요조건이지 충분조건이 아니다.

그러나 손실을 줄이는 것이 이익을 증대시키는 최상의 방법이라는 사실에는 의심의 여지가 없다. 13부문의 경우만 제외하면 이익에 대한 80/20 분석만으로도 올바른 해결책을 찾아낼 수 있었다는 점에 주목하라. 완벽한 해답을 찾기 위해서는 시장의 매력도와 부문별 기업의 경쟁지위를 검토해봐야 한다. 전자기기 회사가 취한 행동을 [도표 19]에 요약해놓았다.

부문	우선순위	특징	행동
1~6	A	매력적인 시장 높은 시장점유율 높은 수익성	고도의 경영 자원 집중 판매 노력 강화 판매량 증대를 위한 유연한 정책
7~8	B	매력적인 시장 보통의 시장점유율 높은 수익성	현상 유지 특별한 대책 강구하지 않음
9	C	매력적인 시장 낙후된 기술 낮은 시장점유율	회수(비용 절감과 가격 인상)
10~11	C	매력 없는 시장 높은 시장점유율 보통의 수익성	체제를 대폭 축소, 활동 축소
12	C-	매력 없는 시장 좋은 경쟁지위 낮은 수익성	활동 더 축소
13	A	매력적인 시장 현재 고전 중이지만 지위 개선 중 손실 발생	신속한 점유율 확대 노력
14~15	Z	매력 없는 시장 보통/열악한 지위 손실 발생	매각 또는 폐쇄

[도표 19] 전자기기 회사가 80/20 분석 후 취한 행동

10년 후의 경쟁력을 키워라

우리는 누구나 자기가 속한 회사나 산업이 현재 할 수 있는 한 최선을 다하고 있다고 생각하기 쉽지만 현실은 그렇지 않다. 자신이 일하고 있는 산업의 구조는 엉망이며, 그것을 조금만 조정하면 고객이 원하는 것을 훨씬 효과적으로 공급할 수 있다는 전제하에 생각하라. 그러면 당신의 야망을 향후 10년 안에 실현할 수 있을 것이다. 10년 후 오늘을 되돌아보며 '어떻게 우리가 일을 저런 식으로 했지? 제정신이 아니었나봐'라고 후회하는 모습을 상상해보라.

미래의 경쟁력을 키우는 데 필수적인 요소가 바로 혁신이다. 혁신을 어렵게 생각하고 미리 포기해버리는 사람이 많은데, 80/20 법칙을 창조적으로 이용하면 혁신은 쉽고 재미있는 것으로 바뀐다.

- 전체 산업이 창조하는 이익의 80%는 20%의 산업에서 창출된다. 제약 산업이나 컨설팅 산업처럼 큰 이익을 올리는 산업의 리스트를 만들고 자신이 속한 산업은 그 안에 포함되는가의 여부를 생각해보라.
- 하나의 산업에서 창조하는 이익의 80%는 20%의 기업이 창출한다. 자신의 기업이 그 20% 안에 들지 못한다면 그들에 비해 무엇을 잘못하고 있는지 파악하라.
- 그 기업에 대해 고객이 생각하는 가치의 80%는 기업 활동의 20%에서 비롯된 것이다. 그 20%에 해당하는 것이 무엇인가? 또 그 20%를 더욱 강화하지 못하는 이유는 무엇인가?
- 하나의 산업이 생산하는 것의 80%는 고객에게 20% 이하의 편의밖에 제공하지 못한다. 그 80%에 속하는 것은 무엇이며 그것을 없애지 않는 이유는 무엇인가?
- 어떤 제품이나 서비스로부터 얻는 편익의 80%는 20%의

비용만으로도 제공받을 수 있다. 많은 소비자들은 거품을 빼서 가격이 낮은 제품이 있다면 그것을 구입할 것이다. 당신이 속한 산업에서 그러한 제품을 공급하는 기업이 있는가?

- 어떤 산업에서나 이익의 80%는 20%의 고객으로부터 나온다. 당신의 회사는 그런 20%의 고객을 분명하게 파악하여 관리하고 있는가? 그렇지 않다면, 충성고객을 확보하기 위해 무엇을 해야 하는가?

사람을 기계로 대체하라

산업의 변천 과정을 되돌아보면 여러 시사점을 얻을 수 있다. 나의 할머니는 길모퉁이 식료품 가게를 운영했다. 할머니가 주문을 받아 물건을 꺼내놓으면 어린 내가 자전거로 배달을 나갔다. 얼마 후 시내에 슈퍼마켓이 생겼는데, 사람들은 그곳에서 사고 싶은 물건을 마음대로 고를 수 있었다. 그 슈퍼마켓은 제품의 종류가 다양하고 가격이 저렴했으며 주차장까지 보유하고 있었다. 얼마 지나지 않아 할머니의 고객들은 슈퍼마켓으로 옮겨 갔다.

주유소는 셀프서비스를 빨리 수용했지만, 가구점이나 은행은 그것이 자신들에게는 해당되는 사항이 아니라고 생각했다. 그러다 이케아처럼 셀프서비스를 도입하여 가격을 낮춤으로써 성공한 기업이 등장하자 비로소 주목하기 시작했다.

품목과 인테리어, 서비스를 줄여서 이전에는 상상할 수 없는 가격인하를 단행한 할인점은 소매업을 혁명적으로 바꾸어놓았다. 매출액의 80%는 상품의 20%에 집중되어 있기 때문에 이 20%의 상품만 갖추어놓는다는 사고방식이다. 나는 전에 와인 상점에서 아르바이트를 한 적이 있다. 그곳에서는 보르도의 레드 와인을 30종이나 진열해놓았다. 그 많은 종류를 누가 필요로 하겠는가? 그 가게는 가격이 훨씬 저렴한 체인점에 고객을 빼앗겼고 얼마 지나지 않아 문을 닫았다.

50년 전에 패스트푸드 체인점이 요즘처럼 번성하리라고 상상한 사람이 있었을까? 오늘날엔 제한된 몇 가지 메뉴만을 갖추고 화려한 인테리어를 갖춘 초대형 패밀리 레스토랑이 호황을 누리고, 오랜 전통을 자랑하는 레스토랑의 손님을 빼앗고 있다.

왜 기계가 훨씬 싸게 할 수 있는 일을 사람이 해야 한다고 고집하는가? 언젠가는 비행기 승무원을 전부 로봇으로 대체하게 될지 모른다. 대부분의 사람들이 인간의 서비스를 더 선호하지만 기계는 신뢰도가 더 높고 20%의 비용으로도 80%의 편익을 제공할 수 있을 것이다.

은행의 현금자동입출금기 같은 기계는 낮은 비용으로 창구보다 훨씬 더 빠르고 뛰어난 서비스를 제공한다. 다음 세기에는 나처럼 구닥다리 인간들만이 인간의 손길을 좋아할 것이다. 아니, 어쩌면 나 같은 사람조차 기계를 선택하게 될지도 모르겠다.

80/20 법칙에 따른 카펫 회사의 혁신

기업의 운명을 바꾸고 더 나아가 산업계 전체를 바꾸어놓을 수 있는 80/20 법칙의 마지막 예를 들어보겠다.

현재 연간 8억 달러의 카펫을 공급하는 조지아주의 인터페이스Interface Corporation사는 예전에는 카펫을 판매만 했지만 이제는 카펫 재료를 타일 모양으로 자른 형태의 제품을 장기 임대해주는 리스 서비스를 제공한다. 인터페이스사는 더러워지거나 파손되는 카펫의 80%는 전체 면적의 20%에 집중되어 있다는 사실을 파악했다. 일반적으로 사람들은 카펫의 한 부분이 훼손되면 나머지 부분의 상태가 꽤 좋더라도 전체를 교체한다. 하지만 인터페이스의 리스 서비스는 고객이 구매한 카펫을 정기적으로 점검하여 오염되거나 손상된 카펫타일만 교체해주기 때문에 인터페이스사와 고객 모두가 비용절감의 효과를 거두게 해주었다. 보잘것없어 보이는 것도 80/20 법칙을 잘만 활용하면 기업은 물론 해당 산업 전체의 미래를 바꾸어놓을 수도 있다는 점을 잘 보여주는 사례다.

발상을 바꾸자

80/20 법칙을 활용해서 당신의 전략에서 잘못된 부분을 찾아낼 수 있다. 만일 활동의 작은 부분에서 대부분의 이익이 나온다고 판단되면, 발상을 바꾸어 그 작은 부분을 확대 재생산하는 데 노력을 집중해야 한다. 하지만 이것은 해답의 일부분일 뿐이다. 힘의 집중은 물론 필요하지만 그 외에 비즈니스에서 꼭 명심해야 할 중요한 진리들도 있기 때문이다.

13장
80/20이란 단순화의 힘

나는 언제나 물건을 단순하게 만들기 위해 노력한다. 우
리는 돈이 많지 않은데도 생활필수품을 사는 데 너무 많
은 돈을 쓴다. 바로 물건을 필요 이상으로 복잡하게 만들
기 때문이다. 조금만 노력을 기울인다면 의류, 식품, 가구
등의 모든 제품을 지금보다 훨씬 단순하면서도 보기 좋게
만들 수 있다.

– 헨리 포드[1]

결과를 바꾸는 20%의 비밀

- 경영진은 복잡한 것을 좋아한다.
- 사업이 성공 궤도에 오르면 조직이 복잡해지는 것을 피하기가 어렵다.
- 일단 복잡해지면 필연적으로 기업의 수익성이 떨어진다. 복잡성이 높아지면 수익성이 낮은 사업 분야를 벌이느라 단순하고 수익성이 좋은 사업 분야에 집중하지 못한다.
- 회사의 수익성을 높이려면 단순화하라. 그런 다음, 수익성이 높은 신규 사업 분야의 규모를 최대한 확장하라.
- 규모가 작다고 좋은 것은 아니다. 단순하되 규모가 커야 한다.
- 위대한 것을 만들려면 단순하게 만들어라.
- 발전에는 단순함이 필요하다. 그런데 단순함은 무자비하다. 그러므로 단순한 것은 아름답지만 희귀하다.

앞에서 우리는 기업 내의 여러 사업 부문별로 수익성에 큰 차이가 나타난다는 점을 살펴보았다.

어떤 회사가 1,000억 달러어치를 판매해서 50억 달러의 이익을 얻었다고 하자. 80/20 법칙에 따르면 이 중 200억 달러의 매출에서 40억 달러의 이익이 남고, 800억 달러의 매출액에서는 겨우 10억 달러의 이익이 남았다는 결론이 나온다. 이것은 수익성이 높은 20%의 사업 분야에서 얻는 이익이 나머지 사업 분야에서 얻는 이익의 열여섯 배나 된다는 것을 의미한다.

일부 사업 분야가 다른 분야보다 수익성이 높을 수는 있지만 열여섯 배까지 차이가 난다는 것은 누구도 믿기 어렵다. 제품 종류별로 수익성을 조사했을 때 이런 결과가 나타나면 회사 간부들은 보통 이를 믿으려 하지 않는다. 다시 검토해보고 그래도 오류가 없다는 사실을 확인한 다음에도 고개를 가로젓기 일쑤다.

그다음으로 이 결과를 인정하지 않으려고 하는 그룹이 바로 회사의 경영자들이다. 이들은 수익성이 낮은 80%의 사업을 정리하려 하지 않는다. 막대한 비용이 효과적으로 사용되지 않는 사업을 정리하면 간접비의 80%를 절약할 수 있는데도 경영자들은 '총비용의 80%를 없애는 일은 불가능하고, 80%의 사업을 정리해버릴 경우 이익은 훨씬 더 감소할 것'이라고 생각한다. 이런 반대에 부딪힐 때 대부분의 컨설턴트들은 경영자들의 의견에 굴복하고선 거액의 적자를 내고 있는 사업만을 정리하거나 수익성이 가장 높은 사업 분야를 키우려고 약간의 노력을 더 들이는 데 그치고 만다.

사업 부문이 다양하면 조직이 복잡해지고, 그중 수익성이 낮은 사업을 운영할 경우에는 간접비가 비생산적으로 낭비된다. 회사의 구조를 조금만 개편하면 수익성이 높은 사업 분야만으로 회사를 구성할 수 있으며 이로 인해 많은 이익을 얻을 수 있다.

이것이 바로 단순한 것이 아름다운 이유다. 그런데 기업가들은 복잡한 것을 좋아하는 것 같다. 처음에는 단순하게 시작한 사업가도 성공하고 나면 사업을 더 복잡하게 만들려고 노력한다. 그러나 사업 구조가 복잡해질수록 이익은 계속 감소한다. 이는 생산성이 낮은 사업 때문이기도 하지만, 더 큰 이유는 사업을 점점 더 복잡하게 만드는 활동 그 자체 때문이다.

반대로 복잡한 기업을 단순화할수록 이익은 급격히 증가한다. 결국 이익을 늘리기 위해 우리가 해야 할 일은 복잡화에 따른 비용과 단순화의 가치를 이해하고 이를 토대로 간접비의 80%를 삭감할 수 있는 용기를 갖추는 것이다.

복잡한 것은 나쁘다

80/20 법칙으로 단순한 것이 왜 좋은지를 설명해내지 못하면 이 법칙은 기업을 변화시킬 수 없을 것이다. 사람들은 자신이 이해하지 못하면 실행하려고도 하지 않기 때문이다.

그러므로 우리는 처음으로 돌아가서 사업의 성공 요인이 무엇인지 알아보고 사업 규모가 큰 것이 이익인지 아니면 손해인지에 대한 논쟁을 펼쳐야 한다. 그래야 단순한 것이 이익이라는 점을 증명할 수 있다.

산업혁명 이후 기업의 규모는 점차 커지고 사업은 다양화되어 왔다. 19세기 말까지는 거의 대부분의 기업들이 전국적인 규모로 성장했다. 그러나 당시까지만 해도 기업들은 소위 본업이 분명했고, 매출의 대부분을 국내에서 벌어들였다.

20세기에는 비즈니스의 방향과 개인의 생활양식을 크게 바꾸어놓은 변화들이 잇달아 일어났다. 우선 헨리 포드가 자동차를 대중화하는 데 성공하면서 그에 힘입어 역사상 처음으로 소비재를 대량으로 생산해냈고 대폭 인하된 가격으로 제품을 공급했다. 이렇게 해서 총매출을 늘려가는 대기업은 더 많은 이윤을 누리게 되었다.

이후 전 세계로 활동 무대를 넓힌 다국적 기업이, 그다음으로는 여러 사업 분야와 다양한 제품을 보유한 거대 복합기업이 나타났다. 이후에 적대적 인수방법이 생기고 발전하여 기업의 규모 경쟁이 계속되었는데 경영자의 야심, 금융의 지렛대 효과 등은 그러한 경향에 더욱 박차를 가하게 되었다.

이런저런 이유로 20세기에 들어선 뒤부터 75년간 기업들의 규모는 계속 커졌고 대기업이 차지하는 비중도 계속 증가했다. 그러나 이 비중은 최근 20년 사이에 갑자기 감소하기 시작했다. 1979년에는 미국의 500대 기업이 미국 국민총생산의 60%를 차지했으나 1990년대에는 40%까지 떨어졌다.

규모가 작아야 좋은가

작은 것이 반드시 좋은 것은 아니다. 사실 경제를 주도해온 사업가들이나 전략가들이 기업의 규모와 시장점유율을 신앙처럼 믿었던 것은 옳은 일이었다. 대량생산으로 단위당 생산원가가 낮아짐으로써 생산효율이 매우 높아졌으며 전체 비용에서 차지하는 간접비의 비중도 따라서 커지고 있다. 마찬가지로 시장점유율도 제품의 가격을 올리는 데 도움이 된다. 시장점유율이 높은 회사는 최고의 품질을 갖춰 부유층 고객을 확보할 수 있으며, 다른 회사보다 가격을 더 높게 책정할 수 있다.

그렇다면 왜 대기업이 그보다 작은 기업에게 시장을 내주고 있는 것일까? 매출액이 증가할 경우 이론상으로는 수익이 높아져야 하는데, 시장점유율은 늘어나는데도 매출이익률이나 자본이익률이 떨어지는 기업은 왜 많이 생겨나는 것일까?

복잡할수록 비용이 많이 든다

가장 정확한 대답은 바로 사업이 복잡해질수록 비용이 많이 들기 때문이라는 것이다. 다시 말해 규모가 큰 것이 문제가 아니라 지나치게 복잡한 것이 문제라는 말이다.

복잡하지 않으면서 단지 규모만 크다면 단위당 원가는 오히려 줄어든다. 원가가 줄어드는데 같은 가격으로 고객에게 제품과 서비스를 제공한다면 이익은 당연히 늘어난다.

그러나 규모가 커지면서 다른 조건이 변하지 않기란 실제로 매우 힘든 일이다. 이전과 같은 고객을 확보하고 있다 하더라도

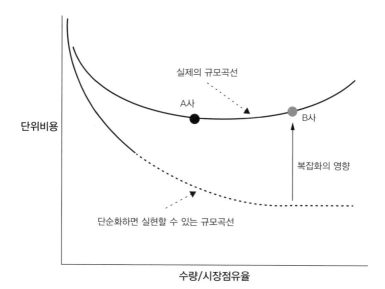

단위비용

실제의 규모곡선

A사

B사

복잡화의 영향

단순화하면 실현할 수 있는 규모곡선

수량/시장점유율

[도표 20] 복잡화의 비용

기존 제품을 개량하거나 신제품을 개발하거나 또는 추가 서비스를 제공하지 않는 한 판매량은 늘어나지 않는 것이 보통이고, 이로 인해 막대한 간접비가 추가된다. 새로운 고객이 늘면 사태는 더욱 악화된다. 우선 신규고객을 획득하기 위해서는 초기비용이 들고 새로운 고객의 요구는 기존고객과 다른 경우가 많다. 따라서 새로운 고객들의 기호에 맞추기 위해 노력하다 보면 사업은 더 복잡해지고 비용도 늘어나게 된다.

복잡한 조직일수록 공백이 크다

기존의 사업과 조금이라도 다른 신규사업을 시작하면 비용이 증가하는데, 이 비용은 생산량이 증가하는 정도보다 훨씬 큰 폭으로 늘어난다. 더구나 신규사업은 조직의 움직임을 둔화시킨다. 경영진들이 새로운 사업에 관해 의견 차이를 드러낼 때마다 그것을 조정할 때까지 일의 진행에는 제동이 걸린다. 이 과정이 반복되면서 생기는 '공백'으로 인한 비용은 눈에 띄지 않아 그냥 지나치기 쉽지만 사실 엄청나게 큰 것이다.

[도표 20]은 이러한 이치를 보여준다. 도표에서 보면 경쟁사 B는 경쟁사 A보다 규모도 큰데 단위당 원가는 더 높다. 생산수량이 늘어나면서 조직이 복잡해지는 데 따라 원가가 상승하기 때문이다. B사의 복잡한 구조로 인한 추가비용은 A사에서 나타나는 추가비용보다 훨씬 더 크다. 즉 규모 면에서는 B사가 유리하지만 이익률은 B사가 A사보다 더 적은 것이다.

단순한 것이 아름다운 이유

앞서 이야기했듯 작은 것이 반드시 좋은 것은 아니다. 다른 조건이 모두 같다면 기업의 규모는 클수록 좋다. 그러나 기업이 커지면 다른 조건들이 달라지고 복잡해지기 때문에 낭비가 많아진다. 물론 규모가 큰 것이 좋은 경우도 있지만 이 말이 항상 성립되는 것은 아니다. 항상 성립되는 진리는 바로 '단순한 것이 아름답다'는 것이다.

경영학자들은 뒤늦게야 이 단순성의 가치를 깨닫기 시작했다.

군터 롬멜[2]이라는 학자는 최근 중간 규모의 독일 기업 서른아홉 곳을 조사한 결과, 수익성이 높은 기업들과 낮은 기업들을 구분하는 한 가지 특징을 발견했다. 그것은 바로 수익성이 좋은 기업들은 적은 종류의 제품을 소수의 공급자를 통해 비교적 소수의 고객에게 판매한다는 단순성이었다. 이 연구에서는 매우 복잡한 제품을 판매하는 데 있어서도 구조가 단순한 기업이 가장 뛰어난 실적을 보였다.

이러한 새로운 발견은 다소 황당해 보이는 80/20 법칙이 기업의 이익을 높이는 데 활용될 수 있다는 점을 입증해준다. 즉 총매출의 5분의 1이 회사 전체 이익의 5분의 4를 만들어내고 가장 높은 매출을 기록하는 20%의 사업이 가장 저조한 실적을 기록하는 80%의 사업보다 열여섯 배나 많은 이익을 가져온다. 만일 저조한 80%의 분야가 오히려 손해를 보고 있다면 상위 20% 사업의 이익은 열여섯 배보다 더 높아진다. 단순한 것이 아름답다는 원리는 80/20 법칙이 왜 나타나는가를 설명하는 데 도움이 된다.

- 단순성과 단일한 시장점유율은 우리가 보통 생각하는 것보다 더 중요하다. 규모의 증대에 따라 증가하는 복잡성의 비용을 정확히 계산할 수 없기 때문에 단일한 시장 규모의 수익률은 실제 이상으로 저평가되기 쉽다. 보통 하나의 사업 분야가 틈새시장에서 절대적 우위를 차지할 경우에 벌어들이는 이익은 시장점유율이 높은 경쟁사와

경쟁하고 있는 다른 사업 분야에 비해 몇 배나 높다.

- 업무를 단순화한 사업 분야는 놀랄 정도의 이익을 낸다. 제품, 고객, 공급자의 수를 줄이면 가장 생산성이 높은 활동과 가장 많은 이익을 가져다주는 고객에게 힘을 집중할 수 있을 뿐 아니라 간접비나 중간관리층 등 복잡성에 따른 비용을 대폭 삭감할 수 있기 때문에 더 많은 이익을 낼 수 있다.

- 제품의 종류가 많아지면 당연히 물품이나 서비스의 매입처도 늘어난다. 이 경우 복잡성에 따른 비용을 줄이기 위한 최선의 방법은 '아웃소싱'이다. 외부에서 물품과 서비스를 구입하면 회사 구조가 훨씬 단순해지며 경비도 크게 절감된다. 연구개발, 제조, 배송, 판매, 마케팅, 서비스 등 부가가치 사슬 중 가장 중요한 부분이 어느 것인지를 파악하고, 그 외의 것은 모두 과감하게 외부에 위탁하자. 이렇게 하면 간접비를 대폭 줄일 수 있으며, 제품을 생산해서 시장에 내보내기까지 걸리는 시간도 단축할 수 있다. 결국 훨씬 적은 비용으로 훨씬 비싼 제품을 만들어낼 수 있다는 결론이 나온다.

- 그렇게 하면 기업에서 필수적으로 보유해야 할 기능과 비용만 남게 된다. 한 가지 분야로만 특화한다면 본사를 없앨 수도 있고, 그에 따라 이익도 훨씬 더 늘어난다. 본사의 문제점은 그것을 운영하는 데 드는 비용이 아니라 고객을 직접 접하는 현장의 임직원들로부터 책임감과 자주성을

빼앗는다는 점이다. 본사를 없애면 기업은 내부의 자리싸움에 소모되는 에너지를 고객의 요구를 충족시키기 위한 노력으로 집중시킬 수 있다.

- 각 사업 분야별로 본사로부터 받는 자금지원과 간섭의 정도가 서로 다르다. 특이한 것은 보통 본사의 도움 없이 혼자 꾸려나가도록 방치해둔 제품과 서비스가 가장 많은 이익을 남긴다는 점이다. 경영 간부들은 80/20 분석의 결과를 보고 가장 무관심했던 분야에서 최고의 이익을 얻고 있다는 점에 충격을 받곤 하지만 이는 결코 우연이 아니다. 80/20 분석에 따라 나타나는 또 다른 결과는 '가장 많은 이익을 낳는 분야는 경영자들의 관심을 집중적으로 받게 되고 그 결과 유감스럽게도 이익이 감소하기 시작한다'는 것이다.

- 마지막으로, 사업 분야를 단순화할 경우 유리한 점은 경영상의 절차가 간소화되어 고객들의 요구에 더 가까이 갈 수 있게 된다는 점이다. 회사는 고객의 요구를 잘 알게 되고 고객은 자신이 회사에 중요한 존재라고 느끼게 되는데, 이러한 느낌이 들 때 고객은 더 많은 돈을 지출한다. 고객에게는 자신이 대접받고 있다는 느낌이 가치 있는 물건을 사는 것만큼 중요하기 때문이다.

'간접비에 기여하고 있다'는 말은 변명일 뿐이다

80/20 분석의 결과를 대한 대개의 경영자들은 이익이 상대적

으로 낮거나 오히려 손해를 보고 있는 부문도 회사에 어느 정도 기여하고 있다고 말한다. 하지만 이는 경영자들이 꾸며낼 수 있는 가장 엉성하고 이기적인 변명에 불과하다.

수익성이 가장 높은 부문에만 주력하면 한 해에 20% 이상의 성장률을 보일 것이다. 그 분야에서 이미 일정한 지위와 고객을 확보하고 있기 때문에 이것은 기업 전체를 성장시키는 것보다 쉽다. 수익성이 낮은 부문을 포기하는 데 따른 공백은 순식간에 사라질 것이다.

더 이상 주저하지 말라. '눈 때문에 실수를 하면 눈을 뽑아내라'는 말처럼, 비효율적인 부문은 단호하게 없애버려라. 사업을 '정리하는 데 드는 비용'이 만만치 않을 것이라는 회계사의 말은 믿지 말라. 사업을 정리하는 데는 비용이 전혀 들지 않는다. 혹 들더라도 그 비용을 보상하고도 남을 이익을 얻게 될 것이다.

매각하거나 폐쇄하지 않아도 되는 제3의 길이 있다. 고의적으로 시장점유율을 낮추는 것인데, 이 방법으로도 이익을 크게 늘릴 수 있다. 회사에 이익을 가져다주지 않는 제품이나 고객이 자연스럽게 사라지도록 하고, 판매촉진을 위해 투입하는 노력을 대폭 줄이며, 가격을 올려서 판매량을 5~20% 줄이면 오히려 더 많은 이익을 얻게 된다.

가장 단순한 20%를 공략하라

메시지는 단순할수록 사람의 마음을 사로잡듯이 구조와 과정도 단순할수록 효과가 크고 비용도 적게 든다.

제품의 종류, 생산 과정, 마케팅 전략, 판매망, 상품 디자인, 제조, 서비스, 고객의 피드백 등 모든 면에서 가장 단순한 20%가 무엇인지를 늘 파악하기 위해 노력하라. 그리고 그것을 최대한 단순화하라. 단순한 제품과 서비스를 제공하는 데도 가장 보편적이고 표준화된 방법을 사용하라. 가장 단순한 20%가 최고의 품질을 유지하게끔 하라. 복잡해질 때마다 단순화시키고, 단순화시킬 수 없다면 포기하라.

단순한 제품으로 승부한 코닝의 사례

곤경에 처한 기업은 어떻게 80/20 법칙을 활용해서 복잡한 구조를 단순화하고 이익을 높일 수 있을까? 독일의 카이저슬라우테른과 미국 오하이오주의 그린빌 두 곳에서 자동차 배기 시스템에 쓰이는 세라믹 기기를 생산하던 기업 코닝Corning이 이 질문의 좋은 예가 될 것이다.[3]

1992년에 미국 경제는 고전을 면치 못했고, 그 이듬해에는 독일 시장이 급격히 쇠퇴했다. 코닝의 경영진은 이런 상황에 당황하지 않고 오랜 시간을 들여 각각의 제품이 얼마만큼의 이익을 가져다주었는지 주의 깊게 관찰했다.

전 세계 대부분의 기업이 그렇듯, 코닝의 경영진도 표준원가를 기준으로 어떤 제품을 생산할지를 결정했다. 그러나 이 방법으로는 대량생산되는 제품과 소량생산되는 제품을 구분하지 않기 때문에 특정 제품의 실제 수익성을 알 수 없다. 이 결점을 인식한 경영진은 초과근무수당, 연수비용, 장비갱신비용, 정기점검비용 등의 간접비를 자세히 구분해서 표준원가에 가산(加算)한 결과 매우 놀라운 사실을 알게 되었다.

독일에서 생산한 두 제품을 예로 들어보자. 하나는 좌우대칭의 단순한 형태고 생산량이 많은 것으로 편의상 R10이라고 부르겠다. 또 하나는 소량생산되는 제품으로 형태도 특이한데 이것은 R5라고 이름 붙여두자. R5의 생산원가는 R10의 생산원가보다 20%가 많다. 하지만 R5를 생산하기 위해 필요한 고도의 기술과 근로자들의 노력에 드는 원가까지 계산해보면 R10의 생산비보다 무려 5,000배나 많은 비용이 들었다는 믿기 힘든 결론이 나온다.

R10을 생산하는 데는 별다른 노력이 필요 없지만, R5는 많은 고급 엔지니어들이 수차례 검사를 해야 사양에 맞는 제품을 만들 수 있었다. 그러므로 R10만을 생산했다면 생산에 필요한 엔지니어의 수는 대폭 줄었을 것이다. 즉 소량생산되고 이익이 적은 제품은 총매출에서 극히 적은 부분을 차지하고 전체 이익을 감소시키는 역할을 한 셈이었다. 코닝은 이 제품의 생산을 중단함으로써 엔지니어의 수를 25%나 줄일 수 있었다.

50 대 5 법칙

코닝의 컨설턴트들은 80/20 법칙과 유사한 50 대 5 법칙을 활용했다. 50 대 5 법칙은 회사의 전체 고객, 제품, 부품, 공급자의 50%가 5% 이하의 매출과 이익을 가져온다는 것이다.

그린빌에서 생산되는 450가지 제품의 절반은 96.3%의 매출을 올렸지만 나머지 절반은 겨우 3.7%밖에 차지하지 못했다. 또 분기별로 분석해봤을 때 독일 공장의 전 제품 중 소량생산되는 제품 50%는 전체 판매의 2~5%를 차지하는 것으로 나타났다. 양쪽 공장에서 모두 하위 50%의 제품은 적자를 기록하고 있었다.

만들수록 손해다

제품의 종류를 늘리다 보면 생산성이 낮은 제품과 고객이 생겨나고 기업의 구조도 비효율적으로 복잡해지므로 백발백중 실패할 수밖에 없다. 그러나 경영자들은 기업이 복잡해질수록 더 큰 흥미와 보람을 느끼므로 이러한 현상을 오히려 묵인하거나 부추긴다.

적자만 내는 복잡한 제품을 많이 제조하고 있던 코닝은 생산 품목을 절반 이상 줄이고, 1,000여 개에 이르는 매입처를 전체 공급량의 95%를 차지하는 200개로 줄였다(95 대 20 법칙). 회사의 시장점유율이 낮아지는 것을 감수하고 투자를 줄인 덕에 더 단순해지고 규모가 작아진 코닝은 곧 빠른 속도로 이익을 회복해가기 시작했다. 작을수록 좋은 결과를 낳은 것이다.[4]

경영자들은 복잡한 것을 좋아한다

복잡한 구조가 수익성을 악화시키는데도 왜 이윤의 극대화를 추구하는 기업들은 더 복잡한 쪽으로 변해가는가?

한 가지 적절한 대답은 '경영자들이 복잡한 것을 좋아하기 때문'이다. 복잡한 것은 지적인 의욕을 불러일으키며 지루한 일상에 자극을 주고 경영자들에게는 재미있는 일거리를 제공해준다. 일부 사람들은 사업이 저절로 복잡해진다고 말하지만 사실은 경영자들이 사업을 복잡하게 만드는 것이다.

거의 모든 조직체들이 고객, 투자가, 외부의 이익을 무시한 채 경영자들의 의도대로 운영된다. 회사가 도산의 위기에 직면하거나 경영자의 이익보다 투자가와 고객의 이익을 더 우선시하는 보기 드문 리더가 회사를 이끌지 않는 한, 경영자 계층의 이익을 우선시하는 무절제한 경영활동은 계속 이루어질 것이다.

단순할수록 효율적이다

인간의 삶과 마찬가지로 조직 역시 방치해두면 점차 필요 이상으로 복잡해지려는 성질이 있다. 거대하고 복잡한 조직일수록 어떤 활동을 해야 하는가를 깊이 생각하지 않으므로 비능률적이고 비경제적으로 변한다.

모든 조직은 서로 다른 세력이 융합된 결과물이고, 융합하는 과정에서 이 세력들은 줄다리기를 하게 된다. 기업에서의 상이

한 두 세력은 별다른 기여를 하지 못하는 다수와 핵심적인 소수다. 전자는 비생산적이고 비능률적이며, 후자는 생산적이고 능률적이다.

그러나 두 세력 간의 줄다리기는 비효율적인 결과를 낳는 다수와 효율적 결과를 낳는 소수를 동시에 가지고 있는 하나의 조직이나 기업에서 일어나므로 직접 관찰하기가 쉽지 않다. 그래서 우리는 어떤 것이 가치 없는 것이고 어떤 것이 가치 있는 것인지를 파악하지 못하고 전체적인 결과만을 보게 된다. 따라서 다음 사항에 유의해야 한다.

- 복잡해지면 낭비가 증가하고 단순해지면 능률이 오른다.
- 대부분의 활동은 잘못 계획되고, 낭비적이며 고객의 요구와 동떨어져 이루어진다.
- 기업의 모든 활동 중 작은 부분이 매우 효율적이며 고객으로부터 호평을 받는다. 그러나 이 능률적인 활동은 비능률적인 활동에 둘러싸여 분명하게 드러나지 않으므로 자신은 어떤 활동이 효율적인지 제대로 알지 못한다.
- 모든 기업 내의 사람, 관계, 자산 등에는 생산적인 것과 비생산적인 것이 서로 뒤섞여 있다.
- 생산성이 낮은 활동은 항상 생산성 높은 활동의 뒤에 숨어서 그 도움을 받게 된다.
- 업무의 방식을 바꾸고 양을 줄이면 비약적인 개선이 가능하다.

항상 80/20 법칙을 기억하라. 자신의 회사가 만들어내는 결과를 조사해보면, 전체 업무의 4분의 1 또는 5분의 1이 전체 이익의 4분의 3 또는 5분의 4에 이르는 이익을 만들어낸다는 것을 알 수 있다. 그 4분의 1 또는 5분의 1의 업무를 활성화시켜라. 그리고 그 나머지 업무는 생산성을 끌어올리거나 중단해버려라.

80/20 법칙을 활용해 원가를 낮춰라

다음의 세 가지 80/20 사고방식을 이용해서 경비를 줄이기 위한 효율적인 방법을 생각해내자. 첫째, 이익을 남기지 못하는 활동을 중단함으로써 '단순화할 것', 둘째, 발전을 주도하는 몇 가지 요인에 '집중할 것', 셋째, '성과를 비교할 것'이 그 방법들인데, 이제 두 번째와 세 번째 사고방식에 관해 자세히 알아보자.

선별하여 집중하라

모든 일에 똑같은 노력을 기울이는 것은 낭비다. 가장 많은 비용을 절감할 수 있는 분야를 찾아내서 노력의 80%를 투입하라. 이런 분야는 아마 전체 사업에서 20% 정도를 차지할 것이다.

너무 세세한 것까지 분석해내느라 골머리를 앓고 싶지 않다면 여기에도 80/20 법칙을 적용하는 게 좋다. 우선 필요 이상으로 많은 시간을 소모하고 있는 일이 무엇인지 알아내고, 목표로 하고 있는 일의 진행과정 중 어느 부분에 80%의 시간과 비용을 투자할 것인가, 그리고 어떤 방법으로 그 목표를 공략할 것인지를 생각하라.[5]

– 「US 유통저널」, 1994년 3월 15일

성공하려면 무엇이 진정 가치 있는 것인지 따져봐야 한다. 기업 활동은 대부분 파레토의 법칙, 즉 '전체 비용의 20%로 80%의 주요 활동이 이루어진다'는 내용과 정확히 들어맞는다. 예를 들어, 퍼시픽벨 회사의 요금수납센터에서 이루어진 조사에 의하면 이곳에서 이루어진 일의 25%는 전체 전화 요금의 0.1%밖에 처리하지 못했다. 또한 요금의 3분의 1은 이중 삼중으로 중복 처리되고 있었다.[6]

– 「시스템 경영」, 1994년 3월 1일

모든 업무에 똑같은 비용이 들어도 고객에게 주는 만족은 똑같지 않다는 사실을 기억하라. 적은 비용으로도 훨씬 생산적인 활동을 할 수 있다. 그러나 대부분의 비용은 고객이 가치를 두고 있는 것과 거의 관련 없는 곳에 쓰이고 있다. 생산적으로 쓰이는 적은 액수의 비용이 무엇인지 알아내서 이를 활성화시키고 나머지는 없애라.

핵심 원인을 개선하라

80/20 분석은 특정 문제가 발생하는 원인을 파악하고, 이익을 높이기 위해 어디에 힘을 집중해야 하는지를 알려준다. 출판사 경영을 예로 들어, 편집에 드는 비용이 전체 예산의 30%에 해당

한다고 가정해보자. 관리자는 작가가 원고를 늦게 끝내서 혹은 교정하는 시간이 오래 걸린다든지 책의 내용이 예정보다 많아진다든지 도표나 그림을 수정해야 한다든지 등 작업이 지연되는 여러 이유를 들 것이다.

세 달 정도의 기간을 잡고 그동안 조판 작업의 비용이 초과되는 원인들을 기록해보자. 시간이 초과될 때마다 그 주요 원인을 기록하자. 약속을 어겨서 나타나는 비용과 관련된 원인도 모두 기록해야 한다.

[도표 21]은 그 원인들을 자주 발생하는 순서대로 나타낸 것이고, [도표 22]는 그것을 80/20 그래프로 나타낸 것이다. 원인을 나타내는 막대를 높은 것부터 순서대로 배열해야 한다. 막대의 수치는 세로선의 왼편에, 비중누계는 세로선의 오른편에 기록한다.

[도표 22]를 보면 열다섯 가지 원인 중 세 가지 원인 때문에 80%의 시간 초과가 발생함을 알 수 있다. 비중누계 곡선은 처음의 다섯 가지 원인 다음부터 거의 수평을 유지하고 있는데, 수평 상태를 보이는 원인들이 '사소한 다수'에 해당한다.

가장 큰 원인 세 가지는 모두 작가와 관련된 것이다. 그러므로 출판사는 작가와의 계약서에 작가가 기한을 어기거나 교정할 부분이 너무 많은 글을 넘겨줘서 비용이 증가할 경우 이에 대한 책임이 작가에게 있다는 조항을 써 넣어서 이런 문제들을 해결할 수 있다.

때로는 원인이 발생하는 횟수가 아니라 그것이 비용에 미치는

원 인	횟수	비중	비중누계
1 작가들이 교정원고를 늦게 끝냄	45	30.3	30.0
2 작가들이 탈고를 늦게 끝냄	37	24.7	54.7
3 글의 교정이 많음	34	22.7	77.4
4 그림 수정이 필요함	13	8.6	86.0
5 예정보다 내용이 많음	6	4.0	90.0
6 교정이 늦어짐	3	2.0	92.0
7 편집이 늦어짐	3	2.0	94.0
8 승인이 늦어짐	2	1.3	95.3
9 디자이너의 컴퓨터 고장	1	0.67	96.0
10 디자이너의 수정 오류	1	0.67	96.6
11 편집자로 인한 스케줄 변경	1	0.67	97.3
12 마케팅으로 인한 스케줄 변경	1	0.67	98.0
13 인쇄로 인한 스케줄 변경	1	0.67	98.7
14 디자이너 해고	1	0.67	99.3
15 디자이너와 법적 분쟁	1	0.67	100
합계	150	100	100

[도표 21] 출판사 조판 작업의 진행을 지연시키는 원인들

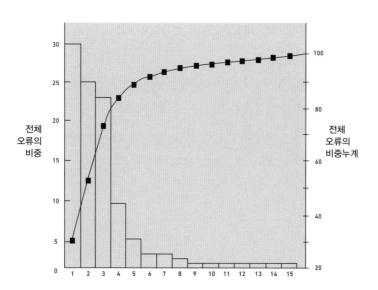

[도표 22] 조판 작업을 지연시키는 원인을 나타낸 80/20 그래프

영향을 기준으로 해서 80/20 그래프를 그리는 것이 더 효과적일 수도 있다. 그래프를 그리는 방법은 동일하다.

제공하는 가치와 지불하는 대가를 비교하라

지난 30년간 가장 효과적으로 원가를 절감하는 데 성공한 기업은 모두 성과의 비교를 중시했다. 경영자들은 성과가 낮은 분야에 대해 가장 수익성 높은 분야의 75~90% 수준까지 생산성을 높일 전망이 있으면 남기고, 그럴 가능성이 없는 분야는 퇴출시켰다.

그러나 실제로 80/20 법칙에 의거한 해결책은 최후의 수단으로 쓰이거나 잠시 실행되다 마는 경우가 허다하다. 만일 80/20 법칙이라는 단순한 해결책을 잘 활용하여 근본적인 조치를 단행한다면 기업의 성공 확률은 훨씬 높아질 것이다.

- 실제로 가치 있는 사업 활동은 극히 일부에 불과하다.
- 고객에게 제공하는 가치는 늘 불균등하다.
- 고객에게 제공하는 가치와 고객이 그 가치에 대해 지불하는 액수를 측정하고 비교해야 기업은 발전한다.

단순화의 위력

구조가 복잡할수록 비경제적이라는 사실을 명심하자. 구조가 단순한 사업은 복잡한 사업보다 항상 더 효율적이다. 복잡성의 정도가 같을 경우에는 사업의 규모가 큰 것이 유리하므로 기업은 클수록 더 효율적이다. 즉 규모는 크고 단순성은 높은 사업이 가장 좋은 사업인 것이다.

훌륭한 제품을 생산해내고자 한다면 간단한 것을 생산해야 한다. 복잡한 구조를 단순화시킴으로써 고객들에게 더 가치 있는 제품을 제공해줄 수 있다. 거대한 기업은 보통 많은 수의 비생산적인 제품, 공정, 고객, 특히 경영자들로 구성되어 있고, 이것들이 회사의 발전을 방해한다. 발전을 위해서는 회사를 단순화시켜야 하는데 여기에는 냉정한 결단과 단호한 실행이 요구된다. 바로 이 때문에 회사를 단순화하는 작업이 힘든 것이다.

14장
핵심 고객을 확보하는 4단계

성공 요인을 분석해본 사람이라면 성공의 배경에 80/20 법칙이 존재한다는 사실을 알게 된다. 성공한 사업의 성장, 이익, 만족의 80%는 20%의 고객에 의해 이루어지며, 회사가 미래의 발전을 위한 계획을 정확히 세우려면 그 20%의 고객이 누구인지를 알아야 한다.

– 빈 매닉틀러[1]

결과를 바꾸는 20%의 비밀

- 수익성, 만족도, 성장 잠재력이 가장 높은, 영향력 있는 소수의 시장과 고객에 집중하라. 그 20%의 고객에게 멋진 제품과 서비스를 제공하라.
- 수익의 80%를 창출하는 20%의 고객에게 기쁨을 주고, 평생 고객으로 만들고 매출을 확대하기 위해, 그리고 그들과 같은 신규 고객을 발굴하기 위해서는 특별하고 창의적인 노력을 기울여야 한다.
- 절대 잃어서는 안 되는 고객들이 있다. 대부분은 그렇지 않고, 적자를 내는 고객도 있다.
- 일부 영업 활동과 마케팅 활동은 놀라울 정도로 생산적이지만, 대부분은 비효율적이고, 손실을 초래할 때도 있다.
- 소수 고객으로부터 고수익을 올릴 수 있다면 그들에게 경쟁사보다 특별하거나 더 가치가 높은 제품과 서비스를 제공하려는 노력을 쏟아라. 이렇게 단순화한 아이디어로 성공을 끌어내라.

판매와 마케팅을 잘하려면 반드시 80/20 법칙을 잘 활용해야 한다. 또한 제품과 서비스를 생산해서 고객에게 제공하기까지의 과정에도 80/20 법칙을 꼭 활용해야 한다.

고객 중심 경영의 함정

80/20 법칙을 적용하기 전에 산업화와 마케팅에 관해 잘못 인식하고 있는 것들부터 바로잡자. 많은 사람들이 '현재 우리는 탈산업화 시대에 접어들었기 때문에 기업경영도 더 이상 생산 중심이 아닌 고객 중심, 마케팅 중심으로 바뀌어야 한다'고 하는데, 이 말은 잘해야 절반 정도만이 사실이다. 그 이유를 설명하려면 기업의 역사를 먼저 살펴보아야 한다.

산업 초기에 기업은 무의식적으로 주요 고객과 시장에만 주력했다. 당시 회사들은 규모가 작았기 때문에 특별한 마케팅 전략 없이도 고객의 요구에 잘 대응할 수 있었다.

산업혁명 이후 애덤 스미스가 모델로 내세운 핀 제조 공장과 같은 대기업이 생기고 분업화되면서 생산라인도 점차 확대되었다. 규모가 커지자 대기업들은 대개 고객의 요구보다는 값싼 제품의 대량생산 자체에 역점을 두기 시작했다. 당시 헨리 포드는 자신의 회사에서 생산한 자동차 모델T를 언급하면서, 고객들이 소유할 수 있는 모델T의 색상은 "검은색에 한해서라면 어떤 색이든 선택할 수 있다"는 유명한 말을 남겼다. 1950년대 말까지 대기업은 모두 생산 중심으로 경영되었다.

오늘날 상술이 뛰어난 상인이나 기업가들은 이전의 생산 중심 경영 방침을 비웃는다. 사실 헨리 포드의 시대에는 그의 방식이 절대적으로 옳았다. 적은 비용으로 더 뛰어나고 단순한 제품을 만들어야 한다는 그의 주장은 오늘날의 풍족한 소비 사회를 만들어낸 기초가 되었다. 생산비가 적게 드는 제품을 생산했던 공장들은 점차 많은 제품을 만들어냈고, 예전에는 기업에게 무시당했던 고객들도 이 제품들을 구입할 수 있게 되었다. 또한 거대한 규모의 시장이 형성되면서 이전에는 볼 수 없었던 소비의 위력이 나타났다. 생산비가 적게 드는 제품, 판매량 증가, 더 많은 노동시장 창출, 구매력의 향상, 증가한 생산단위, 원가 절감, 판매량 증가 등으로 이어지는 상향식 나선형의 형태를 띠며 선순환하게 된 것이다.

어떤 면에서 본다면 헨리 포드는 생산 중심의 시스템을 고수한 사람이 아니었다. 왜냐하면 그는 일반 시민들에게 수준 높은 서비스를 제공한 창의적인 기업인이었기 때문이다. 1909년 포드는 '자동차의 대중화'가 자신의 목표라고 말한 바 있는데, 당시에는 부유한 사람들만 차를 소유할 수 있었던 것을 생각해보면 그의 목표는 황당한 것이었다. 하지만 모델T가 그 이전의 차보다 낮은 원가로 대량생산되면서 그의 목표는 이루어질 수 있었다. 그리하여 우리는 포드 덕분에 '수많은 경적 소리[2]'를 들을 수 있게 된 것이다.

대량생산과 혁신은 자동차에만 국한되지 않았다. 시장조사의 결과에 따라서만 제품을 생산했다면 냉장고부터 아이폰에 이르는 제품은 존재하지 않았을 것이다. 19세기에는 냉동식품을 보관할 기계가 없었기 때문에 사람들이 냉동식품을 먹고 싶어 하지 않았을지도 모르는 일이다.[3]

1960년대는 마케팅, 지금은 고객 만족의 시대

제품 생산에 초점을 맞춘 전략은 큰 성공을 거뒀지만, 시간이 흐를수록 점차 결점이 드러나기 시작했다. 1960년대에 시어도어 레빗을 비롯한 경영학 교수들은 마케팅 중심의 전략을 세우라고 충고했다. 레빗 교수는 1960년대에 「하버드 비즈니스 리뷰Havard Business Review」에 발표한 기념비적인 논문 '근시안 마케팅Marketing myopia'을 통해, 제품 생산보다 고객 만족에 중점을 두어야 한다는 점을 역설했다. 당시 이것은 매우 혁신적인 주장이었다. 이후 기업가들은 고객의 마음을 얻기 위해 노력했고 비교적 새로운 분야라 할 수 있는 시장조사 분야가 확장되어 고객들이 원하는 제품이 무엇인지를 알아낼 수 있었다.

마케팅은 경영대학원에서 가장 중요한 과목이 되었고, 기업의 최고경영진을 생산 전문가에서 마케팅 전문가로 바꾸는 경향이 대세를 이루었다. 대중소비시장은 사라지고 제품과 고객의 세분화가 경영의 핵심으로 자리 잡았다. 1980년대와 1990년대에 최고의 성공과 발전을 이룬 기업들의 목표는 바로 고객 만족, 고객 중심, 고객의 행복 등이었다.

고객 중심 전략의 허점

마케팅 중심, 고객 중심 전략은 올바른 경영방식이긴 하나 잠재적으로는 치명적인 영향을 끼칠 수 있다. 제품의 종류가 다양하거나 비생산적인 고객이 늘어나면 단위당 비용이 증가해 이익이 감소하기 때문이다.

생산의 효율성이 점점 높아지면서 오늘날 제조원가는 전체 비용의 극히 일부에 불과하다. 1,000원짜리 상품의 경우는 10원도 채 안 되는 경우가 많을 것이다. 대부분의 비용은 생산 이외의 현장에서 발생한다. 그리고 제품의 종류를 늘릴 경우 제조원가 이외의 비용이 폭발적으로 증가하므로 회사에 치명적일 수 있다.

이와 유사하게 너무 많은 고객을 확보하려고 하는 것도 마케팅과 판매에 드는 비용을 증가시키며, 고객 확보를 위해 지나치게 낮은 판매가격을 유지해야 하는 위험을 감수해야 하는 경우도 있다.

80/20 법칙을 활용하면 생산 중심과 마케팅 중심 전략을 통합할 수 있으며 회사에 이익이 되는 고객과 효율적인 마케팅에만 노력을 집중할 수 있다.

80/20 법칙은 마케팅의 바이블

일반적으로 기업에서 이용하고 있는 마케팅 중심, 고객 중심 전략은 그중 20%만 옳고 나머지는 잘못된 것이다.

여기에 중요한 규칙 세 가지가 있다.

- 마케팅은 현재 생산 중인 제품과 서비스 중 전체 이익의 80%를 만들어내는 20%에 중점을 두어야 한다.
- 전체 이익과 판매의 80%를 구성하는 20%의 고객들을 만족시키기 위해 특별한 노력을 기울여 이들이 더 많은 제품을 구입하게 해야 한다.
- 생산과 마케팅 사이에는 대립 관계가 존재하지 않는다. 만일 자신이 목표로 삼고 있는 고객들에게 판매하고자 하는 물건이 차별화된 것이거나, 다른 곳에서 구입할 수 없는 것이거나, 또는 제품·서비스·가격 면에서 다른 회사 물건보다 훨씬 높은 가치를 가지고 있다면 마케팅에 성공할 것이다. 전체 제품 중 20%가 이런 조건을 갖춘 제품일 것이고, 이 20%에서 전체 이익의 80% 이상이 나온다. 그러나 이 조건에 맞는 제품이 없다면 자신이 취할 수 있는 유일한 길은 회사 구조를 혁신하는 것이다. 이 단계에서는 반드시 제품 중심의 전략을 세워야 한다. 모든 혁신은 제품 중심으로 일어나며, 새로운 제품이나 서비스를 생산하지 않고는 혁신이 불가능하다.

이익이 높은 소수의 제품과 시장에 집중하라

여러분 회사의 간접비와 각 제품의 원가를 따로 계산해보면 총매출의 20%를 차지하는 제품이 전체 이익의 80%를 만들어내고, 전체 제품의 20%가 80%의 이익을 가져온다는 결과도 나타날 것이다. 캘리포니아주 새크라멘토에서 랠리즈Raley's 화장품 회사의 소매점을 하고 있는 빌 로치는 다음과 같이 말한다.

제품의 20%에서 80%의 이익이 나왔다. 소매상으로서 내가 궁금한 것은 나머지 80%의 제품 일부를 판매하지 않아도 매출액이 감소하지 않을까 하는 점이다. 화장품 회사 측에서는 그럴 경우 큰 손해를 볼 것이라고 말하지만, 소매상들은 어느 정도의 제품은 판매하지 않아도 상관없을 것이라고 말한다.[4]

이상적인 방법은 가장 잘 팔리고 이익이 많이 남는 립스틱 20%를 더 많이 진열해놓고 판매가 가장 저조한 제품들은 팔지 않는 것이다. 가장 잘 팔리는 제품을 집중적으로 공급하면 수익성이 높은 20%의 제품에서 상점이 얻는 이익은 급증할 것이다. 앞의 이야기에서 화장품 회사가 '매출액이 감소하지 않을까' 하고 걱정했던 것처럼, 수익성이 낮은 80%를 정리하지 못하는 데는 항상 그럴듯한 이유가 있다는 것에 주의하자. 고객들은 물건이 많이 진열되어 있는 것을 좋아하기 때문에 제품의 종류가 줄어들 경우 매출액이 감소할 것이라는 변명은 터무니없는 주장이다. 실제로 이와 같은 상황을 조사해보면, 수익성이 낮은 제품을 판매하지 않을 땐 고객들에게 부정적인 인상을 조금도 심어주지 않으면서도 동시에 이익이 크게 증가했다.

왁스나 광택제, 기타 세차 관련 용품을 만들어내는 한 회사는 제품을 세차장에서 판매했다. 이론에 따르자면 그다지 쓸모없는 빈 공간에 제품들을 진열해놓을 경우 어쨌거나 제품이 팔릴 때마다 이익을 얻게 될 것이므로 꽤 합리적인 방법이었다.

그러나 이 회사가 다른 회사에 인수되고, 새 경영자가 회사의 판매 현황을 분석한 결과 이 사업에도 전형적인 80/20 법칙이 적용되고 있음을 알게 되었다. 즉 회사 총매출의 80%를 20%의 소매점이 벌어들이고 있었던 것이다.[5] 한편 가장 저조한 판매율을 보이는 50개 세차장을 조사한 결과 제품들은 구석에 처박혀 있거나 눈에 잘 띄지 않는 곳에 진열되어 있었고, 어떤 세차장에는 물건이 충분히 구비되어 있지 않았다. 경영자는 판매가 부진한 세차장 주인들에게 물건을 충분히 구비해놓고 운전자의 눈에 잘 띄는 위치에 진열하라고 요구했지만 효과가 없었다.

이 회사는 판매 실적이 가장 좋은 20%의 세차장에 더 집중해야 했다. 상위 20%의 세차장은 어떤 식으로 제품을 판매하고 있으며 이들의 판매량을 더 늘릴 방법은 무엇인가? 이들 세차장의 공통점은 무엇이며, 어떻게 하면 이처럼 판매 성과가 높은 소매점을 확보할 수 있는가? 판매량이 높은 소매점들은 전문적인 판매망을 보유하고 있으므로 회사 측에서는 부진한 상점의 판매량을 끌어올리려고 하기보다는 판매율이 높은 소매점을 더 발전시켜야 했던 것이다.

구매율이 높은 소수의 고객에게 집중하라

가장 잘 팔리는 소수의 제품에 노력을 집중하는 것도 중요하지만, 구매율이 가장 높은 소수의 고객에게 관심을 집중하는 것은 그 이상으로 중요하다. 마케팅 분야에서 뛰어난 성과를 얻고 있는 사람들은 이 점을 잘 알고 있다. 전기통신 분야의 경우 다음과 같은 예를 들 수 있다.

> 경쟁자에게 빼앗길 경우 가장 손해가 막심한 부분에 관심을 집중하라. 대부분의 경우에 80/20 법칙이 적용된다. 전체 영업이익의 80%가 20%의 고객으로부터 나온다. 이익기여도가 큰 고객이 누구인가를 알아내서 그들의 요구를 반드시 충족시켜라.[6]
>
>   – 존 해리슨

계약관리 분야의 예도 살펴보자.

> 80/20 법칙을 기억하라. 이익의 80%를 차지하는 20%의 고객과 긴밀한 관계를 유지하라. 매주 일요일 밤마다 그 20%에 해당하는 고객들의 계약서 파일을 검토하고 메모하며, 오랫동안 연락을 취하지 못한 고객에게는 카드를 써 보내거나 전화 연락을 하라.[7]
>
>   – 진저 트럼피오

성공적인 마케팅 전략은 회사의 제품이나 서비스를 가장 많이 구입하는 소수의 고객을 집중 공략하는 것이다. 소수의 고객이 많은 제품을 사는 반면 다수의 고객은 적은 양의 제품을 산다. 중요한 것은 자주 그리고 많이 구입하는 소수의 핵심 고객들

이다.

　모든 고객들에게 관심을 쏟기란 사실상 불가능하다. 전체 고객 중 중요한 20%에 관심을 쏟는 것이 모든 고객에게 관심을 두는 것보다 더 쉽고, 더 많은 이익을 가져다준다.

핵심 고객을 사로잡는 4단계

　우선 중요한 20%의 고객이 누구인지 알아야 그들을 목표로 삼을 수 있다. 그다음 해야 할 일은 이 주요 고객들에게 특별한 서비스를 제공하는 것이다. 댄 설리번이라는 컨설턴트는 성공하고자 하는 보험 대리점에게 다음과 같이 충고하고 있다.

　"20%에 해당하는 주 거래처를 정해 아주 특별하고 우수한 서비스를 계속 제공하라.[8] 그들이 필요로 하는 것이 무엇인지를 미리 알아차리고 무언가를 요청할 때는 특수 기동대처럼 신속하게 움직여라."

　진정한 성공 방법은 당연히 제공해야 하는 것보다 더 많은 서비스, 그리고 평균 이상의 획기적인 서비스를 제공하는 것이다. 비록 단기적으로는 비용이 들겠지만, 미래에는 이것이 장기적인 이익이 될 것이다.

　또한 새로운 제품이나 서비스를 20%의 주요 고객의 기호에 맞추고 이들에게 판매하는 것도 방법이 된다. 시장점유율을 높이려면 현재의 주요 고객들에게 제품을 판매하려는 노력이 중요하다. 이는 판매 기술에 관한 얘기가 아니라 주요 고객들과 접촉하고 그들의 요구에 맞추어 기존의 제품을 개선하거나 완전히 다른 신제품을 만들어내는 것에 관한 얘기이다.

마지막으로, 주요 고객을 평생 고객으로 만드는 것을 목표로 삼아야 한다. 주요 고객은 은행에 예금해놓은 돈과 같은 존재다. 이런 고객을 놓친다면 회사의 이익은 크게 감소할 것이다. 특별한 서비스를 제공하면 주요 고객들이 제품을 더 많이 구입하게 되므로 단기적으로 이익이 증가한다. 그러나 이익이란 어떤 활동이 일어난 직후 나타나는 결과에 불과하므로 사업이 얼마나 탄탄한가를 측정하는 기준은 바로 주요 고객과 회사의 관계가 얼마나 밀접한가 하는 데 있다.

훌륭한 고객을 확보하고 있는 것은 어떠한 경우에라도 이익을 만들어낼 수 있는 토대가 된다. 만일 주요 고객을 잃기 시작한다면 단기적으로 이익을 늘리기 위해 온갖 방법을 다 쓰더라도 결국 도산하고 말 것이다. 그러므로 주요 고객이 빠져나가기 시작하면 가능한 한 빨리 사업체를 팔거나 경영자를 해고하라. 이와 반대로 주요 고객들이 만족감을 느끼는 회사는 분명 장기간 발전할 것이다.

20%의 주요 고객을 만족시켜라

이 장의 시작 부분에서 우리는 기업이 생산 중심에서 마케팅 중심으로 바뀌는 과정을 살펴보았고, 20%가 아닌 100%의 고객에게 주의를 기울일 경우 마케팅에 들어가는 자원이 지나치게 많아진다는 점도 이야기했다. 그러나 20%의 주요 고객에게는 마케팅 비용을 충분히 투입해야 한다. 이들에게 많은 비용과 노력을 쏟아붓는다면 엄청난 이익을 얻을 것이다.

100%의 고객에게 모두 관심을 기울일 수는 없지만 20%의 고객에게는 관심을 집중할 수 있다. 마케팅 담당자들의 주요 임무는 이 20%의 고객을 집중 관리하는 것이다. 이는 회사의 모든 직원이 실행해야 하는 것이기도 하다. 고객은 회사의 모든 직원이 들인 노력의 결과를 보고 판단하기 때문이다.

80/20 법칙을 적용한 판매 전략

판매는 고객과 의사소통을 하고 이들의 의견을 들을 수 있다는 점에서 마케팅과 매우 유사하다. 80/20 사고방식은 마케팅뿐만 아니라 판매에서도 매우 중요하게 적용된다.

우수한 판매 실적을 거두기 위해서는 무엇보다도 평균적인 사고를 넘어 80/20 법칙에 따라 생각해야 한다. 어떤 영업사원들은 한 해에 엄청난 고액 연봉을 받는 반면 대다수의 영업사원들은 최저 임금을 받을 뿐이므로 평균 판매량은 기업이나 영업사원에게 아무런 의미가 없다.

하나의 영업부를 선택해서 80/20 분석을 적용해 연구한 결과에 따르면 상위 20%의 영업사원들이 전체 매출의 70~80%를 만들어낸다.[9] 사업을 하는 사람들에게는 이 사실이 회사의 이익을 높이는 중요한 열쇠가 될 것이다.

각 영업사원마다 판매량이 다른 이유는 두 가지로 나뉜다. 첫

번째는 영업사원의 판매능력과 관련된 것이고, 두 번째는 구조
상의 문제와 관련된 것이다.

성과가 높은 직원에게 관심을 쏟아라

사업분석가가 최근 분석자료를 복사해주었는데 그 자료에서
매출액의 73%가 20%의 영업사원들에게서 나온다는 사실을 발
견했다고 가정해보자.

이럴 경우 경영자가 내려야 하는 가장 훌륭한 명령은 '성과가
높은 영업사원들에게 관심을 쏟아라'지만 이런 명령을 내리는
경영자는 많지 않다. 우리는 '부서지지 않은 것은 고치지 말라'
는 격언을 따라서는 안 되며, 아직 부서지지 않았으면 앞으로도
부서지지 않도록 확실히 해둬야 한다. 고객들과 긴밀한 관계를
유지하는 것 다음으로 중요한 것은 성과가 높은 영업사원들과
긴밀한 관계를 유지하는 것이다. 그들이 만족할 수 있도록 배려
해야 하는데, 이는 항상 돈으로만 해결할 수 있는 것은 아니다.

다음으로는 최고의 영업사원들과 비슷한 사람을 선발해야 한
다. 자격이나 경력보다는 성격이나 태도가 중요하다. 최고의 영업
사원들을 한자리에 모아 그들의 공통점이 무엇인지를 알아보고,
그들이 자신과 비슷한 사람을 고용하도록 도움을 청한다.

세 번째는 최고의 영업사원들이 가장 많은 실적을 올린 때가
언제인가, 그때 어떤 특별한 점이 있었는가를 알아내는 것이다.
80/20 법칙은 사람뿐만 아니라 시간에도 적용된다. 즉 영업사원
의 성과 중 80%는 일한 시간의 20% 내에서 이루어진다. 한 컨

설턴트도 이를 주장하고 있다.

자신이 무엇인가를 판매하고 있다면 가장 많이 판매했던 때를 돌이켜보라. 그 주에 무슨 특별한 일을 했는가? 나는 야구 선수나 영업사원들이 미신을 믿는지 안 믿는지는 잘 모른다. 그러나 각 분야에서 성공하는 사람들을 보면 그들은 좋은 결과가 나타날 때 당시의 상황들을 파악하고 그 상황들이 변하지 않고 유지될 수 있도록 노력한다. 현재 좋은 실적을 올리고 있는 중이라서 어떤 상황도 변화시키고 싶지 않다 하더라도 영업사원이라면 속옷은 갈아입어야 하겠지만.[10]

네 번째로 투입량에 비해 산출량이 높은, 즉 효율이 좋은 방법을 전원을 대상으로 시도해보아라. 판매 방법에는 대중매체 광고, 개별 방문판매, 우편물 발송, 전화 등 여러 방법이 있는데, 그 중 시간과 돈을 가장 효율적으로 활용하는 방법을 더 많이 사용하라. 자신이 직접 방법별로 분석해볼 수도 있지만 최고의 영업사원들이 시간을 어떻게 활용하는가를 관찰하는 편이 더 빠르고 비용도 절약할 수 있을 것이다.

다섯 번째, 어떤 분야에서 성공을 거둔 판매팀과 실패한 팀을 서로 바꿔보자. 이 실험을 통해 우리는 좋은 실적을 올린 팀이 구조적인 어려움을 이겨낼 수 있는지 없는지를 알 수 있다. 만일 실적이 높은 팀이 과거 다른 팀이 실패했던 분야에서 성공을 거두고, 예전에 실패했던 팀이 새로운 분야에서도 다시 실패한다면 성공한 팀에게 어떻게 해야 할지를 물어보자. 아마도 팀을 흩어놓고 몇 명만 남겨두라고 대답할 것이다. 최근 나의 고객 중 한 기업은 해외에서는 성공을 거두고 있지만 국내에서는 시장을 계속 빼앗기고 있었다. 나는 그에게 두 팀을 서로 바꿔보라고 제안했다. 경영진은 해외팀은 외국어를 구사할 수 있는데 이들을 국내영업에 투입할 경우 재능을 낭비하게 된다는 이유를 들어 반대했지만 결국은 해외판매팀 중 하나를 국내판매팀으로 전환했으며, 국내영업이사를 해고한 후 대신 해외영업을 담당했던 젊은 간부를 그 자리에 앉혔다. 얼마 되지 않아 이전까지 계속 감소하던 국내 시장점유율이 다시 올라가기 시작했다.

마지막으로, 영업사원들을 훈련시키는 것은 어떨까? 판매실적을 향상시키기 위해 하위 80%의 영업사원들을 훈련시킬 만한 가치가 있을까, 아니면 훈련을 받더라도 이들 대부분은 실패하게 되어 있는 사람이니 시간 낭비일까?[11] 이 문제에 관해 각자 스스로 80/20 법칙에 따라 어떤 답이 나올지를 생각해보라. 내 대답은 이렇다.

- 앞으로 오랫동안 회사에서 일할 것이 분명한 사람들만 훈련시켜라.
- 최고의 영업사원들이 이들을 훈련시키게 하라. 최고의 영업사원들에게는 교육을 받은 사람들이 연수 후에 기록하는 실적에 따라 보상을 받도록 한다.
- 첫 번째 단계의 연수에서 가장 우수한 성적을 기록한 사람을 그다음 단계에서도 집중적으로 훈련시켜라. 훈련받

는 사람 중 성과가 큰 20%를 선택해서 훈련에 드는 전체 노력의 80%를 이들에게 집중하라. 만일 노력한 만큼 개선되리라는 기대를 하기 어렵다면 하위 30%의 연수를 중단하라.

판매 성과의 차이는 대부분의 경우 판매 기술 때문에 나타나지만 그렇지 않은 경우도 많다. 이 구조적 원인들도 80/20 법칙으로 관찰할 수 있다.

판매 기술이 판매를 좌우하는 것은 아니다

개인적인 능력 이상으로 판매에 영향을 미치는 구조적 원인들도 80/20 분석으로 알아낼 수 있다. 이 원인들을 해결하는 것은 개인적인 원인을 해결하는 것보다 더 쉽고 그 성과도 더 크게 나타난다. 구조적 원인은 대개 판매하는 제품과 대상 고객에 따라 다르다.

영업 분야를 보자. 20%의 영업사원이 매출액의 73%를 만들고, 16%의 제품이 전체 매출액의 80%를 차지하며, 22%의 고객이 77%의 매출액을 만들어낸다.

판매사원들을 자세히 관찰해보자. 검정색이 100명의 고객을 확보하고 있다고 할 때 검정색이 달성한 매출액의 80%는 그의 고객들 중 20%에서 나온 것이다. 초록색이 100개의 도시를 담당하고 있다면, 고객의 80%는 24개 도시에 집중해 있다. 흰색이 30가지의

물건을 판다면 이 중에서 여섯 가지 물건을 판 액수가 전체 매출액의 81%를 이룬다.[12]

영업사원은 80/20 법칙을 다음과 같이 적용해야 한다.

- 모든 영업사원들은 80%의 매출을 이루는 20%의 제품에 노력을 집중해야 한다. 수익성이 높은 제품과 수익성이 낮은 제품이 똑같은 액수만큼 팔린다 해도 그 가치는 네 배 정도 차이가 난다. 그러므로 수익성 높은 제품을 판매한 영업사원들에게 보상을 해주어야 한다.

- 전체 매출액과 이익의 80%를 구성하는 20%의 고객들에게 집중적으로 관심을 쏟아라. 영업사원들은 매출액과 이익에 기여도가 큰 순으로 고객들의 순위를 정하라. 그리고 중요하지 않은 일부 고객을 무시하는 한이 있더라도 20%의 주요 고객에게 80%의 시간을 투자하라.

- 매출액의 많은 부분을 차지하는 소수의 고객에게 시간을 투자해서 그들이 더 많은 제품을 구입하도록 만들어야 한다. 만일 이들에게 기존의 제품을 더 이상 팔 수 없게 되더라도 영업사원들은 계속 훌륭한 서비스를 제공해야 한다. 이렇게 함으로써 기존의 사업을 유지할 수 있고 주요 고객이 원하는 신제품이 무엇인지를 알 수 있게 된다.

- 상권과 지역별이 아니라 매출액과 이익의 규모에 따라 나누고 그 구분에 맞추어 판매팀을 구성하라. 마케팅 용어

로 말해서 '내셔널 어카운트national account'를 늘려야 한다. 이는 부서나 영업 지역과 관계 없이 어떤 제품의 구매결정권을 한 사람이 장악하고 있는 회사를 가리키는 용어로, 최고위 영업책임자는 이러한 회사를 직접 맡아서 핵심 고객에 걸맞은 대우를 해줘야 한다.

그러나 구매결정권이 분산되어 있는 회사라 하더라도 대규모 고객은 모두 내셔널 어카운트라고 생각하고, 납품처가 전국에 흩어져 있어도 전담 영업사원과 팀이 관리하도록 하는 것이 좋다. 컴퓨터어소시에이트인터내셔널Computer Associates International의 미국 판매담당 부사장인 리치 키아렐로는 이렇게 말했다.

상위 20%의 기업에서 80%의 수입을 벌어들일 것이라고 생각하고 있다. 그러한 기업에 대해서는 내셔널 어카운트로 대응한다. 그 기업의 구매 담당자가 어디로 전근을 가든 그 뒤를 쫓아갈 것이다. 또한 우리는 그 기업의 직원들을 알아내어 그들에게 우리 제품을 팔 전략을 세울 것이다.

- 수익성이 낮은 고객에게는 그들에게 쓰는 비용을 절감하고 주로 전화를 이용하라. 주요 고객에게 대부분의 시간을 투자하라고 하면 어떤 지역에서는 "우리가 감당할 수 있는 고객 수의 두 배에 이르는 고객을 맡게 된다"며 많은 영업사원들이 불평한다. 이를 해결할 수 있는 방법 중

하나는 수익성이 낮은 일부 고객을 포기하는 것인데 이는 최후의 수단이며, 이보다 좋은 해결책은 수익성이 낮은 80%의 고객에게 전화를 통한 판매와 주문 서비스를 제공하는 것이다. 이 방법은 직접 대면하는 것보다 훨씬 적은 비용이 들고 효율성도 높다.

- 과거에 자사 제품을 많이 구입했던 고객을 다시 찾아가봐야 한다. 즉 오래전에 사용했던 주소와 전화번호를 다시 활용하는 것이다. 이는 매우 성공적인 판매 기법이지만 잘 사용되지 않는 방법이기도 하다. 예전에 이 회사 제품을 구입하고 만족했던 고객이라면 다시 그 회사에서 물건을 구입하고자 할 것이다. 베인앤컴퍼니Bain & company의 창립자인 빌 베인Bill Bain은 한때 집집마다 방문하며 성경책을 팔았다. 한동안 아무 성과 없이 이 집 저 집을 다니던 끝에 한 가지 중요한 사실을 깨달은 그는 마지막으로 성경책을 팔았던 집을 다시 방문해서 또 한 권의 성경책을 팔았다. 이와 같은 기술을 이용한 또 다른 사람은 미국 최고의 부동산 중개업자인 루마니아계 이민자 니콜라스 바산Nicholas Barsan이다.

판매에서 나타나는 80/20 구조를 잘 활용한다면 평범한 영업사원은 뛰어난 영업사원이 될 수 있고, 뛰어난 영업사원은 최고의 영업사원이 될 수 있다. 더 뛰어난 영업사원들은 회사의 저조한 수익성을 반전시키는 즉각적인 효과를 가져다준다. 시장점유율과 고객 만족을 오래 유지하고 싶다면 영업사원들로 하여금 노력과 신뢰를 바탕으로 주요 고객들에게 최상의 서비스를 제공하고 그들이 원하는 것이 무엇인지 귀기울이도록 해야 한다.

운명을 좌우하는 소수의 고객들

일부 고객들은 기업의 발전에 매우 중요하지만 대부분의 고객들은 그렇지 않다. 어떤 판매 노력은 대단히 큰 성과를 거두지만 대부분은 비능률적이며 일부에서는 오히려 손해를 보기도 한다.

소수의 주요 고객들에게 독특하면서도 경쟁자보다 뛰어난 가치를 제공하는 방향으로 마케팅과 판매 전략을 전환하라. 그러면 후엔 더 많은 이익을 거둘 수 있을 것이다. 성공하는 기업들은 사업을 단순화시키는 이 간단한 법칙을 통해 성공을 이끌어낸다.

15장
성공으로 가는
10가지 포인트

격변기에는 모든 것이 빠른 속도로 진부해진다. 따라서
어제를 조직적으로 잘라냄과 동시에 자원을 계획적으로
집중시키는 것이 성장 전략의 기본이다.

– 피터 드러커

결과를 바꾸는 20%의 비밀

비즈니스에서 80/20 법칙을 활용하는 10가지 사례는 다음과 같다.

1   전략 수립과 수익성 분석

2   품질

3   비용 절감과 서비스 개선

4   마케팅

5   판매

6   정보기술

7   의사결정과 분석

8   재고관리

9   프로젝트 관리

10   협상

[도표 23]은 사업에 활용할 수 있는 80/20 법칙의 열 가지 항목이다. 앞에서 이미 여섯 가지 항목의 활용 사례를 들었으므로 여기에서는 남은 네 가지를 설명하겠다.

의사결정과 분석

사업을 하다 보면 많은 의사결정을 해야 한다. 그것도 빈번히, 신속하게, 더욱이 옳고 그른지 제대로 생각할 여유도 없이 하게 될 경우가 많다. 1950년 이후로 비즈니스 세계에서는 경영대학원이나 회계법인, 컨설팅 업계에서 배출된 경영학자나 분석에 능한 전문가들이 점차 활약의 폭을 넓혀왔다. 이들은 어떤 문제에 대해서든 대개 비용이 많이 드는 방대한 자료 수집과 분석 기법을 활용할 수 있는 사람들이었다. 분석은 아마도 지난 반세기 동안 미국의 모든 산업 가운데서 가장 눈부신 발전을 이룩한 분야라고 할 수 있으며 달 착륙과 걸프전과 같이 미국이 개가를 올린 분야에서도 결정적인 공헌을 해왔다.

분석을 과신하는 위험

그러나 분석이 꼭 좋은 면만 가지고 있는 것은 아니다. 본사 기능의 비대화(이제야 겨우 본사 스태프들이 축소되는 방향으로 바뀌는 것은 다행스러운 일이다), 고도의 수리적 사고를 하는 컨설턴트들이 퍼뜨린 최신의 유행 경영기법에 너무 심취하는 것, 실제로는 회사

1	경영 전략
2	품질
3	비용 절감과 서비스 개선
4	마케팅
5	판매
6	정보기술
7	의사결정과 분석
8	재고관리
9	프로젝트 관리
10	협상

[도표 23] 사업에 활용할 수 있는 80/20 법칙의 10가지 항목

의 가치 중 일부분만을 나타내고 있는데도 눈앞의 수익 분석에 일희일비하는 주식 시장의 근시안, 사업 초기에 가졌던 직관적인 자신감의 결여 등은 분석을 너무 과신함으로써 생기는 부작용이다. 특히 직관적인 자신감이 없어지면 판에 박은 듯한 '분석을 위한 분석'이 만연하는 데 그치지 않고 서구의 거대 기업들을 이끄는 최고경영진의 질을 떨어뜨릴 가능성도 있다. 마치 분석가들이 최고경영진들의 머리에서 환상을 몰아냈듯이 분석이 미래에 대한 선견지명까지 없애버린 꼴이 된 것이다.

간단히 말하자면, 미국이나 영국의 경영자들은 분석을 적절한 선에서 활용하지 못하고 있다. 민간기업 부문에는 분석이 넘치는 데 반해 공공부문에서는 분석이 거의 활용되지 못한다. 대기업들은 그 활용 빈도를 줄이되 보다 효율적으로 분석을 활용해야 할 필요가 있다.

80/20 법칙의 새로운 분석

80/20 법칙의 다음 주요 강령을 잘 기억해두자.

- 정말로 중요한 결과를 만들어내는 것은 오직 소수에 불과하다.
- 열심히 노력한다고 해서 의도한 결과가 나타나는 경우는 흔하지 않다.
- 지금 눈에 보이는 결과만으로 모두 성취한 것은 아니다. 모든 일에는 보이지 않게 숨어 있는 힘이 있다.
- 지금 현재 진행되고 있는 일 중에서 어떤 일이 불필요한 것인지 가려내어 제거하는 것은 항상 너무 복잡할 뿐더러 매우 피곤한 일이다. 그러니 어떤 것이 현재 필요한 것인지 알아낼 수 있을 때까지 전략을 자꾸 변화시켜야 한다. 그런 다음 그 전략이 효과가 있으면 계속 일정하게 그 상태로 유지하자.
- 대부분의 좋은 일들은 매우 생산적인 힘을 가진 아주 작은 소수 덕분에 일어나고, 나쁜 일 또한 극도로 해를 끼치는 소수의 원인 때문에 발생한다.
- 조직이건 개인이건 대부분의 활동은 시간낭비에 불과하여 원하는 결과에 실질적으로 아무런 도움이 안 된다.

80/20 의사결정의 5가지 원칙

첫 번째 원칙은 '진짜 중요한 결정은 그리 많지 않다'는 것이다. 어떤 일을 결정하기에 앞서 미리 두 개의 파일 박스를 머릿속에 그리고 하나에는 '중요한 결정'이라는 라벨을, 다른 하나에는 '별로 중요하지 않은 결정'이라는 라벨을 붙여두자. 20개의 결정 중 고작 하나 정도만이 중요한 결정이 된다는 사실을 염두에 두면서 마음속으로 어떤 결정들이 중요한지 가려내야 한다. 중요하지 않은 결정들에 대해서는 그다지 신경 쓰지 말고, 특히 비용과 시간을 많이 잡아먹는 분석은 절대 하지 말아야 한다. 가능하다면 중요하지 않은 것들은 남한테 전부 위임하는 것이 좋다. 그럴 수 없을 경우에는 옳을 확률이 51%가 넘는 쪽을 선택하면 충분하다.

두 번째 원칙은 '중요한 결정이란 자신이 깨닫지도 못하는 사이에 방향이 정해지는 경우가 많다'는 것이다. 중요한 전환점은 미처 인식하지 못하는 사이에 지나쳐버리기 때문이다. 예를 들면 주요 고객의 불만을 파악해서 개선할 만큼 고객과의 관계가 긴밀하지 않았기 때문에 고객이 등을 돌리는 경우가 있다. 혹은 PC 업계에서 IBM의 경쟁자들이 그랬듯이 당사자는 잘못 생각하고 있거나 감히 생각조차 하지 못했던 신제품을 경쟁자들이 개발해내는 경우도 있다. 혹은 유통망이 변했다는 사실을 미처 깨닫지 못하는 사이에 가장 큰 시장점유율을 기록하던 업계에서 선두 자리를 빼앗길 수도 있다. 아니면 신상품을 개발한 초기에는 그런 대로 성공을 거두었는데 별안간 다른 회사에서 그와 비슷한 제품을 수십억 개나 미친 듯이 쏟아낼 경우도 있다. 또는 연구개발 분야에서 일하던 멍청한 직원이 나중에 아마존 같은 회사를 차릴 수도 있다.

만일 이런 일들이 일어나면 수많은 데이터를 모으고 분석을 한다 해도 문제를 깨닫고 해결할 기회를 찾아내는 데 아무런 도움이 되지 못한다. 이러한 경우에 필요한 것은 직관과 통찰력이다. 잘못된 물음에 대해 옳은 대답을 찾아내는 데 힘을 쓰는 것보다는 올바른 질문부터 하는 것이 훨씬 중요하다는 이야기다. 위기의 전환점을 알아차릴 수 있는 기회를 놓치지 않고 파악하는 유일한 방법은 한 달에 한 번쯤 모든 자료들과 분석들을 무시하고 아래와 같은 질문들을 해보는 것이다.

- 잠재적으로 놀랄 만한 결과를 가져올 수 있는 어떤 미지의 문제나 기회가 눈치채지 못하는 사이에 발생하고 있는 것은 아닌가?
- 내 판단으로는 일이 잘 안 풀리거나 적어도 의도한 방향으로 풀리지 않는 것 같았는데 실제로는 잘 풀리고 있는 일은 무엇인가? 고객에게 만족을 주지 못한다고 생각했음에도 무슨 이유에서인지 고객은 아주 만족해하는 일은 무엇인가?
- 방향을 벗어나 잘못되고 있는 일은 없는가? 생각 자체가 잘못되어 처음의 목표와 완전히 다른 방향으로 가고 있는 일은 없는가?
- 중요한 일은 항상 아무도 눈치채지 못하는 사이에 수면 아래에서 진행된다. 지금도 뭔가 중요한 일이 일어나고

있지 않을까?

80/20 의사결정의 세 번째 원칙은 중요 결정을 위한 지침이다. 자신이 사용하는 시간에서 최초의 20% 안에 먼저 80%의 자료를 수집하여 80%의 분석을 하라. 그리고 나머지 시간을 100% 활용하여 결단을 내려라. 결정을 한 다음에는 그것이 옳다는 것을 100% 확신하고 과감히 행동하라. 기억하기 쉽게 이것을 '의사결정의 80/20/100/100 원칙'이라고 부르자.

네 번째 원칙은 '만일 결정한 일이 별 효과가 없다는 사실을 알게 되면 더 늦기 전에 빨리 마음을 바꾸는 것'이다. 넓은 의미에서 시장은 늘 변화무쌍하게 움직이므로 산더미 같은 분석 결과보다 시장 동향이 훨씬 믿을 만한 경제지표다. 실험을 두려워할 필요는 없다. 다만 잘못된 결정에 사로잡혀 문제 해결의 시기를 놓치는 잘못을 범하지 마라. 시장을 상대로 싸우지 말라는 뜻이다.

마지막으로 어떤 일이 '잘 진행된다면 그 일에 대한 투자를 두세 배로 늘려라.' 비록 그 일이 왜 성공을 거두고 있는지 이유는 잘 알 수 없다 해도, 하늘이 자신을 돕고 있다고 생각하고 가능한 한 최대의 힘으로 밀어붙여라. 벤처투자가들은 이 사실을 잘 알고 있다. 그들이 전략적으로 실행한 대부분의 투자는 기대치에 부응하지 못하지만 극소수의 탁월한 투자 몇 건이 모든 사람들의 상상을 훨씬 뛰어넘는 큰 성공을 거두기 때문에 그동안의 손실을 단번에 만회할 수 있는 것이다. 만일 사업이 계속 적자를 기록한다면 틀림없이 쓸모없는 부분이 있다고 의심해봐야 하고, 반대로 사업이 계속 예상을 초과하여 잘되고 있다면 그 사업이 열 배, 백 배 확장될 수 있는 좋은 기회가 있다고 봐야 한다. 이런 상황에서는 대부분의 사람들이 적당한 성장에 만족하지만, 승부수를 띄우는 사람들은 큰돈을 벌 수 있다.

재고관리의 80/20 법칙

업무를 단순화하려면 제품의 종류를 줄여야 한다. 재고관리는 80/20 법칙이 힘을 발휘할 수 있는 분야다. 기업이 흑자를 내고 현금 흐름을 원활하게 하기 위해서는 필수적으로 재고관리를 잘 해야만 한다. 또한 그 회사가 단순성을 추구하고 있는지 복잡성을 지향하고 있는지 확인해볼 수 있는 좋은 예기도 하다.

거의 모든 회사들이 필요 이상의 재고를 가지고 있다. 제품의 종류가 너무 많았던 것도 원인이지만 같은 품목 내에서 파생된 상품이 너무 많기 때문이다. 재고는 한 가지 품목에 대한 각 변종으로 파악하는 재고보유단위Stock-keeping unit, SKU로 측정한다.

재고는 거의 언제나 80/20 분포의 유형을 따른다. 말하자면 재고의 80%는 전체 매출이나 이익의 겨우 20%밖에 내지 못한다. 이 말은 잘 팔리지 않는 재고는 값이 비쌀 뿐더러 유지하는 데 매우 많은 돈이 든다는 뜻인데, 이런 제품은 어쩌면 본래부터 전혀 무익한 제품이었을지도 모른다.

재고관리에 대한 두 가지 조사 결과 중 하나를 먼저 살펴보자.

자료를 분석해보면 파레토의 80/20 법칙이 거의 사실에 가깝다는 것이 드러난다. SKU의 20%가 하루 출하량의 75%를 차지한다는 것을 알 수 있다. 또한 그 중요한 20%의 상품은 포장상자 단위로 출하되는 경우가 많고 1SKU가 몇 개의 포장상자로 구성되어 있다. 나머지 80%의 SKU는 하루 출하량의 25%를 차지하고 있을 뿐이다. 그러한 상품은 출하되는 양도 매우 적고 1SKU가 불과 몇 개의 낱개 상품으로 구성되어 있다.

– 피터 서스카인드, 『IIE 솔루션』, 1995년 8월 1일[1]

위의 예에서 보듯 재고의 20%는 이익을 많이 내고 80%는 별로 이익을 내지 못한다. 또 다른 경우는 전자 시스템을 도입한 창고의 사례다. 그렇게 하기 전에는 처음 단계에서 재고가 적절한 수준인지 알기 위해 결정을 내려야 했다.

연구에서는 80/20 법칙과 다른 결과가 나왔다. SKU의 20%가 출하량의 80%를 점하지는 않았다. 전체 SKU의 불과 0.5%에 해당하는 144SKU가 출하량의 70%를 점하고 있었다.

– 게리 포저, 『모던 머티어리얼 핸들링』, 1994년 4월 1일[2]

다시 한 번 말하지만 나는 제품에 대해 전혀 아는 바가 없더라도 전체 매출에서 상위 0.5%의 재고보유단위가 나머지 95.5%

보다 훨씬 이익을 많이 낸다고 생각하는 것이 타당하다고 생각한다.

나는 필로팩스의 경우를 잊을 수 없다. 나는 그 회사의 재고관리를 개선해주고 거액의 보상을 받았었다. 당시 내 파트너였던 로빈 필드의 글에서 이에 관한 부분을 인용해보자.

1980년대 후반 필로팩스의 디자인이나 기능은 거의 변하지 않았는데도 제품의 종류는 엄청나게 늘어났다. 바인더로서의 기능은 같아도 조금씩 크기가 다른 것부터, 표지로 사용하는 가죽을 서로 다르게 만든 것까지 수많은 종류의 제품이 생산되고 있었다.

이제까지 특이한 동물의 이름만 들으면 노먼과 힐은 그 동물의 가죽을 표지로 한 수천 종류의 바인더를 만들어 팔며 자랑스럽게 제품 카탈로그에 사진을 싣고, 창고 안에 물건을 잔뜩 쌓아놓았을 것이다. 나는 1990년에는 생전 들도 보도 못한 '카룽Karung'이란 동물의 가죽으로 만든 수많은 제품을 받았다.

또한 브릿지게임, 체스, 사진, 조류관찰, 파도타기 등 무엇이든 취미를 말하기만 하면 노먼과 힐은 그 용도에 맞는 삽입용지(挿入用紙)를 만들어내고, 역시 카탈로그에 싣고 창고에 재고를 쌓아두었다.[3] 그 결과 아무 쓸모도 없는 재고가 산처럼 쌓이고 재고관리가 지나치게 복잡해져서 경영상의 부담만 커졌다. 그리고 우리와 거래하던, 수첩을 취급하는 소매점들도 완전한 혼란 상태에 빠졌다.

재고관리의 포인트

재고관리를 잘하기 위해서는 네 개의 핵심사항만 잘 알면 된다. 수익성이 낮은 제품을 근본적으로 제거하라는 말은 앞에서도 언급했다.

생산하는 전체 제품의 품목을 나열한 다음 우선 잘 팔리지 않는 제품부터 시작하여 파생 상품의 종류를 줄여나가는 것이 가장 쉽고 간단한 방법이다. 먼저 잘 회전되지 않는 상품부터 생산을 중단해야 한다. 잘 팔리지 않아 없애려는 제품을 보고 '그래도 꼭 필요로 하는 고객이 있다'고 말하는 사람이 있어도 그 사람의 말에 절대로 귀 기울이지 마라. 만일 그렇게 말하는 사람이 있다면 이미 그 제품은 더 잘 팔렸어야 옳다.

공급사슬에서 자신과 연결되어 제품의 부가가치 생산을 담당하는 다른 부분의 사람들, 즉 물품 공급자나 고객에게 재고관리 문제나 비용을 전가시키도록 노력하라. 가장 이상적인 해결책은 재고를 아예 없애는 것이다. 정보기술의 발달 덕분에 이런 일은 점차 가능해졌으며, 그에 따라 비용을 절감하면서도 서비스 수준은 높이는 것도 실현할 수 있게 되었다.

마지막으로 불가피하게 어느 정도의 재고를 보유해야 한다면 80/20 법칙을 활용하여 비용을 절감하고 포장과 출하의 스피드를 높일 수 있는 방법이 많이 있으니 그것들을 쓰면 될 것이다.

창고 내 작업의 80%는 단지 20%의 재고를 취급하는 데 투자되고 있다는 80/20 법칙은 여러 분야에 활용할 수 있다. 크기와 무게에 따라 구역을 나누고, 다시 출하빈도에 따라 선반을 나누었다. 기본적으로 잘 나가는 제품은 가능한 한 작업자의 동선을 최소화하고 피로감을 줄일 수 있도록 어깨에서 허리 사이의 손이 닿기 쉬운 높이에 두어야 한다.

– 레이 크루위에크, 『모던 머티어리얼 핸들링』, 1995년 7월 1일[4]

재고 제로의 시대

과거에는 창고라고 하면 빛바랜 작업복을 입고 지저분한 노동을 해야 하는 장소라는 이미지가 강했지만, 오늘날 재고관리는 매우 빠르게 발전하는 유망 분야임에 틀림없다. 컴퓨터를 통한 온라인 주문방식의 도입으로 '사이버 재고관리' 시스템이 보급되면서 비용을 낮추면서도 유통업자와 고객들에 대한 서비스는 향상되고 있다. 의료기구 공급업체인 백스터인터내셔널Baxter International's 같은 혁신기업들은 '고객밀착형' 재고 시스템으로 커다란 성공을 거두고 있다. 모든 업종에서 가장 중요한 고객, 단순한 제품 구조, 단순한 유통 경로와 단순한 배달 체계에 초점을 맞추는 것이 성공의 핵심 요소가 되고 있다.

80/20 법칙은 또한 기업의 가치를 창조하는 데 점차 중요한 요소가 되고 있는 프로젝트 관리에서도 활발하게 잘 적용되고 있다.

프로젝트 관리

기존의 경영 구조는 이제 부적절한 것으로 드러나고 있으며 개선되기는커녕 나날이 악화되고 있다. 경영진은 부가가치를 창출하기보다 오히려 파괴하는 경향이 더 많다. 진정으로 중요한 고객을 위해 기존의 가치를 창조하는 구조를 파괴하는 수단, 혹은 그 지름길이 바로 프로젝트다. 최고경영진에서 평사원에 이르기까지 비즈니스에 종사하는 사람들 중 매우 의욕적으로 일하고 있는 사람들 대부분은 특정 업무에만 매달리지 않고 수많은 프로젝트 사이를 오가며 일한다.

프로젝트 관리란 특이한 업무다. 프로젝트를 수행하기 위해서는 회사의 조직에서 떨어져 나와 상하관계가 아닌 수평관계의 팀을 구성해야 한다. 다른 한편으로 팀은 혁신과 임기응변을 필요로 하기 때문에 팀의 구성원들은 자신이 어떤 일을 해야 하는지 충분히 알지 못하는 경우가 대부분이다. 프로젝트 관리자의 임무는 바로 팀의 구성원들이 정말로 중요한 몇 가지 일에 집중하도록 만드는 것이다.

목표를 줄여라

우선 업무를 단순화시켜라. 프로젝트는 단순히 하나의 프로젝트로 끝나지 않고 몇 개의 프로젝트가 한데 얽혀 있는 경우가 대부분이다. 프로젝트는 중심 과제와 일련의 부수적인 일로 이루어져 있다. 그렇지 않으면 동일한 프로젝트에 관계된 서너 개의 중심 과제가 있을 수도 있다. 자신이 잘 알고 요점을 정확히 파악할 수 있는 프로젝트에 대해 생각해보아라.

프로젝트는 조직복잡화의 법칙을 따른다. 프로젝트 목표의 수가 많으면 많을수록 만족할 만한 성취를 위한 노력은 기하급수적으로 늘어난다.

어떤 한 프로젝트에서 가치의 80%는 프로젝트를 수행하려는 활동의 20%에서 창출되고, 나머지 80%의 활동은 쓸데없이 복잡하기 때문에 발생한다. 그러므로 불필요한 부분을 제거하고 하나의 단순한 목표가 정해지기 전까지는 프로젝트를 시작하면 안 된다. 불필요한 것은 과감히 버려라.

불가능한 기한을 설정하라

불가능한 기한을 설정하면 프로젝트 팀은 정말로 고부가가치의 업무에 매달릴 수 있게 된다.

> 불가능한 기한에 직면하면 프로젝트의 구성원들은 성과의 80%를 달성하는 데 필요한 20%의 일이 무엇인지 찾아내 실행할 것이다. 여분이 있으면 반드시 낭비가 발생하게 되는 것이 세상의 이치다. 시간 또한 그렇다.
>
>   ― 마이클 알. 데이비드 피니, 『슬로언 매니지먼트 리뷰』, 1994년 3월 22일[5]

엄격한 조건을 부과하라. 인간은 절망적인 상황에서 창의적인 해결책을 떠올린다. 4주 만에 시제품을 만들고 3개월 내에 견본을 출하하도록 하라. 이렇게 압력을 가하면 개발팀은 80/20 법칙을 적용하지 않을 수 없게 되어 낭비적인 일을 안 하게 된다. 계산된 리스크란 이러한 것이다.

– 델릭 딘, 로버트 도브락스, 안드레 호렌, 「매킨지 쿼터리」, 1994년 6월[6]

행동하기 전에 먼저 계획을 세워라

프로젝트에 할당된 시간이 짧으면 짧을수록 상세하게 계획을 짜고 심사숙고하는 데 더 많은 시간을 배정해야 한다. 내가 베인앤컴퍼니의 파트너였을 때, 가장 중요한 고객에게 만족할 만한 경영자문을 제공하면서도 시간낭비를 최소한도로 줄여 가장 높은 이익을 기록했던 프로젝트는 바로 실행 시간에 비해 준비 기간이 훨씬 길었던 프로젝트였다.

계획 단계에서는 해결하려고 하는 모든 중요한 항목들을 전부 열거해보라. 만일 그 항목들이 일곱 개를 넘는다면 덜 중요한 사항들은 빼라. 그리고 순전히 추측이라 할지라도 그 해결책에 대해 가설을 세워본다. 하지만 추측이라도 가장 최선의 추측을 해야 한다. 그다음에는 추측한 가설이 옳은지 그른지를 확인하기 위해 어떤 정보를 수집해서 처리해야 하는지, 그리고 해결하는데 어떤 과정이 필요한지 파악하라. 더불어 누가 언제 어떤 일을 해야 하는지 결정하라. 전에 한 추측과 상황이 다르거나 새로운 정보를 얻게 되면 계획을 재검토한다.

실행하기 전에 먼저 설계하라

특히 프로젝트 과정에 제품이나 서비스의 시험적 설계가 필요하다면 먼저 설계 단계에서 가장 가능성 있는 해결책을 얻어내라. 설계 단계에서 발생한 20%의 문제는 프로젝트가 본격적으로 실행되었을 때 발생하는 비용과 초과예산의 80%를 야기할 것이다. 이러한 위험한 문제들의 80%는 설계 단계에서 발생하므로 미리 바로잡도록 한다. 나중에 실행 단계에서 바로잡으려면 전면적으로 재작업을 해야 하고 심할 경우에는 모든 설비를 재배치해야 하는 등 비용이 어마어마하게 많이 들기 때문이다.

협상의 비밀

협상은 비즈니스에 활용 가능한 80/20 법칙의 열 가지 항목 중 마지막 항목이다. 협상에 대해서는 이미 많은 연구가 이루어져 있다.

80/20 법칙의 관점에서 추가할 것은 단지 두 가지에 불과하지만 이것들은 대단히 중요한 사항이다.

사소한 다수를 양보하고 중요한 소수를 취하라

논점이 되고 있는 문제의 20% 이하가 성과의 80% 이상을 좌우한다. 협상의 두 당사자 모두 20%를 잘 파악하고 있다고 생각할지 모르지만, 대개의 경우 사람들은 별로 중요하지 않은 것까지 자신한테 유리한 쪽으로 결론을 내기 위해 애쓰는 경향이 있고, 그러다 보면 사소한 것에서 상대방의 양보를 이끌어내는 대신 정작 중요한 부분에서는 불가피하게 양보할 수밖에 없는 상황으로 몰리는 경우가 흔히 발생한다.

그러므로 협상에 들어가기에 앞서 '미끼'로 사용할 요구사항들의 목록을 가능한 한 길게 작성해보라. 중요한 것은 그것들이 자신에게 매우 중요한 것처럼 보이도록 만들어야 한다는 것이다. 또한 이러한 요구사항은 본래부터 터무니없거나 아니면 적어도 상대방에서 출혈을 감수하지 않고는 양보할 수 없는 사안들이어야 한다(그렇지 않으면 상대방이 '미끼용' 요구사항을 한꺼번에 수용함으로써 많은 양보를 했다는 입장을 세울 수 있으므로 애초 의도와 달리 곤경에 빠지게 된다). 그리고 협상의 마지막 단계에서 별로 중요하지 않은 미끼용 사안들을 양보해주는 조건으로 정말 중요한 사안에 대해선 자기가 원하는 쪽으로 상대의 양보를 얻어낼 수 있다.

예를 들어 자신이 생산하는 중요한 제품에는 100가지의 부품이 들어가는데 그 100개 모두를 공급하고 있는 납품업자와 가격을 두고 협상을 벌이고 있다고 가정해보자. 어떤 제품을 만드는 데 드는 비용의 80%를 구성하는 것은 전체 부품의 20%다. 그렇다면 이 20%의 부품가격에 신경을 집중하게 될 것이다. 그러나 협상 초기에 너무 일찍 나머지 80%의 부품에 대한 가격에서 상대의 작은 양보를 받아낸다면 협상에서 중요한 것을 내주는 꼴이 되고 만다. 그러므로 그 80%의 부품이 실제로는 별로 중요하지 않다 해도 그중 몇 가지의 매입가격이 회사 전체의 성과에 큰 영향을 미친다고 설득력 있게 말하며 터무니 없는 수준의 가격 인하를 강경하게 주장해야 한다.

성급하면 실패한다

또 하나 주의할 점은 대부분의 협상이 결정적인 파국을 맞지 않는 한 긴 시간 동안 서로의 허실을 탐색하며 대립한 끝에 타결된다는 점이다. 그런데 아직 협상 시한이 많이 남았는데도 초기부터 성급하게 뭔가 진척시키려는 것을 흔히 볼 수 있다.

> 협상을 할 때 시간에 쫓기면 제대로 성과를 거두기 어렵다. 대개 쟁점에 대한 양보의 80%는 협상을 남겨둔 막바지 20%의 시간 내에 이루어진다. 요구안이 너무 일찍 제시되면 어느 쪽도 기꺼이 양보하려고 하지 않으므로 전체 거래 자체가 완전히 깨져버릴 수 있다. 그러나 협상 시한의 마지막 20% 시간 내에 추가로 제기되는 요구나 문제에 대해서는 양측 모두 보다 유연하게 대응하게 된다.
>
> – 로저 도슨, 『석세스』[7]

조급한 사람은 절대로 좋은 협상가가 될 수 없다.

마지막 20%의 시간 안에 승패가 좌우된다

오튼 스키너Orten Skinner는 80/20 법칙을 활용하는 방법에 대해 흥미로운 예를 하나 소개하고 있다.

협상 시한 마지막 20%의 시간 안에 양보의 80%가 이루어진다. 만일 오랫동안 질질 끌어온 연봉인상 협상이 오전 9시에 잡혀 있고 상사는 10시에 또 다른 약속이 있다는 것을 알고 있다면, 9시 50분 전후가 결정적인 순간이라는 점을 생각해서 협상 페이스를 조절하라. 자신의 요구 조건을 너무 일찍 밝혀 상사 측에서 정중한 절충안을 제시할 시간을 주는 실수를 범하면 안 된다.[8]

16장
새로운 눈으로 보는
경영의 ABC

사람들이 꿈을 이루지 못한 한 가지 이유는 그들이 생각을 바꾸지 않으면서 결과를 바꾸고 싶어하기 때문이다.

– 존 맥스웰

결과를 바꾸는 20%의 비밀

· 극소수의 사람들이 가치의 대부분을 만들어낸다. 그러나 그들은 창출하는 가치만큼의 보상을 거의 받지 못한다. 실적이 가장 좋은 세 명을 파악해 시간을 함께 보내고, 관심을 쏟고, 성과에 걸맞은 큰 보수를 지급하라.

· 성공을 알아차리지 못하거나 제대로 인식하지 못할 수 있다. 조기에 발견하고 재빨리 확장해야 한다. 성공의 원인을 '행운'으로 치부해서는 안 된다. 우리는 '행운'을 믿지 못해서 가치를 창출하는 선순환의 이익을 증대하는 데 실패한다.

· 작지만 빠르게 성장하는 초기에 기회를 포착하는 소수가 큰 부를 일군다.

· 80/20 법칙을 생각하라. 수치의 비대칭을 생각하라. 20%가 80%가 될 것을 기대하라. 예상치 못한 결과와 직관을 거스르는 결과를 기대하라.

· 시간, 회사, 시장, 제품, 만나는 모든 개인이나 기업 등 모든 것에는 품질이 우수한 20%가 있다. 그 20%를 찾아서 키우고 크게 불려라. 그리고 그것을 가장 활용도가 높은 곳에 활용하라.

80/20 법칙은 우리에게 있어 레이더와 자동조종장치 역할을 한다. 레이더는 우리에게 정확하게 볼 수 있는 통찰력을 준다. 레이더가 있으므로 우리는 기회와 위기를 알아챌 수 있다. 또한 우리는 자동조종장치가 덕분에 자신의 운명을 스스로 통제할 수 있으며, 주요 고객을 찾아 대화를 나눌 수 있다. 80/20 법칙의 간단한 몇 가지 요점만 파악하여 자기 것으로 흡수하면 우리는 쉽게 '80/20 법칙으로 사고'할 수 있고 무엇을 하든지 '80/20 법칙대로 행동'할 수 있게 된다.

80/20 관점에서 본 경영의 세계

다수보다는 소수가 중요하다

　이 말은 처음엔 믿기 힘들겠지만 틀림없는 진실이다. 만일 우리가 80/20 사고방식을 알지 못한다면 정말 중요한 소수보다 덜 중요한 다수를 더 중시하게 될 수도 있다. 또한 우리가 마음속으로 그러한 관점을 받아들인다 하더라도 정확히 초점을 맞춘 행동으로 옮기기란 쉽지 않다. '절대적으로 중요한 소수'의 개념을 항상 뇌리에 각인시켜라. 그리고 늘 하찮은 다수보다 절대적으로 중요한 소수에 자신의 시간과 노력을 기울이고 있는지 끊임없이 확인해보라.

저부가가치에서 고부가가치로

생산성이 낮은 부문의 자원을 생산성과 이익이 높은 부문으로 이동시키는 것이 기업가의 임무이며 자유시장 본래의 역할이다. 그러나 오늘날 지나치게 복잡해진 거대 기업이나 정부 관료는 말할 것도 없이 시장이나 개인 기업가도 자원을 충분히 효율적으로 이동시키지 못한다. 낭비 요소는 어디에든 존재하는데 그것도 대개는 자원의 80%로 겨우 20%의 가치만 창출해낼 정도로 많다. 이는 참된 기업가에게는 중재할 수 있는 기회를 제공한다. 기업가적인 중재의 여지는 항상 생각보다 많다.

극소수의 사람들이 대부분의 부가가치를 창출해낸다

기업에서 가장 뛰어난 사람들은 자신에게 가장 적합한 일을 하고 큰 이익을 내는 이들인데, 이런 사람들은 막대한 부를 창조하면서도 대개는 그에 걸맞는 보상을 받지 못한다. 일반적으로 이런 사람들은 극소수에 불과하고 나머지 대다수는 자신들이 공헌하는 것 이상의 보상을 받아간다. 이러한 자원의 잘못된 배분은 규모가 큰 기업일수록 사업을 다각화한 기업일수록 그 정도가 심하다.

관리가 잘되는 대기업도 사실상 보상을 부당하게 배분하려고 조직적인 음모를 꾀하고 있는 셈이다. 회사가 크고 복잡할수록 음모의 정도와 성공할 확률도 크다. 기업 내에서 일하고 있는 사람들이나 그 기업과 거래하는 사람들은 보물이라고 말할 수 있는 사원이 극히 일부에 불과하다는 점을 잘 알고 있다. 그들은 자신들이 쓰는 비용을 훨씬 초과하는 막대한 가치를 창출해내고 있는 반면, 수많은 다른 사원들은 오히려 자신들에게 드는 비용을 밑도는 가치를 창출하는 짐스러운 무능력자들이다. 그리고 일부의 사람들, 아마도 10~20%의 사람들은 가치를 하락시키는 이들이다.

이러한 상황이 발생하는 데는 많은 이유가 있다. 개인의 성과를 정확하게 측정하기가 어렵다는 점, 경영진들이 정치적인 수완에 능하다는 점, 개인의 성과보다는 지위를 중시하는 경향, 그리고 팀의 협동 작업을 촉진한다는 합법적 변명으로 포장되는 평등주의를 향한 맹목적인 추종 등이 얽혀 있다. 복잡성과 민주주의가 결혼하면 결국 낭비와 게으름이란 자식을 낳게 된다.

최근 한 투자은행의 회장이 매우 커다란 액수의 보너스를 어떻게 배분하면 좋은지 나에게 조언을 구한 적이 있었다. 그는 자수성가한 사업가였는데 시장의 결점을 찾아내 발전시키는 데서 즐거움을 느끼는 사람이었다. 그는 시장을 깊이 신뢰했다. 회장은 또한 보너스를 배분할 대상자는 수백 명이지만 지난 1년간 자신이 속한 부문에서 벌어들인 이익의 50%를 단 두 명의 직원이 창출했다는 것도 알고 있었다. 회장의 사업 부문에서는 두 사람의 성과를 측정하는 것이 쉬워 객관적 공헌도 자체는 분명했다. 그래서 내가 그 두 사람한테 전체 보너스 할당액의 반 이상을 주라고 제안하자 그는 깜짝 놀랐다.

한편 회사에 이익을 주기보다는 손해를 입히는 임원이 있었다. 이 사람은 은행 내에서 사람들에게 호감을 사고 있었고 눈치

빠른 정략가이기도 했다. 나와 그 회장은 이런 사실을 모두 알고 있었다. 그 임원의 보너스를 완전히 삭감하여 하나도 주지 않는 것이 어떠냐고 제안하자 이번에도 회장은 정색을 했다. "아니, 뭐라고! 난 이미 그 사람의 보너스를 작년 수준의 4분의 1로 삭감했는걸. 그러니 더 이상은 깎기 힘드네." 그러나 사실상 그 중역이 그 은행에서 일하려면 자신이 도리어 돈을 내고 다녀야 맞는 상황이었다. 다행스럽게도 그 중역은 따끔한 맛을 보게 되었다. 보너스가 결국 하나도 지급되지 않았던 것이었다. 그는 자신이 보탬이 될 만한 일자리를 찾아 옮겨갔다.

회계 시스템이야말로 단연코 어디서 이익을 내는지를 불분명하게 만드는 데 뛰어난 재주를 발휘하기 때문에 공정한 보상을 하는 데 가장 큰 걸림돌이 된다. 인간적인 약점을 차치하면 이것이 바로 작은 사업체보다는 규모가 크고 복잡한 회사일수록 성과와 보상 사이의 불균형이 커지는 원인이다. 직원을 네 명만 고용한 사업가는 부문별로 손익계산을 해볼 것도 없이 누가 회사에 돈을 얼마만큼 벌어주고 있는지 잘 알고 있지만 대기업의 최고경영자는 잘못된 회계자료와 측근 참모들이 한 번 걸러낸 정보에 의존해야 한다. 상황이 이렇다 보니 대기업에서는 정말 회사에 크게 기여한 사람은 자신들이 당연히 받아야 할 몫보다 훨씬 적게 받고, 그저 그런 평범한 관리자들은 자신들이 받아야 할 몫보다 더 많이 챙겨가는 것이 하나도 놀랄 만한 일이 아니다.

노력과 보상은 불균형관계다

가치와 비용 사이에, 노력과 보상 사이에는 늘 큰 불균형이 존재한다. 높은 이익을 창출하는 사업은 전체 활동에서 차지하는 비율이 얼마 되지 않지만 전체 이익의 대부분을 차지한다. 만일 우리가 자원의 배분을 그대로 간섭하지 않고 방치해둔다면 이러한 불균형은 더욱 확연하게 드러날 것이다. 그러나 우리는 회계 시스템이 손쉽게 제공해주는 끝없는 모래사장에 머리를 파묻고 우리와 우리가 속한 회사의 다수는 높은 이익을 창출하는 소수의 사람들보다 오히려 더 가치가 없다는 사실을 인정하기를 거부하고 있다.

자원은 항상 잘못 분배되고 있다

우리는 이익이 낮은 활동에는 너무 많은 자원을 쏟아붓고, 이익이 많이 생기는 활동에는 자원을 너무 적게 투입하고 있다. 그러나 이익이 높은 활동은 계속해서 번성하는 데 비해 우리가 아무리 최선의 노력을 해도 이익이 낮은 활동은 자립에 실패한다. 만일 이익이 높은 활동에서 생긴 여유로 형성된 자원을 이익이 낮은 활동에 계속 투자한다면 재투자를 위한 잉여금은 거의 남기지 못하거나 오히려 마이너스 성장을 기록할 것이다.

문제가 있는 분야를 바로 세우려면 놀랄 정도의 시간이 소요된다. 대개의 경우 이 일이 영원히 불가능할지도 모르고, 또 그 사실을 너무 시간이 지난 뒤에야 깨닫게 된다. 위기에 처해 새로운 경영자나 경영컨설턴트들이 개입한 뒤에야 이미 오래전에 했어야 할 일을 비로소 하게 되는 것이다.

성공은 과소평가되고 덜 환영받는다

성공은 과소평가되고, 덜 칭찬받으며, 충분히 이용되지 않는다. 흔히 운이 좋았을 뿐이라고 치부하는 경우가 많지만 사고와 마찬가지로 행운 역시 우리가 생각하는 만큼 자주 발생하지는 않는다. '행운'이란 우리가 잘 설명할 수 없는 성공을 일컬을 때 사용한다. 행운 뒤에는 항상 우리가 알아차리지 못하지만 이익을 창출하는 매우 효율적인 메커니즘이 작용하고 있다. 우리는 '행운'을 믿지 않기 때문에 가치를 창조하는 연속된 행운을 잡아 부를 증식시키고 이익을 창출해내는 데 실패하는 것이다.

균형이란 환상이다

영원한 것은 아무것도 없으며 균형 상태로 존재하는 것도 없다. 끊임없는 변화만이 있을 뿐이다. 변화는 항상 저항과 많은 방해를 받기는 하지만 소멸하는 경우는 없다. 혁신에 성공하면 현 상태보다 훨씬 생산성이 높아진다. 혁신의 진행이 어느 지점을 넘어서면 추진력이 붙어 아무도 저항할 수 없는 대세가 된다. 개인, 기업, 국가의 어느 경우든 눈부시게 혁신을 추진하는 그 자체에 성공의 원동력이 있는 것은 아니다. 오히려 누구도 저항할 수 없는 수준까지 모든 힘을 동원해 혁신을 밀고 나갈 때 비로소 성공할 수 있다.

변화란 생존을 위해 필수적인 요소다. 건설적으로 변화하려면 가장 효율적인 것이 어느 것인지 꿰뚫어볼 수 있는 통찰력을 갖추고 그렇게 찾아낸 정확한 목표에 모든 힘을 집중시켜야만 한다.

큰 승리도 작은 승리에서 시작된다

아무리 큰 승리라 해도 항상 처음에는 작은 것에서 시작한다. 작은 원인, 작은 제품, 작은 회사, 작은 시장, 작은 시스템 등의 모든 것들이 항상 큰것으로 향하는 출발점이 되는 것이다. 그럼에도 사람들은 이 사실을 거의 인식하지 못한다. 사람들은 자기 주변에 있는 미래의 큰 성공의 실마리는 인식하지 못한 채 이미 누구 눈에나 보이는 커다란 성공의 결과에만 시선을 빼앗긴다. 많은 사람들이 인식할 때는 이미 커다란 파도가 되어 성장에 가속이 붙은 뒤라, 즉 곧 하강세로 접어들기 직전이라 때가 늦다. 큰돈을 버는 사람은 아직 미미한 물결을 남보다 먼저 알아차리고 그것을 꽉 움켜쥐고 있는 아주 극소수의 사람들뿐이다. 이미 성장의 파도를 타고 있으면서도 그 일의 중요성이나 큰돈을 벌 수 있는 잠재력을 거의 깨닫지 못하는 이들이 많다.

50/50 사고는 이제 그만

50/50의 사고를 중단하고 80/20의 사고방식을 체득하려면 발상의 전환이 필요하다. 다음은 발상의 전환에 도움이 되는 항목

들이다.

- 관점을 바꾸어라. 20%가 80%와 같고, 80%는 20%와 같다고 생각하라.
- 뜻밖의 것을 생각하라. 20%가 80%를 만들고, 80%임에도 20%의 결과밖에 못 만든다는 점을 기억하라.
- 주어진 시간, 기업, 시장, 만나는 모든 사람, 거래 상대 등 모든 것 속에 중요한 20%가 있다고 여겨라. 평범한 다수의 그림자에 가려져 있는 진정한 힘이 있고 가치가 있다. 그 20%가 무엇인지를 항상 생각하라.
- 눈에 보이지 않는 20%, 수면 아래 숨어 있는 20%를 찾아내라. 분명 어딘가에 있으니 꼭 찾아내야 한다. 예상치 않았던 성공은 그 20% 중 하나가 밖으로 표출된 것이다. 만일 사업이 예상을 뛰어넘는 성공을 거두고 있다면 그곳에 바로 당신이 찾던 20%의 활동이 숨어 있기 때문이다. 이제 남은 문제는 그것을 어떻게 더욱 크게 키워나갈 것인가 하는 것뿐이다.
- 내일의 20%는 오늘의 20%와는 다르다고 생각하라. 내일을 지배할 20%의 씨앗이 어디에 있는지 찾아라. 곧 20%로 성장하고 나아가서는 80%의 가치를 지니게 될 오늘의 1%가 어디에 존재하는지 잘 찾아보라. 작년에는 1%였으나 지금 3%로 성장한 것이 어떤 것인지 알아보라.
- 쉽게 구할 수 있는 해답, 분명한 사실, 명백한 다수, 현재

의 유행, 통념, 상식 등 평범한 80%를 머릿속에서 지워버
릴 수 있는 습관을 몸에 익혀라. 이러한 80%는 그 너머에
존재하고 있는 20%를 보는 데 방해가 되는 쓰레기일 뿐이
다. 20%의 보석은 80%의 잡석 속에 숨어 있다. 쓸모없는
바윗덩어리 속에 숨어 있는 빛나는 보석을 꿰뚫어볼 수
있어야 한다. 쉽사리 잡히지 않는 20%를 찾아내고 싶다면
고정관념을 버리고 빛나는 상상력을 자유롭게 펼쳐라.

심리학자들에 따르면 생각이 바뀌면 행동도 바뀐다고 하지만
역으로 행동이 바뀌면 사고방식이 바뀌는 경우도 성립할 수 있
다. 80/20식 사고를 시작하는 가장 좋은 방법은 80/20식으로 행
동하기 시작하는 것이고, 80/20식 행동을 시작하는 가장 좋은
방법은 80/20식으로 생각하기 시작하는 것이다. 80/20식 생각
과 80/20식 행동이 서로 긴밀하게 어울리도록 신경 써야 한다.
다음 항목들은 80/20식으로 행동하는 데 대한 힌트다.

- 20%의 활동을 일단 포착하면 그것에 집중하여 자신을 그
  것으로 감싸고, 그것에 빠져들며, 그것을 자신의 것으로
  만들어라. 그리고 그 전문가, 숭배자, 전도사, 동반자, 창조
  자가 되어야 한다. 20%의 활동을 최대한 활용하라. 그리
  고 그 활동이 예상보다 뛰어난 것으로 나타나면 상상력을
  배가시켜라.
- 우연히 찾아낸 20%를 붙잡아 확대시키고 개발하려면 재

능, 돈, 친구, 동업자, 설득력, 신용, 조직 등 모든 자원을 최대한 투입해야 한다.

- 다른 사람의 도움을 받을 때도 유능한 20%의 사람들과 손을 잡아라. 나아가 또 다른 힘 있는 20%의 사람이나 자원을 찾아 인맥을 넓혀라.

- 가능하다면 언제든지 80%의 활동에 들어가는 자원을 빼내 20%의 중요한 활동에 투입하라. 이러한 중재는 지렛대 효과가 작용하기 때문에 예상보다 더 큰 이익을 이끌어낼 수 있다. 그러면 매우 가치 있는 것을 만들어내는 데 별로 중요하지 않은 것을 활용하는 것이므로 이를 통해 두 가지 목적을 동시에 달성하게 된다.

- 80/20식 중재에는 두 가지 중요한 수단이 있다. 사람과 돈이다. 돈을 대신하거나 돈으로 환원될 수 있는 자산도 포함된다.

자기 자신을 포함하여 별로 중요하지 않은 80%의 활동에서 20%의 사람을 빼내어 20%의 중요한 활동에 투입하라. 마찬가지로 80%의 활동에서 빼낸 돈을 20%의 활동에 투자한다. 만일 가능하고 별로 위험하지 않다면 그 과정에 타인의 자본을 끌어들여 자기자본이익률을 높이는 지렛대 효과를 이용한다. 80%의 활동에서 빼낸 돈을 20%로 옮기면 위험은 보통 예상치보다 훨씬 적다. 돈을 활용하는 방법에는 두 가지 형태가 있다. 하나는 빌리는 것이고 다른 하나는 타인의 돈other people's money, OPM을 자본으로 끌어들이는 것이다. 80%의 활동에 쓰이는 OPM은 습관성이고 위험해서 결국에는 부도로 이어질 확률이 높다. 그러나 20%의 활동에 쓰인 OPM은 성공의 가능성을 이끌어내고 결국에는 커다란 성공을 이루도록 해준다.

- 새로운 20%의 활동을 끊임없이 개발하라. 다른 사람, 다른 회사의 제품, 다른 산업, 다른 학계의 연구 성과, 다른 나라 등 어디서든 20%의 아이디어를 훔쳐서 그것을 자신이 가진 20%에 적용해야 한다.

- 쓸모없는 80%의 활동은 가차 없이 제거하라. 쓸데없는 80%의 시간은 결국에는 귀중한 20%의 시간도 잡아먹기 때문이다. 80%의 쓸모없는 협력자들은 귀중한 20%의 협력자들에게 할애할 시간까지 잡아먹고, 80%의 자산은 나머지 20% 자본의 활동까지 빼앗아버린다. 그대로 방치하면 80%의 중요하지 않은 사업관계가 정작 중요한 20%의 사업관계까지 침해한다. 80%의 조직이나 위치에 몸담고 있으면 중요한 20%의 조직이나 위치에서 써야 할 시간을 못 쓰게 만든다. 80%의 자리에서 안주하고 있으면 20%의 자리로 옮겨 가는 것이 불가능해진다. 별로 중요하지 않은 80%의 활동에 쓰는 정신적 힘을 확대시키면 중요한 20%의 프로젝트에 쏟아야 할 힘을 뺏기는 결과가 초래된다.

검토할 것은 거의 다 살펴본 것 같다. 80/20식으로 생각하고

80/20식으로 행동하자. 80/20 법칙을 무시하는 사람들은 필연적으로 평균 이익밖에 낼 수 없지만, 80/20 법칙을 활용하는 사람들은 발군의 성취를 이루게 될 것이다.

80/2

4부

80/20 법칙의 미래

The 80/20 Principle

17장
80/20 네트워크로
성공하라

네트워크 사회는 인간 경험의 양적 변화를 대변한다.

− 마누엘 카스텔스

결과를 바꾸는 20%의 비밀

- 네트워크가 점점 강력해짐에 따라 80/20 법칙은 갈수록 널리 퍼지고 편향된다.

- 네트워크의 예로는 소셜미디어, 축구 팀과 팬, 인터넷, 암호화폐, 앱 기반 조직 및 플랫폼이 있다. 이들은 톱다운 방식이나 막대한 마케팅 비용 없이도 빠르게 성장할 수 있다.

- 사이버공간은 여러모로 특별하지만 역설적인 특성을 가진다. 장벽이 없고, 개방되어 있지만 80/20의 극단적인 형태인 독점에 가까운 결과가 나오는 경우가 많다. 모든 네트워크는 80/20 법칙에 따라 작동한다. 네트워크는 시장 점유율이 집중되는 것을 좋아하는데, 이는 네트워크의 깊이와 도달 범위를 극대화하는 데 도움이 되기 때문이다. 네트워크는 또한 80/20 현상의 범위와 깊이, 강도를 조종한다.

이 책을 처음 썼을 때만 해도 나는 80/20 법칙이 왜 그토록 효과적인지 알지 못했다. 그저 "오랫동안 파레토의 법칙은 아무도 설명할 수 없는 경험 법칙이었다. 그것은 경제 안에 자리한 종잡을 수 없는 구역과도 같았다"라는 경제학자 조지프 스타인들의 말을 인용할 뿐이었다. 하지만 기쁘게도 이제는 그 이유를 알게 되었다. 수수께끼 같고 당혹스럽지만 80/20 법칙이 우리 삶에 큰 영향을 끼치고 더욱 널리 퍼져나가는 현상도 그 이유로 설명된다.

그 답은 바로 '네트워크의 급증하는 힘'에 있다. 네트워크의 숫자와 영향력은 오래전부터 성장해왔다. 지난 몇 세기 동안은 성장 속도가 느렸지만 1970년 이후로 점점 더 크고 빨라졌다. 또한 네트워크는 80/20 분배에 나타나는 특징을 보이고, 한쪽으로 심하게 치우치는 경우가 많다. 따라서 80/20 법칙이 퍼져나갈수록 네트워크 또한 퍼져나가고, 네트워크가 많아질수록 80/20 현상도 늘어난다.

네트워크의 영향력이 나타나면 80/20 법칙도 영향을 끼친다.

이 말에 담긴 중요성은 절대로 과장이 아니다. 스페인의 사회학자 마누엘 카스텔스Manuel Castells의 말처럼 네트워크 사회에서는 인간 경험의 양적 변화가 나타난다. 그 변화의 본질은 80/20 법칙의 본질에 뿌리를 두고 있다. 네트워크만큼 철저하게 80/20 법칙의 특징을 보이는 조직 유형 혹은 경험은 없다.

따라서 네트워크를 이해하는 것이 중요하다. 네트워크의 중요성이 점점 커지는 이유가 무엇이고 어떻게 80/20의 특징을 보이며 또 어떻게 하면 유리한 쪽으로 활용할 수 있는지 알아야 한다. 80/20과 네트워크를 이해하지 못하면 비즈니스와 사회에 일어나는 가장 심오한 변화를 이해하지 못하는 것이다.

네트워크란 무엇인가?

「와이어드Wired」의 초대 편집장이자 공동 창간인이었던 케빈 켈리의 말은 네트워크를 잘 설명해준다.

> 네트워크는 구조가 전혀 없다고까지 말할 수 있을 정도로 최소한인 구조로 이루어진 조직이다.

페이스북과 트위터는 네트워크다. 테러리스트 조직과 범죄 조직, 정치 조직, 축구팀, 인터넷, UN, 친구들의 모임, 세계의 금융 시스템 역시 모두 네트워크다. 애플이나 구글, 이베이, 우버, 아마존, 넷플릭스, 에어비앤비처럼 등장과 함께 막대한 부를 축적한 웹이나 앱 기반 기업의 거의 모두가 네트워크거나 고유한 생태계 안에 자리하는 네트워크를 가지고 있다.

그렇다면 이러한 네트워크는 전통적인 하향식 조직과 어떻게 다를까?

결정적인 차이점 한 가지부터 살펴보자. 국가 관료제와 군대 기반의 제국에서 시작해 조직적 농업과 상업, 방앗간과 공장 등 지난 3세기 동안의 모든 비즈니스와 사회 조직에 이르기까지 우리가 수 세기 동안 활용한 일반적인 조직의 성장은 조직 윗선의 추진력에 달려 있었다.

전통적인 조직은 윗선의 상세한 계획 없이는 성장할 수 없다. 계획은 상품 디자인, 제조, 마케팅, 판매 같은 활동을 통하여 실행되는데, 이 모두가 비용도 많이 들어가고 힘든 작업이다. 기업이 최대의 규모와 영향력으로 성장하는 데는 오랜 시간과 많은 노력과 인력, 돈이 들어가기 마련이다.

하지만 네트워크는 다르다. 네트워크의 성장은 네트워크를 소유하거나 지원하는 조직의 내부가 아니라(만약 이러한 내부가 있을 경우의 이야기지만) 바깥에서 나온다. 네트워크 구성원들의 활동으로 네트워크 자체가 성장하는 것이다. 만약 네트워크가 한 기업의 소유라면 그 '구성원'은 '소비자' 또는 잠재적 소비자들이다. 네트워크가 성장하는 이유는 그 내부적 역학 때문이고 네트워크의 성장이 네트워크 구성원들의 관심사이기 때문이다.

내가 거의 처음부터 개입했던 한 네트워크를 예로 들어보겠다. 비록 경험은 부족하지만 젊고 열정적인 사람들의 집단에 의해 시작된 그 네트워크는 바로 스포츠 베팅 업체 벳페어Betfair였다. 벳페어의 창업자들은 기업가라고도 할 수 있지만 진정한 스포츠와 베팅광들이었다. 그들은 베팅 금액의 약 10%를 취하는 기존 마권업자들에게 엄청난 금액을 베팅하고 싶어 하지 않았다. '어떤 말이나 팀이 이길지에 대해 정반대 의견을 가진 사람과 함께 베팅할 수 있게 하자'는 것이 벳페어의 출발점이었다.

벳페어는 주식 시장과 비슷하게 온라인 전자 시장을 만들고 시장 조직에 대해 적은 수수료를 받았다.

나는 벳페어가 만들어진 지 몇 달 후인 2001년에 그곳에 투자했다. 당시 그 회사는 기업가치가 1,500만 파운드로 엄청난 정도는 아니었고, 산업계의 이목을 별로 끌지 못하는 여전히 작은 기업이었다. 이 회사에 대해 아는 사람들조차도 성공하지 못할 것이라고 생각했다. 하지만 벳페어가 내 관심을 끈 것은 엄청난 성장 속도였다. 초기에 이 회사는 매달 10%, 20%, 30%의 성장을 이어갔고 어느 달은 심지어 60%까지 성장률을 보였다.

도대체 이러한 성장은 어디에서 기인한 것일까? 세일즈와 마케팅 노력이 벳페어의 성장 요인이 아니었다는 것은 내가 확실하게 말해줄 수 있다. 처음에는 그런 시도 자체가 전혀 없었기 때문이다. 벳페어의 성공은 네트워크, 즉 벳페어의 이용자들, 소비자들, 벳페어가 마음에 들어 친구들에게도 합류를 권한 이들에게서 나온 것이었다. 이용자들이 추천한 이유는 단순히 시스템이 마음에 들거나 친구들에게 친절해지고 싶어서가 아니라 자신의 이익을 위해 벳페어가 커지기를 원했기 때문이었다. 그들은 더 많은 베팅을 하고자 했고 반대 관점을 가진 구성원들의 베팅 금액도 그에 맞춰 커지기를 원했다.

이 경험은 네트워크의 두 번째 중요한 측면을 깨닫게 해주었다. 바로 규모가 커질수록 네트워크의 가치가 커진다는 점이다. 그뿐만이 아니다. 구성원들을 위한, 그리고 네트워크 소유자가 존재할 경우 소유자를 위한 가치의 성장은 선형적이 아니라 기

하학적이다. 멤버 1,000명인 온라인 데이트 플랫폼이 있다고 가
정해보자. 모든 멤버는 특정 도시나 지역을 토대로 하고, 관심사
는 다른 멤버와의 데이트다. 당신은 이런 네트워크에 가입하겠
는가? 아마 그렇지 않을 것이다. 규모가 너무 작기 때문이다.

멤버가 2,000명으로 규모가 그 두 배인 네트워크가 있다고 해
보자. 네트워크의 가치 또한 두 배가 될까? 그렇지 않다. 네트워
크의 가치는 '네 배'로 올라간다. 네트워크 멤버들 간의 순열이
49만 9,500에서 199만 9,000으로 증가하기 때문이다.[1] 같은 이
유에서 벳페어의 이용자 수가 증가할수록 네트워크의 가치는 기
하급수적으로 늘어났고, 이용자들은 더 큰 금액으로 더 많은 베
팅을 할 수 있었다. 소유주들이 누리는 벳페어의 가치도 막대하
게 증가했다. 벳페어는 2016년 2월에 패디파워Paddy Power와 합병
되어 현재 72억 파운드의 가치(내가 투자했을 당시보다 230배나 높아진
수치다)를 갖는 기업이 되었는데, 그중 34억 5,600만 파운드는 벳
페어의 주주들이 소유하고 있다. 2021년을 기준으로, 합병 후 플
러터 엔터테인먼트Flutter Entertainment로 사명을 변경한 벳페어의 시
총은 232억 파운드에 달한다.

지금까지 설명한 것처럼 구성원의 활동에서 비교적 쉽게 성장
이 이루어지고 규모의 성장에서 가치의 기하급수적 증가가 이루
어진다는 네트워크의 두 가지 특징을 합쳐보면 세 번째 특징에
도달할 수 있다. 네트워크 조직은 다른 조직보다 훨씬 빠른 속도
로 가치를 얻을 수 있다. 아마존이나 이베이, 페이스북, 알리바
바, 에어비엔비, 우버 같은 네트워크 기반의 기업들이 빠른 시일

내에 막대한 가치를 가진 기업으로 성장할 수 있었던 것도 바로 그 때문이다. 비(非)네트워크 기반의 기업이 가치 성장 면에서 이들과 견줄 만한 속도를 보인 경우는 한 번도 없다.

　네트워크의 수와 힘이 급증하는 마지막 이유가 있다. 네트워크를 움직이는 연료는 바로 정보다. 네트워크는 정보기술이 광범위한 의미에서의 영여과 역량이 확장됨에 따라 증가하고 밀도가 커지며 우세해진다. 예를 들어 에어비엔비와 우버 같은 앱 기반의 기업들은 스마트폰의 발명이 아니었다면 현재의 형태로 존재할 수 없었다. 높은 가치를 가진 하나의 네트워크 혁신이 또다른 네트워크 혁신을 가능하게 해주는 폭포 효과가 발생한다. 정보 기술의 비용은 계속 감소하는 데 반해 그 성능은 계속 강해지고 다양해지고 있으므로 폭포 효과가 어디에서 끝날지는 알수 없다. 우리는 좋든 나쁘든 완전히 새로운 세상에서 살고 있다. 수많은 사람들의 삶에 영향을 끼치고 비즈니스와 사회의 법칙이 바뀌는 세상 말이다.

　1960년대 이후로 네트워크는 학자와 사업가, 비평가들의 주목을 받았다. 하지만 네트워크와 80/20 법칙의 연관성은 아직 널리 이해되고 있지 않다. 이 연관성을 밝혀내기 위해 네트워크가 80/20 법칙을 따라가는 두 가지 사례에 대해 살펴보도록 하자.

월드와이드웹

명백한 사례 중 하나는 바로 온라인 세계다. '사이버공간cybers-pace'이라는 말은 혁신적인 공상과학 소설가 윌리엄 깁슨 William Gibson이 1984년에 처음 만들었다. 그는 이렇게 말했다. "나는 상상을 뛰어넘는 현재를 묘사하려고 했다. 공상 과학의 최고 용도는 동시대의 현실 탐구다." 그는 사이버공간에 대해 "모든 나라에서 수십억 명이 매일 경험하고 공유하는 환각…, 상상을 뛰어넘는 복잡성. 인간의 정신이라는 비공간에 펼쳐진 빛나는 선들과 별자리처럼 빛나는 데이터의 무리"라고 정의했다.

월드와이드웹은 우리가 사는 지역을 떠나지 않고도 방문할 수 있는 이상한 나라고 우리의 일과 사회생활을 변화시키는 네트워크이자 비즈니스의 얼굴이며, 그 규모와 힘이 폭발적으로 커진 네트워크기도 하다. 네트워크의 구조는 민주주의적이라서 초대받지 않은 사람도 트위터에서 의견을 밝히고 누구나 페이스북 같은 사이트에 일상을 올리도록 해준다. 웹은 모두에게 개방되어 있기에, 돈에 놀라운 가치를 제공하기에 성장한다. 웹은 모두를 환영한다. 누구나 위키피디아와 방대한 정보에 접근해 통찰을 얻을 수 있다.

하지만 사이버공간의 중심에는 패러독스가 있다. 인터넷은 장벽이 없고 개방되어 있지만 80/20 법칙의 전형이기도 하다. 예를 들어 위키피디아에 등재된 검색 엔진은 200개가 넘지만 그중 구글과 바이두Baidu, 빙Bing, 야후의 네 가지만이 시장의 96%를 점유하고 있다. 즉 단 2%가 검색과 광고의 96%를 독차지하므로 이는 96/2의 관계에 해당한다.

구글은 혼자서 무려 66%를 차지한다. 200개 검색 엔진 중 한 개, 즉 1%도 안 되는 것이 이 수익성 좋은 사업의 3분의 2를 호령한다. 66/0.5 관계다. 다음 장에서 살펴보겠지만 이것은 구글과 나머지 낙오자들의 수익 관계를 크게 과소평가하는 것이다. 구글은 모바일 운영 체제의 82%, 모바일 검색의 94%도 차지하고 있기 때문이다. 중국 전자상거래에서는 알리바바라는 단 하나의 사이트가 모든 거래의 75%를 차지한다. 중국의 웹사이트는 엄청나게 많으므로 이것은 75/0 관계다(가장 근접한 어림수를 잡자면 알리바바는 전체 전자상거래 사이트 개수의 0%에 해당한다).

벳페어 같은 기업이 얼마나 있는가? 단언컨대 존재감 있는 베팅 사이트는 단 하나뿐이다. 나는 벳페어의 시장점유율이 95% 이상이라고 추정한다. 페이스북 같은 기업은 얼마나 많은가? 예전에 지배적인 소셜 플랫폼이 두 군데 있었다. 페이스북은 한때 마이스페이스Myspace보다 훨씬 작았지만 이제 페이스북 같은 기업은 페이스북 하나뿐이다. 트위터는 어떤가? 트위터뿐이다.

트위터 이야기가 나와서 말인데 트위터 시스템 내부에는 파레토 법칙 같은 관계가 존재한다. 실리콘밸리인사이더Silicon Valley Insider의 연구결과는 트위터에서 팔로잉하는 사람이 많은 이용자를 가리키는 '헤비 팔로워heavy followers'가 팔로잉되는 사람들의 총 85%(85/10)를 차지한다는 사실을 보여주었다.[2] 그렇다면 반대의 경우는 어떨까? 2011년의 연구결과에 따르면 트위터를 자주 사용하는 2만 명이라는 적은 숫자가 팔로워의 거의 절반을 끌어들이는 것으로 나타났다. 당시 최고의 트위터리안은 전체 트위터리안의 120분의 1도 되지 않았다. 이는 50/0 패턴이다.[3]

마지막으로 우버 같은 기업은 얼마나 되는가? 현재 우버가 있고 시장의 다른 부분에서 운영되는 수많은 도전자들이 있다. 당신이 원하는 서비스를 우버가 제공하고 있다면 당신은 우버와 우버 사이에서 선택해야만 한다. 이는 우리 모두에게 좋은 일이다. 어느 도시에서건 사실상의 독점은 소비자의 대기 시간을 줄여주고 운전자들의 효율성을 높여주기 때문이다. 이것은 우버가 많은 자본비용을 들여 여러 지역에서 빠른 확장을 하기 위해 애쓰는 이유를 설명해준다. 천국에 우버 같은 기업을 위한 자리는 단 하나뿐이기 때문이다.

나쁜 평판에도 불구하고 모험자본venture capital 시장은 겨우 2009년에 창업한 우버의 기업가치를 101년이나 먼저 설립된 제너럴모터스GM보다 더욱 높게 평가했다. 우버는 차를 만들지도 않고 소유하고 있지도 않지만 미래의 잠재적 수익은 천문학적이라고 여겨진다.

웹은 어째서 소수의 거대한 승자와 다수의 별로 중요하지 않은 플레이어들로 이루어지는 집중적인 구조로 이루어질까? 구글의 모회사 알파벳Alphabet의 에릭 슈미트Eric Schmidt 회장은 이렇게 설명한다.

나는 인터넷이 롱테일long tail이 절대적으로 선호되는 공평한 경쟁의

장을 만들었다고 말하고 싶지만 안타깝게도 그것은 사실이 아니다. 인터넷이 만든 진짜 현실은 '거듭제곱의 법칙power law'이다. 소수의 것이 매우 집중적이고 나머지 대다수는 비교적 적은 부분을 차지하는 것이다. 사실상 모든 새로운 네트워크 시장이 이 법칙을 따른다. 꼬리도 매우 흥미롭지만 수익의 대다수는 머리에 머무른다.

인터넷은 더욱 거대한 블록버스터와 브랜드 집중으로 이어질 것으로 보인다. 대부분의 사람들에게는 이치에 맞지 않는 일일 것이다. 하지만 모든 기업을 합쳐놓아도 사람들은 한 명의 슈퍼스타를 원한다. 그 슈퍼스타는 더 이상 미국만의 슈퍼스타가 아닌, 세계의 슈퍼스타다.[4]

사이버공간에서 가장 긴밀하게 연결된 사이트들은 크게 유행하는 바bar와 같다. 대중적이라서 인기가 있는 것이다. 그곳에 가면 많은 사람과의 만남이 보장된다. 사람들은 남들도 다 가는 곳에 가고 싶어 한다. 적어도 동일한 범주 안에서는 그러하다. 시장의 유동성과 깊이는 더 많은 구성원과 시장의 더 큰 유동성과 깊이를 끌어들인다. 네트워크가 끌어당기는 힘은 그 규모와 비례한다. 적어도 한 시즌 동안은 승자가 독식한다. 바의 소유자는 억만장자가 되지 않겠지만 웹상의 다른 소유자들은 엄청나게 빠른 속도로 억만장자가 될 수도 있다.

성공적인 네트워크가 엄청난 힘을 얻게 되는 두 번째 보기에 대해 살펴보자. 이번에는 온라인의 사례가 아닌 중요한 사회적 트렌드로 선별했다.

도시

약 1만 년 전부터 인간이 정착해 살기 시작한 이후로 도시는 매우 중요한 네트워크가 되었다. 정부와 금융의 기본 시설을 제공한 것은 물론 지식과 문화, 상품과 서비스의 교환을 증가시켰기 때문이다. '글로벌 전략가' 파라그 카나 Parag Khanna 는 "도시는 모든 제국과 국가보다 오래가는, 인간의 사회 조직 중 가장 지속적이고 안정적인 유형"이라고 주장한다. 도시의 등장 이후로 매우 중요한 두 가지 트렌드가 나타났다(분명하게 말하자면 이것은 비슷하기는 하지만 카나가 아닌 나의 해석이다).[5]

첫 번째 트렌드는 도시화되는 사람의 숫자가 느리지만 꾸준하게, 그리고 지금은 급속도로 증가하고 있다는 것이다. 1500년에는 전 세계 인구의 단 1%만이 도시에 살았고 1800년에 이르러서는 그 비율이 세 배인 3%로 늘어났다. 1900년에는 그 숫자가 인류의 7분의 1이 되었고 현재는 도시에 사는 사람이 그렇지 않은 사람보다 많다.

1450년경에 시작되어 인류를 생물학적인 성공작으로 만든 유럽에서의 부의 발달은 도시의 수와 힘의 성장 없이는 불가능했다. 소작농도 귀족도 아닌 소수(80/20)의 활동적인 새로운 중산층 시민이 이끄는 도시는 사상과 무역, 상업의 중심지였다. 도시는 부의 인큐베이터였으며 귀족의 시골 영지라는 거대한 바다 안에서는 80/20에 이르는 소수의 섬이 생겨났다. 물론 도시는 수천년 전부터 존재했지만 경제 성장과 사회 변화의 엔진이 되기 시작한 것은 유럽의 중세 후기부터였다.

1500년에 유럽에는 도시가 다섯 개밖에 없었고 약 10만 명이 거주했다. 1600년에는 암스테르담, 앤트워프, 콘스탄티노플, 리스본, 마르세유, 메시나, 밀라노, 모스크바, 나폴리, 팔레르모, 파리, 로마, 세비야, 베니스 등 열네 개의 도시가 있었는데 그중 절반은 중요 항구였다. 이러한 도시들의 확장이 아니었다면 근대 사회는 절대로 발달하지 못했을 것이다.

오늘날 세계에서 가장 부유한 20개 도시는 지식과 돈이 크게 집중되어 있어 인재들을 끌어들인다. 세계 대기업의 4분의 3이 이 20개 도시에 위치한다. 대도시들은 점점 더 커지고 부유해진다. 1500년에 유럽에서 시작된 트렌드가 계속 이어지고 가속화되는 것이다. 도시의 확장은 전형적인 네트워크 효과를 보인다.

- 도시는 네트워크로서 더욱 커지고 밀도가 높아져 도시 거주의 이점을 급증시킨다. 사람들이 바글거리는 도시에서 사는 데 따른 혼잡과 높은 비용, 스트레스라는 단점이 있기는 하지만 보완적 지식을 가진 타인을 만날 기회가 기하급수적으로 늘어난다. 긍정적인 네트워크 효과가 부정적인 네트워크 효과보다 큰 것이다. 이는 대부분의 대도시가 확장된다는 증거다.

- 그러나 모든 도시가 그런 것은 아니다. 미국을 비롯한 선진국들의 여러 지방 도시들은 경제 상태가 열악하다. 뉴올리언스나 디트로이트는 월세가 저렴하지만 사람들을 끌어

들이지는 못하며 도시 쇠퇴의 현상만 보일 뿐이다. 늘 그렇듯 네트워크 효과는 파레토 법칙 같은 선별성을 나타내서, 좋은 네트워크를 갖춘 활기찬 도시는 점점 커지고 활기가 넘치지만 그렇지 못한 도시는 더욱 쇠퇴한다.

• 도시는 다양한 민족과 문화 등이 융합하는 용광로melting pot다. 확장되는 도시는 전 세계의 별로 성공하지 못한 도시와 국가의 야심차고 재능 많은 사람들을 끌어들인다. 이런 도시들에서 사람 간의 다양성과 차이는 점점 커지고 혁신이 더욱 자주 일어나며 기회도 많아진다.

이러한 네트워크 효과는 정보기술로 인해 시골에 사는 사람들이 많아질 것이라는 1970년대의 예측에 담긴 오류를 설명해준다. 대표적인 도시에서의 생활에 따른 네트워크 이점은 점점 더 커진다. 직접 만남과 임의적 인간관계가 주는 행운의 중요성을 토대로 할 때 그러하다. 파라그 카나는 "2030년에 이르면 세계 인구의 70% 이상이 도시에 거주할 것이고 그중 대부분이 바다에서 80킬로미터 이내에 위치하며 오늘날 해안 대도시의 인구 집중과 경제적 비중, 정치적 힘은 그곳들을 인간 조직의 핵심 단위로 만들 것"이라고 예측한다.[6] 나는 여기에 지난 500년 동안 느리지만 확실하게 돈을 버는 최고의 방법 중 하나가 성장하는 도시의 한가운데의 땅을 사는 것이었다는 점을 추가하고 싶다.

또 다른 트렌드는 특정 크기의 도시 내부에 사람들이 분포한다는 것이다. 인터넷 시대에는 도시들이 비교적 중간 크기의 도시로 흩어지게 될 것이라고 주장한 미래주의자들이 역시나 틀렸음이 입증되었다. 도쿄나 베이징, 뭄바이, 미국의 뉴욕과 LA, 멕시코시티 등 시대를 막론하고 가장 빠른 속도로 성장하는 도시들이 이 시대의 가장 크고 오래된 도시인 경우가 많다는 사실은 많은 것을 말해준다. 현재 도쿄의 도심에는 캐나다나 이라크의 총인구보다도 많은 3,800만 명이 살고 있다.

파라그 카나는 도시들이 점점 도쿄와 요코하마가 이미 보여준 것과 같은 혼합 양상을 보일 것이라고 주장한다. 이를테면 L.A.-샌프란시스코, 혹은 보스턴-워싱턴 D.C. 같은 형태로 말이다. 보스턴-워싱턴 D.C.는 지리상으로도 가깝지 않아 설득력이 별로 없어 보이지만 도시들이 무질서하게 교외로 확산되어 녹지 공간을 침범하는 것은 오래전부터 계속되어온 일이다. 런던 트라팔가 광장 옆에 있는 세인트마틴인더필즈 교회는 한때 정말로 도시 바깥에 위치했고 들판으로 둘러싸여 있었다.

"세계의 이민자 수가 급증하면서 연결성과 개방성이 높은 도시들에는 외국 출생 거주자들의 비율이 그 어느 때보다 높아질 것이다." 다시 말해 세계 도시들의 활력이 세계 인재를 끌어들이는 데 달려 있다는 카나의 주장은 좀 더 확실한 편이다.[7] 댈러스에서 거주하는 외국 출생 거주자의 비율은 24%, 시드니는 31%, 뉴욕과 런던은 각각 37%, 홍콩은 38%, 싱가포르는 43%다.[8]

네트워크 시대에 더 효과적인 80/20 법칙

지금까지의 내용을 요약해보자.

- 80/20 법칙이 점점 더 효과적인 이유는 네트워크의 힘 덕 분이다.

- 네트워크는 80/20 법칙에 따라 운용된다. 모든 시장 또는 범주에서 매우 적은 네트워크만이 그 시장이나 범주의 활 동과 비즈니스의 대다수를 지배한다.

- 네트워크와 그 구성원들은 시장 집중과 독점을 좋아한다. 네트워크에 가장 큰 폭과 깊이를 제공해주기 때문이다. 네트워크는 클수록 좋고, 그럴수록 공급과 수요를 더욱 빠르고 효율적으로 맞춘다. 가능한 구성원 매치의 순열과 각 구성원의 편애 데이터가 더 많아지기 때문이다.

- 동일한 범주의 비슷한 크기의 네트워크 두세 개를 보유하 는 것은 불안정하다. 네트워크 구성원들을 위한 것이 아 니기 때문이다. 네트워크는 혁신으로 새로운 범주가 생기 기 전까지 독점에 가깝게 운영되는 것이 가장 효과적이 다. 또한 네트워크는 필연적으로 소수 혹은 하나의 주요 네트워크를 향해 나아갈 것이다.

- 네트워크의 영향력은 1970년대 이후 급증했고 특히 온라 인 거래의 발명과 확산 이후 더욱 그러한 양상을 띤다. 네 트워크는 더욱 널리 퍼지고 있으며 점점 더 늘어나는 상

업 및 사회 활동을 제공한다. 이 법칙을 설명하는 방식에 있어서는 기존의 80/20 기준점이 급속도로 보수적이 되어가고 있다는 뜻이다. 네트워크는 이 법칙의 발생률만 늘려주는 것이 아니라 이 법칙이 어디에나 있음을 보여주는 동시에 그 극단성 또한 높이고 있다.

다음 장에서는 80/20 법칙이 90/10으로 급속하게 미끄러지듯 나아가고 있다는 것에 대해 살펴본다. 그다음에는 이 변화의 실질적 영향에 대해 살펴보자.

18장
80/20이
90/10이 될 때

미래는 이미 여기에 있다. 평등하게 분배되지 않았을 뿐.

– 윌리엄 깁슨

결과를 바꾸는 20%의 비밀

- 80/20이 90/10이 될 수도 있고 99/1이 될 수도 있다.
- 2007년, 휴대폰 기업 다섯 곳이 전 세계 휴대폰 업계 수익의 90%를 점유했다. 이중 네 업체가 적자를 내고 있고, 신규 진입자인 애플사가 홀로 전체 업계 수익의 92%를 벌어들이고 있다.
- 기존의 5대 휴대폰 제조업체와 달리 애플은 앱 개발자와 앱 사용자를 연결한다. 애플의 플랫폼은 독보적인 가치를 지니며, 애플 사용자를 위한 훌륭한 신제품을 개발하려는 노력의 대부분은 전적으로 애플 외부에서 이뤄진다.
- 새로운 네트워크 세상에서 크게 성공하는 유일한 방법은 시장이나 틈새시장에서 압도적인 1위가 되는 것이다.
- 네트워크가 온라인에서만 형성되는 것도 아니고, 온라인 비즈니스가 반드시 네트워크를 활용하는 것도 아니다. 그러나 네트워크가 확장될수록 제품이나 서비스가 저절로 늘어나고 개선되는 강력한 네트워크 효과를 활용할 수 있는

새롭고 독특한 온라인 비즈니스를 운영하는 것이 막대한 수익을 올릴 수 있는 가장 쉬운 방법이다. 이런 성공이 흔하진 않지만, 요즘은 점차 수익성이 뛰어나고 빠르게 확장하는 소수의 네트워크로 몰리는 추세다.

- 새로운 세상에서 성공하려면 이렇게 하라.
  → 강력한 네트워크 효과를 활용할 수 있는 새로운 사업을 만들거나 새로운 비즈니스를 발굴해 그 규모가 커지기 전에 몸담거나 투자하라.
  → 규모가 작고 빠르게 확장하는 네트워크 벤처기업이 아닌 곳에는 투자하거나 몸담지 마라.

그리 오래지 않은 2007년에 휴대폰 기업의 세계는 차분하면서도 전적으로 예측 가능한, 전형적인 80/20 법칙의 세계였다. 당시 휴대폰 제조업체는 많았지만 노키아, 삼성, 모토롤라, 소니에릭슨, LG의 다섯 기업만이 총수익의 90%를 점유하는 데 성공했다. 별로 놀라운 사실은 아니었다. 하지만 오늘날 그 세계는 보상의 규모나 승리의 주인공, 이익의 분배, 승자가 만들어지는 과정의 측면에서 완전히 다른 세계가 되었다.

2007년과 2015년 사이에 휴대폰 시장에는 새로운 주자가 들어와 모든 것을 바꿔놓았다. 그 주자는 당연히 아이폰을 들고 온 애플이었다. 애플은 업계 1위로 올라섰을 뿐만 아니라 다른 주자들을 전부 몰아내버렸다. 2015년에 이르러 애플은 규모와 수익성이 더욱 커진 시장에서 무려 수익률의 92%를 움켜쥐면서 이전의 리더들이 부스러기만을 둘러싸고 다투게 만들었다. 이전 리더 다섯 명 중 네 명이 적자를 기록하게 되었다.[1]

승자 자체가 바뀌었을 뿐만 아니라 수익이 만들어지는 방법도 바뀌었다. 도대체 어떻게 된 일인지 살펴볼 이유는 충분하다. 지금 다른 시장에서도 똑같은 일이 일어나고 있고 그것은 미래를 좌우할 상전벽해 같은 변화이기 때문이다.

짧게 말하자면 80/20은 '90/10'이 되었다. 좀 더 말하자면 설명이 길어지지만 역시나 결과는 명백하다. 비즈니스의 패턴, 현금의 산이 만들어지는 방식이 갑자기 달라졌다. 옛 패턴은 사라져가고 새로운 패턴이 장악하고 있다. 옛 패턴을 버리고 업계의 새로운 패턴을 수용하거나 새로 만드는 것이야말로 혁신에 이르는 길일 것이다. 휴대폰 시장은 인터넷보다 먼저 생겨났다. 인터넷의 등장은 휴대폰 시장을 폭발시켜 기업들을 무척 기쁘게 했다. 통화가 늘어날수록 수익도 늘어났다. 휴대폰이 모바일 콘텐츠 접속과 전송에 이용되는 경우가 많아졌지만 휴대폰 업체들은 여전히 네트워크 이전의 세계에 머물러 있었다.

근래까지 지배적인 비즈니스 모델은 '가치사슬value chain'이었다. 가치사슬은 논리적인 비즈니스 방식을 가리키는 끔찍한 전문 용어다. 가치사슬의 시작은 연구 또는 제품 디자인, 신제품 고안이고 그다음 단계는 대개 공급업체로부터 휴대폰 제조에 필요한 전자부품과 케이싱 재료를 구입하는 것이다. 가치사슬은 제조와 마케팅, 판매, 완성품을 소비자들에게 전달하는 물류 과정을 통해 진행된다. 가치사슬을 '파이프라인pipeline' 비즈니스라고도 부르는 이유는 공급업자에서 소비자로 움직이며 선형적으로 일어나는 활동이기 때문이다.

파이프라인 비즈니스가 80/20 세계의 전형이라는 사실에 주목하자. 수익의 대부분은 전체 공급업체의 5분의 1 정도로 비교적 소수의 생산업체에게 돌아가지만 승리자가 셋, 넷, 다섯 혹은 그 이상 있기 때문에 80/20 법칙과 완벽한 일관성을 보인다. 수익이 소수의 기업에 집중되어 있지만 보통은 하나나 둘 이상이다.

그렇다면 네트워크 비즈니스는 파이프라인 비즈니스와 정확히 어떻게 다를까? 네트워크 사업에도 파이프라인이 필요하다는 사실을 알지 못하면 이 부분이 혼란스러울 수 있다. 예를 들어 애플에도 아이폰을 디자인하고 원자재를 구입하고 제품을 생산하고 판매하는 등의 과정이 필요하다. 하지만 네트워크 비즈니스는 이와 다르며 거의 언제나 더 우월하다. 그 이유는 스스로 어떤 역할을 수행하고 무엇을 제공하는지를 전혀 다른 방식으로 구상하기 때문이다. 네트워크의 본질은 시장에서 둘 이상의 주자들을 연결하고 양쪽의 이익은 물론 네트워크 자체의 이익을 위해 시장을 조직한다는 것이다.

스티브 잡스는 노키아를 비롯한 기존 파이프라인 공급업체들이 그랬던 것처럼 단지 소비자에게 휴대폰만 팔려고 하지 않았다. 그는 앱 개발자와 앱 이용자들을 이어주고자 했다. 벳페어 네트워크가 서로 정반대의 관점으로 베팅하는 게임 참여자들을 연결해주고자 했던 것처럼 말이다. 앱 개발자들은 소비자가 누구인지 알 필요도, 모집할 필요도 없었다. 잠재적 앱 소비자가 애플에 있었기 때문이다. 즉 아이폰을 사용하는 모든 소비자가 곧 그들이었다.

애플은 휴대폰 자체와 모든 관련 지적 재산권이라는 '플랫폼'을 가지고 있다. 플랫폼은 플랫폼 소유자에게 엄청난 이익을 발생시켜줄 수 있고 플랫폼 운영방식의 법칙을 설정하는 훌륭한 수단도 제공한다. 애플은 누가 플랫폼에 접근할 수 있는지(앱 개발자들)와 앱 개발자 및 사용자의 상호작용 방식을 정한다. 예를 들어 스티브 잡스는 그의 플랫폼에 포르노를 허용하지 않았을 것이다.

벨페어의 베팅 교환과 애플의 아이폰 플랫폼이라는 두 가지 사례에서 네트워크 효과, 특히 더 많은 스마트폰과 더 많은 앱 공급자, 더 많은 앱 사용자가 있는 더 큰 시장에 개입된 모두가 시장은 물론 플랫폼 소유주의 이익에 경이로운 성장을 주도했다.

이것은 잡스가 플랫폼 비즈니스로 대박을 터뜨린 두 번째 일이었다. 첫 번째는 아이튠즈iTunes였다. 2003년의 위태로웠던 음악 산업의 상황을 기억해보자. 냅스터Napster나 카자Kazaa 등 적은 금액이나 무료로 노래를 제공하는 P2P 사이트 때문에 CD 등의 음반 판매량은 곤두박질쳤고, 겁에 질린 음반사들은 단결된 대응을 모색했지만 실패했다. 이러한 혼란과 파괴의 현장 속에서 순수하게 음악을 사랑하는 스티브 잡스가 등장했다. 그는 무료 다운로드 사이트도 괜찮지만 신뢰성이 떨어지고 "일곱 살짜리가 인코딩한 경우가 많아 별로 훌륭하지 못하다"라고 말했다. 다운로드에는 앨범 아트도 없고 미리보기도 없다. 잡스는 "가장 끔찍한 것은 그것이 도둑질이라는 것이다. 업보를 쌓는 일은 하지 않는 것이 좋다"고 결론지었다.[2]

많은 음반사와 가수들을 설득해 참여시킨 덕분에 아이튠즈 스토어는 20만 곡의 노래로 오픈할 수 있었다. 단돈 99센트에 곡의 소유권을 얻을 수 있고 다운로드하는 데는 1분밖에 걸리지 않았다. 반면 해적 사이트들은 15분이 걸렸다. 당시 아이튠즈 담당자였던 에디 큐Eddy Cue는 "6개월 후에는 아이튠즈에서 100만 곡의 노래가 판매될 것"이라는 대담한 예측을 내놓았는데 실제로는 6일 만에 그 목표가 달성되었다. 애플은 플랫폼을 소유하는 것만으로 모든 판매 수익의 30%를 가져갈 수 있었다.[3]

파이프라인에서 네트워크까지
80/20 법칙과 관련된 트렌드는 무엇인가?

모든 것이 다 관련된다! 80/20에서 90/10, 95/5를 통하여 99/1로 이동하는 것은 대부분 파이프라인에서 플랫폼으로의 이동이다. 파이프라인, 예를 들어 노키아와 그 라이벌인 전통적인 휴대폰 제조업체 같은 가치사슬 공급자들은 새로운 플랫폼 공급자들에게 밀려났다. 시장의 리더가 파이프라인만 추구하는 사업에서 플랫폼을 더하는 사업으로 바뀌면 80/20은 90/10 쪽으로 심하게 끌려가고 그다음에는 99/1로 향한다. 플랫폼은 파이프라인보다 수익성이 훨씬 뛰어난 것을 제외하면 자연적인 독점 형태가 되는데 이는 네트워크 효과 때문이다. 생산자와 소비자 등 모두는 가장 큰 네트워크에 놓이고 싶어 한다.

파이프라인에서 플랫폼으로의 이동은 두 가지 이유에서 획기적인 변화에 해당한다.

- 네트워크 시장은 보통 독점이나 복점(複占)이 되고, 규제에 의한 예방이 없을 경우 복점은 머지않아 독점이 된다. 두 개의 대표적인 네트워크가 합쳐지는 것이다. 이는 시장 점유가 더욱 집중적인 승자 독식의 세계다.
- 80/20과 달리 90/10, 95/5, 99/1의 세계에서 1등과 3등의 차이는 급격히 커져서 엄청난 격차가 발생한다. 3위 이하의 수익 가능성은 제로 혹은 그 아래로 향하고, 1등을 이길 수 있는 가능성은 거의 없다. 낙오자 혹은 새로운 주자의 유일한 희망은 새로운 부분 시장을 만들어내서 지배하는 것이다.

계산을 좀 해보자. 시장에서 공급자 100명 중 20명이 수익의 80%를 올린다면, 그리고 시장의 수익이 100달러라면, 20명의 승자가 1인당 올리는 수익은 80달러를 20으로 나눈 4달러가 된다. 마찬가지로 80명의 패자가 각각 올리는 수익은 20달러를 80으로 나눈 0.25달러다. 즉 각 승자의 수익은 패자의 0.25센트보다 열여섯 배가 많은 4달러다. 이것이 80/20 법칙의 논리이고 동시에 하위 80%가 아닌 상위 20%에 있는 것이 훨씬 좋은 이유를 설명해준다.

하지만 시장이 90/10으로 변하면 승자와 패자의 차이는 매우 커진다. 다시 계산을 해보자. 승자들이 총수익인 100달러의 90%를 올린다면 90달러를 10으로 나눠서 각각 9달러가 되고, 90명의 패자는 나머지 수익인 10달러를 나눠 가져야 한다. 10달러를 90으로 나누면 11.1센트가 된다. 승자의 수익은 9달러, 패자는 0.11달러이므로 그 차이는 81배다. 즉 승자의 이익은 열여섯 배가 아닌 81배나 많아진다.

90/10이 95/5가 되고 또 99/1이 되면 소수의 승자와 다수의 패자 차이는 한마디로 무한대에 가까워진다. 이런 시장에는 패자를 위한 자리란 말 그대로 '존재하지 않는다'. 승자는 점점 더 많은 돈방석에 앉게 되고 그로써 다른 이들과의 차이를 더 크게 벌릴 수 있다.

이처럼 네트워크의 발생률과 가치가 점점 커지기 때문에 80/20의 세계는 더욱 빠르게 90/10의 세계로 이동하고 있다. 결과적으로 수익과 현금 흐름, 기업의 가치, 승자와 패자의 간극에 끼치는 영향도 엄청나게 증가한다.

80/20의 세계는 한쪽으로 치우쳐 있고 90/10의 세계는 타임 워프time warp만큼이나 완전히 왜곡되어 있다. 이것이 이론에 불과하다고 생각될지 모르니 몇 가지 예를 더 살펴보자.

- 알다시피 아마존은 온라인 서점으로 출발했지만 다양한 상품을 팔게 되었다. 소비자를 위해 구매 과정을 단순화한 아마존은 공급자들이 그 거대한 소비자 기반을 이용하고 싶어 하는 플랫폼이 되었다. 책뿐만 아니라 거의 모든

상품을 취급하면서 아마존은 모든 소비자에게 비용을 낮추고, 판매량을 늘리며, 기술 베이스를 강화하고, 공급업체와의 협상력을 키움으로써 낮은 비용으로 물건을 판매하는 능력 또한 더욱 개선되었다.

뿐만 아니라 아마존은 새로운 기업에게는 매우 부담스러운 론칭 비용을 들이지 않고도 신제품을 내놓을 수 있는 곳이 되었다. 새로운 시장은 아마존의 경쟁우위를 강화해주고 그에 따라 경쟁자가 따라잡기 점점 어렵거나 어쩌면 불가능하게 만든다. 시간이 지날수록 아마존은 가격을 조금씩 올리고도 여전히 엄청난 경쟁력을 유지할 수 있어 현금이 마구 유입될 것이다.

- 페이스북은 세부 내용은 다르지만, 지배력이 커짐으로써 수익이 기하학적으로 늘어나는 일반적으로 동일한 트렌드를 보인다. 온라인 마케팅 구루인 페리 마셜Perry Marshall은 다음과 같이 설명한다.

광고비를 내지 않으면 페이스북 팬의 10%만이 당신의 광고를 본다. 10%는 무료다. 그 숫자가 올라갈 것이라고 생각하는가? 아니다. 8%로 내려갔다가 7%로 내려가고 5센트까지 내려간다. 결코 0은 되지 않지만 확실히 유료 소셜 미디어는 곧 미래다.[4]

이것이 페이스북의 수익과 사용자들의 비용에 어떤 영향을 끼칠지 생각해보라!

전자상거래는 네트워크 비즈니스와 동의어인가?

아니다. 흐려지기 쉬운 차이점을 매우 명확하게 말해주겠다. 네트워크와 온라인 세계는 같은 것이 아니다. '네트워크는 온라인이 아닐 수 있고, 온라인 비즈니스도 네트워크가 아닐 수 있다.'

네트워크 비즈니스는 인터넷 훨씬 이전부터 존재했다. 예를 들어 신문과 잡지의 안내 광고는 구매자와 판매자를 연결시킨다. 사용자가 많을수록 상품과 서비스의 특징이 개선되기 때문이다. 모든 네트워크의 비밀은 유동성이 중요하다는 것이다. 구매자와 판매자가 많을수록 비즈니스 능력의 폭과 범위가 커져서 모두에게 이익이 된다. 일부 관찰자들은 네트워크나 플랫폼 비즈니스가 최근의 발명품이라고 생각하는 것 같은데 이는 사실이 아니다. 안내 광고에 전념하는 신문이나 잡지는 하나의 플랫폼이다. 가장 좋은 사례가 바로 수십 년 동안 중고 자동차 구매와 판매 부문을 장악한 잡지 「오토 트레이더Auto Trader」일 것이다. 이는 지배적인 네트워크라는 이유로 돈이 곧바로 소유자들에게로 가는 환상적인 가치를 지닌 프랜차이즈였다.

쇼핑센터도 성공적인 네트워크 사업의 또 다른 예다. 쇼핑센터는 구매자와 판매자를 연결하는 플랫폼에 지나지 않는다. 지역에 구매자와 판매자가 많을수록 쇼핑센터가 성공한다.

인터넷 없는 네트워크 사업이 가능한지, 네트워크 없는 인터넷 사업이 가능한지 궁금할 수도 있을 것이다. 짧게 대답하자면 이는 가능하다. 'www.888.com' 같은 온라인 카지노를 한

번 보자. 이는 성공적인 비즈니스지만 네트워크 효과를 보이지도, 80/20에서 90/10 세계로 이동하도록 도와주지도 않는다. 카지노 게임은 파이프라인과 같다. 카지노는 멀티플레이어 게임이 아니고, 커뮤니티도 없으며 소비자가 기여하는 데이터도 없다. 이용자의 관점에서 보자면 888의 소비자가 1만 명이건 100만 명이건 전혀 중요하지 않다. 그 규모가 두 배로 커져도 소비자 문제는 개선되지 않는다.

좀 더 길게 대답할 수도 있다. 세상을 파이프라인 비즈니스와 네트워크 비즈니스로 나누면 편리하지만 네트워크 비즈니스의 중요한 특징은 과도하게 단순화된다. 네트워크 비즈니스는 곧 네트워크 효과를 보이는 정도의 범위로 구성된다는 점이다. 그 범위는 존재하지 않는 네트워크 효과부터 매우 강한 네트워크 효과에까지 이른다.

벳페어, 구글, 페이스북, 트위터, 이베이, 아이튠즈, 아이폰의 앱스토어 등 강력한 네트워크 효과에 기반을 둔 비즈니스의 사례는 이미 소개한 바 있다. 최대 네트워크를 보유하는 데서 오는 이득은 압도적이고 상품과 서비스의 질도 네트워크가 커지면서 점점 더 좋아지므로 결과적으로 기업의 수익성은 극대화될 뿐 아니라 경쟁에서의 압박에도 거의 영향을 받지 않게 된다(누군가 더 나은 플랫폼을 개발하지 않는 한). 강력한 네트워크를 보유한 기업들은 80/20에서 90/10으로, 그리고 종종 99/1까지로도 매끄럽게 이동한다.

반면 미국의 렌딩클럽Lending Club 같은 온라인 P2P 대출 업체에서는 네트워크 효과가 약하게 나타난다. 언뜻 보기에는 빌려주는 사람이 많을수록 빌리는 사람에게 좋고 그 반대도 마찬가지일 것처럼 보인다. 하지만 대출은 시장에서 쉽게 교체될 수 있는 기능이며 결국 하나 이상의 대출 기관이 계속 생겨나 교체가 이루어질 것이다. 신용도에 상관없이 차입자에게 적용된 대출 금리가 현재보다 높지 않은 한 네트워크의 규모는 차입자에게 별로 중요하지 않다.

에스토니아에서 개발되고 영국에서 운영되는 P2P 송금 서비스 업체 트랜스퍼와이즈TransferWise를 한번 살펴보자. 이 회사는 다른 화폐를 사용하는 나라에 자신의 돈을 송금하는 단순한 방식을 이용하는데, 여기에서 P2P 요소는 약간 환상에 지나지 않는 면이 있다. 트랜스퍼와이즈가 하는 일이라고는 예를 들어 파운드를 유로로, 유로를 파운드로 등 화폐의 흐름을 합산하는 것뿐이기 때문이다. 이는 소액을 송금하는 사람들에게 매우 효율적이다. 이 업체의 성공 열쇠는 P2P 요소가 아닌 단순화된 인터페이스다. 한 가지 예외가 있다면 P2P 요소가 입소문 성장을 주도한다는 것이다. 내가 트랜스퍼와이즈를 이용해 당신에게 돈을 보낸다면 나는 이 시스템을 당신에게 소개해준 것과도 같다. 즉 당신도 나중에 트랜스퍼와이즈를 이용할지 모른다는 뜻이다.

엄밀하게 말하자면 입소문 효과는 네트워크 효과가 아니다. 네트워크 효과와 연관성을 가지는 경우가 많지만 동일한 것은 아니란 뜻이다. 입소문 효과는 기업이 빠르게 성장할 수 있게 해주지만 상품이나 서비스 자체를 개선해주지는 않는다. 단순히 네트워크가 커진다 해서 상품과 서비스가 개선되는 것은 아닌 것이다.

한편으로 입소문 효과는 시장이 80/20에서 90/10 집중으로 이동하도록 도와줄 수 있다. 가장 규모가 큰 기업이 입소문 효과에서 가장 큰 이익을 얻을 것이다. 이것은 규모의 경제를 통과해 흘러들어가면서 기업의 경쟁우위를 높여줄 수 있고, 따라서 하위 기업들에 대한 지배력이 커져서 비용이 낮아지거나 개선된 기능을 더하거나 서비스에 대한 마케팅을 더욱 강화할 수 있다. 물론 모두 좋은 일이지만 이것은 80/20의 파이프라인 세계에도 적용된다.

입소문 효과는 네트워크가 커질수록 상품이나 서비스가 자동으로 개선되는 강력한 네트워크 효과와 비교할 수 없다. 네트워크 효과가 있으면 선도기업은 손 하나 까딱하지 않고서도 큰 규모에 따르는 이익을 전부 취할 수 있다. 더욱 중요한 사실은 네트워크 리더의 상품이나 서비스에 따르는 이점이 규모와 함께 커지므로 경쟁업체 입장에서는 리더와 경쟁하기가 더욱 어려워진다는 것이다.

따라서 비즈니스의 집중을 주도하는 주요 변화는 웹이 아니라 네트워크 기업, 특히 놀라운 수익성과 빠른 확장을 보이는 네트워크 기업으로 향하는 트렌드다. 말이 나와서 말인데 오늘날 새로운 네트워크 기업들의 대부분은 온라인 기업들이다. 웹은 네트워크 기업을 장려하고 인터넷 시대 이전보다 더 빨리 증가할 수 있도록 해준다.

90/10 세계의 3가지 트렌드

90/10의 세계는 점점 더 커지는 비즈니스 집중도, 특히 소수의 기업에 이익을 집중시키는 세 가지의 서로 연관되고 복합적인 트렌드를 보인다.

- 네트워크 내부에서 특히 수익성 높은 활동의 비율이 높아지는 트렌드
- 네트워크 시장 안에서 80/20에서 90/10, 그보다 집중 정도가 더욱 왜곡되는 트렌드
- 모든 네트워크 혹은 네트워크 기반의 기업 내부에는 시간이 지날수록 네트워크 독점 또는 독점에 가까운 형태로 옮겨가는 트렌드가 나타날 것이다. 시간이 지날수록 소비자와 다른 기업들은 더 많은 비용을 지불할 것이고 네트워크를 지배하는 기업의 수익은 더욱 높아질 것이다.

새로운 세계에서 성공하기 위해 알아야 할 것들

네트워크 비즈니스가 더 커지기 전에 그 안에 뛰어들어 일해보려는 사람들은 크나큰 잠재적 이득을 얻을 수 있다. 리더들 틈새에서 빠르게 성장하는 기업은 지금은 비록 규모가 작다 해도 언젠가는 결국 커지게 되어 있다. 여건이 된다면 그런 기업에 처

음부터 관여하여 함께 성장하면 좋을 것이다. 빠르게 성장하는 기업은 앞으로 나아가면서 계속 성장하기 때문에 훨씬 많은 기회를 잡을 수 있다. 일반적으로 저성장 경제에서는 기회보다 인재가 더 많고, 고성장 기업은 그 반대다. 예를 들어 마이크로소프트와 아마존, 구글과 처음부터 함께한 20명은 거의 모두가 백만장자, 일부는 억만장자가 되었다. 여러분 생각엔 이들이 전세계에서 가장 유능한 60명이었고 어느 날 갑자기 같은 시간에 같은 장소에 모인 것이 성공 비결이라고 생각하는가? 물론 그들은 뛰어난 인재였지만 그보다는 극도로 운이 좋았다. 그러니 다음의 사항들을 기억해두자.

- 막 시작한 새로운 네트워크와 플랫폼을 찾는 데 시간을 보내라. 그것을 취미로 삼아 1주일에 몇 시간을 투자해보자.
- 새로운 네트워크 기업에 합류했다면 오너처럼 생각하라. 스톡옵션이나 소액의 직접투자를 통해 기업을 부분적으로 소유할 수 있다. 소유분이 매우 작다 해도 나중에 부자가 될 수 있다. 기업의 성장을 가속시켜줄 수 있는 일을 하라. 새로운 기업의 승자, 경청과 존중을 받는 사람이 되는 것을 목표로 삼아라.
- 당신이 투자자라면 초기 네트워크 기업 투자에 집중하라. 플랫폼의 가치가 명백해져서 사람들이 그 가능성을 알아보기 전에 일찌감치 발을 들여라.

내가 커리어를 시작했을 때 작지만 빠르게 성장하는 네트워크 기업의 가치를 알았더라면 나는 다른 유형의 기업에서는 절대로 일하지 않았을 것이다. 하지만 당신은 이제 알게 되었으니 좀 더 빨리 결정을 내릴 수 있지 않겠는가?

19장
80/20 미래에서
당신의 자리

미래를 예측하는 가장 좋은 방법은 미래를 창조하는 것
이다.

— 에이브러햄 링컨

당신이 제대로 이해한다면 80/20 미래는 밝다.
제대로 이해하지 못한다면 80/20 미래가 혼란스럽게 느껴질 것이다. 대부분의 사람들에게 있어 80/20 미래는 편안한 장소도 아니고 익숙한 영역도 아닐 것이다. 거대한 조직의 세계, 공평하고 예측 가능한 세계에서 자란 우리에게 새로운 80/20의 네트워크 세계는 무섭게 느껴지는 것 이상이다.

이 새로운 세계는 노력이 보상받고 또 산산이 부서지는 세계, 소수의 성공한 '지휘 통제' 골리앗들이 적어지는 세계, 비공식 네트워크가 점점 더 일반적이 되고 학벌이 좋은 직업을 보장하지 않는 세계, 안정성을 얻는 유일한 길은 끊임없는 불안정성을 즐기는 것뿐이고 부나 좋은 삶으로 가는 길이 누구에게나 열려 있는 세계, 그렇지만 노력의 숲과 평범함의 구렁텅이를 헤치고 자신만의 길을 만들지 않는 사람에게는 닫혀 있는 세계다.

80/20 미래는 제대로 정의되지 않았고 역설적이며 규정하기 어렵고 미묘하다. 정의 자체뿐만 아니라 정의 방식 또한 중요하다. 80/20 미래는 스스로 모습을 보이지 않는다. 그것은 숨겨져 있고 시사하는 바가 크지만 이해하기가 어려워서 당신이 스스로 해석하고 기술해야 한다. 원재료는 다 있지만 완제품은 조립되어 있지 않기 때문에 당신은 당신의 무언가를 직접 만들어야 한다. 당신과 당신의 팀이 만들 제품은 나와 내 팀이 만들 제품과 다를 것이다. 이는 좋은 일이다. 성공과 기쁨으로 가는 길은 무한하지만 길을 발견해서 드러내야만 한다. 대부분의 사람들, 특히 나이가 많거나 자기 방식에 굳어진 사람일수록 이런 방식을 이해하기 힘들 것이다.

당신의 80/20 미래는 지도에 표시되어 있지 않은 미지의 영역이다. 당신과 당신의 가장 친한 친구들, 동료들의 마음속에 존재하기 때문이다. 하지만 그 길은 도전적이고 스릴 넘치며 신나는 길이다. 80/20 미래는 수수께끼 같고 모호하기 때문에 마법 같기도 하고, 불붙어 탄력을 얻으려면 상상과 비전의 힘 그리고 보이지 않는 것에 대한 믿음이 있어야 한다. 80/20 미래는 훌륭한 아이디어를 굳게 믿고 열정과 이성, 광기와 통찰을 합쳐서 실행하며 기존의 단조로운 현실에 의해 부정되지 않을 때 눈에 보이기 시작한다.

60/40이나 65/35의 과거에서 성공적이었던 해결책을 가지고는 80/20이나 99/1의 미래에서 번영할 수 없다. 그러나 80/20 미래에 대한 진단은 가능하다. 80/20 법칙의 선별적인 본질과 일치하게끔 이 짧은 장에서는 내가 40년에 걸쳐 발견한 다섯 가지 가장 강력한 힌트를 소개하겠다. 이것들은 상상력과 의지가 주어진 새로운 세계에서 효과적인 지침이 될 것이다.

힌트 1. 네트워크 기업에서만 일하라

18장에서 나는 미래가 네트워크의 세계가 될 것이라고 했다. 그러니 네트워크 기업에서만 일하라. 이는 가장 필수적인 힌트이므로 80/20 미래를 즐기려면 당신이 반드시 주의를 기울여야 하는 부분이다. 네트워크는 긍정적인 피드백으로 더 강해진다. 유명인은 더 유명해지고 부자는 더 부유해지며 선도적인 기업들은 사실상 독점기업이 되고 숙련된 전문가는 미숙한 경쟁자들을 더더욱 앞서간다.

네트워크는 급증하는 80/20의 양상을 보인다. 전체 기업들 중 네트워크 기업들은 여전히 적은 비중을 차지하지만 수익의 대부분을 창출하므로 네트워크 기업에서 일하면 유리할 것이다. 80/20 미래가 진행될수록 네트워크의 우위는 해마다 커질 것이다. 남보다 유리해질지 뒤처질지 선택하라.

힌트 2. 작지만 성장세를 보이는 기업에 합류하라

네트워크 기업의 세계에서 당신은 아마존이나 구글, 페이스북, 우버 같은 기존의 승자와 합류하는 방안을 선택할 수 있다. 하지만 그것은 똑똑하지 못한 선택이다. 이미 파티가 시작된 지 오래라 흥을 즐기기에는 늦어버린 탓이다.

가장 합류하기 좋은 유형의 네트워크 기업은 창업한 지 얼마 되지 않았고 성장세에 있는 기업이다. 그래야 당신과 당신의 능력이 나란히 꽃필 수 있고, 이는 또 다른 긍정적인 피드백 메커니즘으로 작용할 수 있다. 그런 기업에서 처음부터 함께 시작해 배워나가라. 이제 막 시작 단계에 있는 기업에서 일하는 것은 가장 좋은 방법을 시험해보고 남들보다 앞서나가는 방법을 깨우치는 신나는 경험이 될 것이다.

돈만 중요한 것이 아니다. 내가 창업자나 직원, 투자자로서 가장 큰 즐거움을 느꼈던 기업은 작지만 엄청난 성장을 기록한 베인앤컴퍼니, LEK컨설팅, 벨고, 벳페어 그리고 지금의 오토1Auto1이다. 연간 40~300%의 성장률 속에서 세계 최고가 된 기분을 느끼는 것은 참으로 특별한 경험이다. 이 기업들은 다른 기업들이 모르는 것을 알고 있다. 확장하는 팀의 일원이라는 데서 오는 개인적 성장과 감사는 직접 경험해야만 이해할 수 있다. 이는 일종의 마약과 비슷하지만 유쾌한 부작용이 따른다는 점이 다르다. 나는 매년 두 배 이상의 매출 성장을 기록할 수 있는 그다음의 작은 회사를 언제나 찾고 있다.

직원이 100명 이하고 연간 최소 30%의 성장률을 기록하는 기업에 합류하라. 이상적으로는 20명 이하의 직원이 있고 해마다 적어도 두 배 이상의 성장률을 보이는 기업이 좋다.

힌트 3. 80/20 상사 밑에서만 일하라

80/20 상사란 어떤 사람일까? 이는 의식적으로나 무의식적으로 80/20 원칙을 따르는 사람을 말하는데, 그 사람이 일하는 방식을 보면 알 수 있다.

- 그들은 소비자들이나 자신들의 상사가 큰 차이를 느낄 수 있게 하는 소수의 것들에 초점을 맞춘다(물론 이것은 그들에게 상사가 있을 때의 이야기이고, 상사가 있다면 일시적인 상황인 것이

좋다. 최고의 80/20 상사는 자기 상사에 의해 제약받지 않는다).

- 그들은 빠른 속도로 성공한다.
- 그들은 시간이 부족해서 허둥지둥하는 경우가 거의 없다. 대개는 느긋하고 행복하며 워커홀릭도 아니다.
- 그들은 주변 사람들에게서 소중한 아웃풋을 기대한다. 시간과 땀 같은 인풋에는 주의를 기울이지 않는다.
- 그들은 자신이 무엇을 왜 하는지 설명한다.
- 그들은 최소한의 노력으로 최대한의 결과를 내는 것에 집중하라고 장려한다.
- 그들은 훌륭한 결과가 나오면 칭찬해주지만 그렇지 않을 때는 건설적으로 비판하고 중요하지 않은 일을 그만두거나 중요한 일을 좀 더 효율적으로 하라고 제안한다.
- 그들은 신뢰가 있으면 부하 직원을 그냥 내버려두며 지도가 필요할 때 찾아오라고 격려한다.

80/20 상사는 왜 중요한가?

80/20 상사는 당신의 롤 모델이다. 그들은 성과가 뛰어난 부하직원인 당신에게 드물지 않은 책임을 맡김으로써 점점 자신의 업무를 조금씩 넘겨주고, 또한 당신 아래 직급의 사람들에게도 그렇게 하라고 당신을 가르친다. 80/20 상사가 승진하면 당신도 승진할 가능성이 높다. 그들은 다른 회사로 이직할 때 당신을 데려가는 경우도 많다. 비즈니스, 스포츠, 엔터테인먼트, 학문 등 분야에 상관없이 정말로 성공한 사람에게는 모두 한때 이런 상

사가 있었다.

어떤 분야에서든 가속도를 내는 것은 어렵지만 그것을 사용하기는 쉽다. 스스로의 가속도를 내기 전에 상사의 가속도를 사용하라. 빠르게 나아가는 사람의 속도를 뒤에서 이용하는 것은 스스로 앞에서 속도를 내는 것보다 훨씬 쉬운 일이다. 따라서 처음에는 당신이 누구이고 어떤 일을 하는지보다 누구 밑에서 일하느냐가 훨씬 더 중요하다. 당신만 중요한 것이 아니라 상사도 매우 중요하다는 뜻이다.

지금 당신에게는 80/20 상사가 있는가? 그렇다면 지금 당장 찾아나서서 당신의 커리어에 날개를 달아라.

힌트 4. 80/20 아이디어를 찾아라

생존하는 기업 뒤에는 독특한 아이디어, 즉 다른 기업과 조금이라도 다르게 소비자를 대하는 방식이 있기 마련이다. 위대한 기업은 남들과 완전히 다르며 그 기업의 뒤에 자리하는 아이디어 또한 마찬가지다. 소비자에게 더 이상 좋을 수 없는 가격이나 상품, 서비스를 제공하는 등 어떤 면에서든 기대를 충족시키는 아이디어, 그것이 바로 80/20 아이디어다.

80/20 아이디어는 비즈니스에만 국한되지 않는다. 위대한 대의, 사회 운동, 성공한 조직이나 기관 뒤에는 예외 없이 위대한 80/20 아이디어가 있다. 보통의 에너지를 들여 폭발적이고 환상

적인 결과를 이끌어내는 아이디어인 것이다. 1807년에 미국과 대영제국은 모두 노예무역을 폐지했다. 영국에서 배의 선장들에게 가해진 벌금은 노예 한 명당 120파운드였고(당시로서는 엄청난 금액이었다) 영국 해군은 아프리카 해안에서 노예 상인들을 적발하기 위해 특수 부대를 꾸렸다. 1834년에 대영 제국에서는 모든 노예가 해방되었다. 노예제는 노예들에게 끔찍한 제도였지만 그것에 의해 품격이 저하되는 소유주들에게도 암적인 제도임과 동시에 터무니없이 비효율적인 경제 시스템이었다. 노예제 폐지 비용으로 나뉘는 이익은 무한대였다.

이후 미국의 인권 운동과 남아프리카공화국의 아파르트헤이트Apartheid 정책 폐지는 인종차별주의자들이 예측했던 끔찍한 문제가 거의 전무한 상태로 헤아릴 수 없이 많은 장점을 낳았다. 진실과 아름다움을 위한 대의에 참여하는 것은 누구에게나 가장 바람직한 일 중 하나다. 그러한 대의들은 본질적으로 80/20으로 억압받는 사람들뿐만 아니라 해방하는 자와 진실을 말하는 자들에게도 막대한 이익을 준다. 실제적인 수혜자가 있는 정의를 위한 투쟁만큼 우리를 기분 좋게 해주는 것은 없다.

커리어나 삶의 어느 시점에서든 행복해지고 싶고 선한 힘이 되고 싶다면 80/20 아이디어를 제기하는 집단의 일원이 되어라. 삶의 에너지나 유한한 자원을 비교적 적게 낭비하면서 소비자나 시민들에게 더욱 풍요로운 삶을 선사해주는 아이디어 말이다.

힌트 5. 기쁘고 유익한 유일무이함을 추구하라

80/20 미래에는 네모난 구멍에 넣을 네모난 못이나 둥근 구멍에 넣을 둥근 못 같은 사람들을 위한 자리가 없다. 당신에게서 퍼져나가는 네트워크가 있는 미래이므로 당신이 중앙에 위치하지 않는 구멍이나 역할은 없다. 조직에 의존해 살아가는 것이 익숙한 사람들에게 이것은 매우 커다란 환경적 변화일 것이다.

개인이 꼭 맞춰야만 하는 틀은 군대를 비롯한 소수의 조직 이외에는 없다. 기업 심리학자들에게도 작별을 고해야 한다. 80/10 미래에서 개인은 직접 고안한 틀로 자신과 타인을 가장 효과적으로 다룰 수 있다. 개인의 일과 정체성은 동일하지만 그것들은 타인의 그것들과 달라진다. 자신의 강점에 따른 공식을 직접 만드는 것보다 효율적인 방법은 없다.

당신에게는 그런 틀이 있는가? 그런 틀을 만들었는가? 지금 만들고 있는가? 개인의 고유함을 강조하는 사람들이나 이 책을 읽고 있는 사람들의 대부분은 '유일무이함'을 제대로 파악하지 못하고 있다. 나 또한 그럴지도 모른다. 유일무이함은 우리의 문화와 일하는 습관과는 매우 대조적인 개념이다.

실수하지 마라. 80/20 미래는 개성을 요구하고 보상을 준다. 80/20 미래는 근면함과 순응, 사교력, 타협 등 훌륭한 직원들이 보여야 한다고 교육받은 모든 사항에 대해서는 아무런 보상을 주지 않는다. 80/20 미래의 보상을 받는 대상은 고유한 혁신가다.

그러나 개성만으로도 충분하지는 않다. 만일 그렇다면 단순히 기이함만을 가꾸고 타인에 대한 자신의 가치 따위에는 신경 쓰지 않아도 될 것이다. 화가나 작가, 엔터테이너 같은 일부 직업에서는 적어도 사후에 그것만으로 충분했을지 모른다. 고흐는 살아생전 단 한 점의 그림을 팔았고 런던의 하이게이트에서 열린 칼 마르크스의 장례식에는 참석자가 거의 없었다. 하지만 보통의 에너지로 위대한 결과를 내는 것은 정말로 중요하다.

'보통의 에너지'가 뜻하는 바는 쉽게 알 수 있다. 여기에서는 약간의 단서를 달아야 한다. 별로 좋아하지 않는 직업이나 프로젝트를 위해 매일 장시간 일해본 경험은 누구에게나 있을 것이다. 그것만큼 삶의 에너지를 빨아먹는 것은 없다. 그것은 우리의 창의성을 고갈시키고, 일반적인 회복성과 낙관주의마저도 바닥낸다. 보스턴컨설팅그룹에서 일할 때 내가 그랬다. 20대 후반에 나는 그곳에서 4년이라는 고통스러운 시간을 보냈다. 거의 망가질 뻔한 시간이었다.

반면 우리는 어떤 일을 하면서 느끼는 즐거움도 알고 있다. 돈 잘 버는 직업을 가진 사람들도 여건만 따라준다면 기꺼이 무료로 해주고 싶은 그런 일 말이다. 하루 중 오랜 시간을 근무해야 한다고 해도 그것은 사랑스러운 노동이 될 것이다. 그런 노동은 삶의 에너지를 갉아먹는 게 아니라 오히려 채워준다. 평소 우리는 시간이 부족하다는 생각을 자주 하지만 사실 부족한 것은 시간이 아님을 명심해야 한다. 거의 모든 사람에게 부족한 것은 시간과는 완전히 다른 것, 바로 기쁨이다.

따라서 '보통의 에너지'란 곧 '기쁨을 고갈시키는 일을 하지 않는다'는 뜻이다. 우리는 자신이 좋아하는 일, 타인이 인정하고 돈이나 동경, 애정으로 기꺼이 비용을 지불하고자 하는 일을 반드시 찾아야 한다. 우리에게는 이것들의 조합이 꼭 필요하다. 사랑스러운 강아지 같은 존재가 아닌 다음에야 우리는 돈만으로, 혹은 사랑만으로는 살 수 없기 때문이다.

타인을 만족시킬 수 있고 자신에게는 기쁨을 주면서 소중하고 유한한 에너지를 고갈시키지 않는 일을 찾는 것은 평생의 과제가 될 수도 있다. 어쩌면 바로 전의 문장을 읽을 것만으로 충분할지도, 또는 이미 당신은 답을 알고 있을지도 모른다. 잠재의식에 질문을 던지면 몇 시간 혹은 며칠 만에 답이 나올 수도 있다.

우리는 언제든 자신이 좋아하는 일에 80/20 법칙을 쓸 수 있는 놀라운 기회와 마주칠 수 있다. 올바른 방식으로 생각하고 자신만의 고유한 해결책을 계속 찾다 보면 그렇게 될 것이다. '기쁘고 유익한 유일무이함을 추구하라Become joyfully, usefully unique'라는 문구를 써서 앞에 붙여놓자. 자신의 개성을 가꿔서 소비자와 주변 사람들에게 멋진 결과를 선사할 때 우리는 보다 나은 세상을 만들 수 있다.

그렇다면 80/20 미래를 어떻게 봐야 하는가? 도전적이기는 하지만 명백하게 좋은 것이다. 80/20 미래는 노예 사회와 정반대이며 이 법칙이 지금 대체하고 있는 정돈된 산업 사회와도 질적으로 다르고 더 낫다.

우리 자신의 생각의 힘을 통하여 적은 것으로 많은 것을 만들어내는 데는 큰 기쁨이 따른다. 80/20 법칙을 따르는 개인은 고유한 지식과 통찰을 이용해 적은 것으로 많은 것을 창조하는 일을 하게 될 것이다. 이 경이로운 미래는 본질적으로 개인적인 동시에 지극히 사회적이다. 모두가 그 미래를 최대한 즐길 수 있게 되기를.

2020년 9월, 나는 팀 페리스 쇼에 출연했다. 두 시간 반 이상 생방송으로 진행되는 이 팟캐스트는 워낙 유명하고 청취자 수도 어마어마하다. 나는 자칫 실수라도 하면 굴욕적인 모습이 온 세상에 퍼져나갈 텐데 어쩌나 하는 걱정이 앞섰다. 하지만 팀은 훌륭한 진행자라 금세 나를 편안하게 해주었다. 인터뷰는 마치 오랜 친구와 마라톤을 뛰며 대화를 나누는 것 같았고, 갑자기 나타난 토끼굴로 뛰어들었다가 먼 곳에서 불쑥 튀어나오는 모험을 하는 기분이었다.

우리는 내 책 중에서도 특히 이 책에 관한 이야기를 많이 나누었다. 팀은 이 책과 관련된 대화 내용을 편집해 사용해도 된다고 흔쾌히 허락해주었다. 대화는 곧장 내가 파레토의 법칙을 발견하게 된 계기와 그 이론이 내 인생 초반에 가져온 변화에 대한 이야기로 넘어갔다.

팀 페리스 코치 씨, 쇼에 오신 것을 환영합니다. 모시게 되어 영광입니다. 수십 년이 지나 이제야 모시는군요. 보들리 도서관 Bodleian Library 이야기부터 시작하면 어떨까요? 보들리 도서관에 대한 설명부터 차근차근 말씀 부탁드립니다.

리처드 코치 보들리 도서관은 옥스퍼드 대학교 중앙도서관인데 건물이 아주 멋지고 아름답습니다. 제가 다니던 단과대 건물과 가까워서 틈만 나면 도서관에 가 서가에 걸터앉아 창밖을 내다보곤 했습니다. 보들리 도서관의 가장 큰 장점은 우리가 상상할 수 있는 거의 모든 책을 다 소장하고 있다는 점이었어요. 어느 날『정치경제학 강의Cours d'économie politique』라는 책을 읽어야겠다는 생각이 들었습니다. 프랑스어로 쓰인 책으로, 저자는 빌프레도 파레토, 1896년인가 1897년인가 스위스 로잔에서 출판된 책이었습니다.

전공과 관련된 책도 아닌데 왜 읽고 싶었는지 모르겠지만 아무튼 그 책에서 80/20 법칙을 발견했습니다. 아시다시피 파레토는 80/20 법칙이라고 부르지는 않았지만, 그는 17~19세기에 영국을 비롯한 이탈리아, 프랑스, 스위스 등 여러 나라에서 부의 분배가 어떻게 이뤄지는지 알 수 있는 대수방정식을 발견해 인구 대비 부의 분배 패턴이 동일하다는 사실을 증명했습니다. 이 대수법칙을 사용해 부의 분배율을 계산하면 어느 국가, 어느 시대에나 놀랍도록 유사한 차트가 나왔던 것이죠. 물론 실제로 대부분의 부와 돈을 가진 사람은 소수 또는 적은 비율이었습니다. 어쩌면 '너무 난해하고 딱히 흥미롭지도 않다'고 말할 수도 있지만, 저는 곧바로 이런 생각이 들었어요. '이거 써먹을 수 있

겠다. 이 법칙을 잘 활용하면 시험을 잘 볼 수도 있겠다.'

옥스퍼드에서는 마지막 학년에 세 시간짜리 시험을 열한 번 치르거든요. 옥스퍼드 학위는 전적으로 그 졸업 시험에 의해 결정됩니다.

졸업 시험 전에는 다른 시험이 전혀 없어요. 그래서 졸업 시험이 매우 매우 중요합니다. 예전 시험지를 보니 한 과목에 50문항 정도 나오더라고요. 그런데 열한 과목에 50개 문항씩 모두 조사하고 공부하는 것은 상상조차 불가능한 일이었죠.

저는 '여기에도 80/20 법칙이 적용된다면 빈출 문제가 있을 것이다.'라는 생각을 했습니다. 그런데 이게 웬일입니까. 지난 20년 치 역사 시험 기출문제를 살펴보니 법칙이 똑 맞아떨어지는 겁니다. 프랑스혁명에 대한 문제는 늘 출제됐어요. 러시아혁명에 대한 문제도 통상적으로 출제됐고요. 제1차 세계대전의 발단과 원인에 대한 문제도 항상 나왔습니다. 그래서 저는 '그렇게 넓은 범위를 공부하지 않아도 되겠구나' 생각했습니다. 어차피 세 시간 동안 서너 문제에 대한 답안밖에 작성하지 못하고, 풀고 싶은 문제는 본인이 선택할 수 있거든요.

그래서 과목별로 여섯 개 주제만 연구하되 완벽하게 외운다는 목표를 세웠습니다. 잘 알려지지 않은 인용문을 사용하고, 외국어를 쓰는 게 좋겠다고 생각했어요. 무슨 말인지는 몰라도 완벽하게 암기한다면 많이 공부하지 않고도 최고 학위를 받을 수 있겠다는 계산이 섰죠. 그리고 제 계획이 진짜로 통했습니다. '파레토라는 사람이 굉장한 법칙을 알아냈던 거구나.' 하는 생각이

들었죠. 그렇게 저는 80/20 법칙을 처음 접했고, 그 후에는 한 동안 잊고 살았습니다.

팀 페리스 신기하게도 저도 비슷한 경험을 한 적이 있습니다. 당시에는 파레토 법칙을 몰랐지만요. 학부 과정 중반쯤에 교수님에게 시험 내용이 뭐냐고 물어보고 싶은데 그건 교수님에게 부담이 될 테니 대놓고 여쭤보기는 망설여지더라고요. 그래서 교수님은 교수님대로 합당한 명분을 유지하고 저는 저대로 정보를 얻을 수 있는 질문을 했죠. '시험에 대비하려면 배운 범위를 모두 공부해야 한다는 건 알지만 혹시 특별히 중점을 둬야 할 부분이 있다면 말씀해주실 수 있습니까?'

그렇게 질문하니 아주 적극적으로 대답해주셨습니다. 제 질문이 코치 씨의 전략과 비슷한 효과를 낸 거죠. 그런데 저는 대부분 세상사가 그렇듯 모든 게 기말시험에만 달려 있지 않다는 점이 좋았어요. 기말시험 하나에만 성패가 달렸었다면 저는 아마 심리적 압박감을 견디지 못했을 겁니다.

인터뷰에서 '당신의 경력에 가장 큰 영향을 준 책은 무엇인가요?'라는 질문에 '100만 부 이상이 팔리고 36개 이상의 언어로 번역된 제 책, 『80/20 법칙』입니다'라고 답변하셨는데요. 『80/20 법칙』은 어떻게 탄생했나요?

리처드 코치 그 시작도 아주 재미있어요. 예전에 썼던 『경영에 대한 모든 것The A to Z of Management』이라는 책에서 시작됐는데요. 당시에는 피어슨Pearson 출판사에서 일했는데 나중에 다른 편집자와 손잡고 자기 회사를 차린 편집자가 있었어요. 그 편집자는

마크 앨린Mark Allin이고 또 다른 편집자는 리처드 버튼Richard Burton이
었습니다. 둘 다 아주 유능하고 좋은 사람들이었죠. 둘은 제가
쓴 책을 출판하고 싶어했어요. 마크 앨린은 '『경영에 대한 모든
것』은 기본적으로 여러 개념을 설명한 단락 같은 느낌이네요'
라고 하더군요. 제가 아는 모든 법칙을 다뤘고 비즈니스에서 중
요한 이론가에 대해서도 다뤘어요. 비즈니스와 관련해 흥미로
운 내용도 집어넣었고요. 사람들이 쓰는 '진행 중인 작업WIP: Work
in Progress' 같은 전문 용어들도 다뤘습니다. 아무튼 그때는 80/20
법칙에 관한 내용은 반 페이지뿐이었어요. 그러던 어느 날 코벤
트 가든에 있는 마크 앨린의 사무실에 그를 만나러 갔는데 '리
처드, 당신이 써야 할 책이 있어요.' 하는 겁니다. '그래요?' 하
고 되물었더니 이렇게 말하더군요. '80/20 법칙에 관한 책을 써
보면 어때요? 반 페이지 분량이지만 꽤 중요한 내용인 것 같거
든요. 코치 씨도 매우 중요한 부분이라고 하셨고 저도 매우 중
요한 부분이라고 생각해요. 그러니까 책으로 쓰면 좋을 것 같은
데요?'

저는 바로 대답했죠. '안 돼요. 불가능합니다. 80/20 법칙을 책
으로 쓴다는 건 말도 안 돼요. 그 단락에서 이미 할 말은 다 했
어요. 어쩌면 한 페이지 정도로 늘릴 수는 있을지도요. 안 쓰면
목숨이 위태로운 상황이라면 한 장章 분량 정도는 쓸 수 있을지
도 모르겠지만 더는 할 말이 없어서 책 한 권을 쓰는 일은 안 되
겠습니다.' 그랬더니 그는 '글쎄요. 과연 그럴까요?'라고 하더
군요. 그러고는 곧 피어슨을 떠나 자기 출판사를 차리기로 해서

마크는 제가 피어슨과 그 책을 쓰든지 말든지 큰 관심이 없었어요. 새 회사도 아직 정리가 덜 된 상태였고요. 그래서 전 니콜라스 브리얼리Nicholas Brealey를 찾았습니다. 그는 자신의 이름을 딴 니콜라스 브리얼리 출판사의 발행인으로 매우 친절하고 엄청나게 똑똑한 사람이었습니다. 그와 함께 『관리하지 말고 경영하라 Management without Management』라는 책을 쓴 적이 있었는데, 기본적으로 관리자, 특히 중간관리자를 두는 것은 완전히 시간 낭비라는 통찰을 전달하는 기발한 책이었어요.

관리자 없이 경영할 수 있다고 이야기하는 이 책으로 큰 성공을 거두지는 못했어도 2만 부 정도가 팔렸고, 당시 기준으로는 니콜라스 브리얼리에게 충분한 수익을 안겨줬습니다. 아무튼 마크 앨런과 이야기를 나눈 뒤, 전 다음 작품을 상의하러 니콜라스를 만나러 갔습니다. 니콜라스가 다음 책은 구상하고 있느냐고 물어서 '글쎄, 아직은 없는데 누가 아이디어를 주긴 했어요. 그 주제로 책을 쓰면 출판해주겠다고 하더군요'라고 대답했습니다. 그리고 80/20 법칙이 무엇인지 설명해줬죠. 솔직히 할 말이 그리 많지 않아서 설명하는 데 1분도 안 걸렸습니다. 그런데 니콜라스가 '지금 내 머리카락이 쭈뼛 곤두서고 있어요'라길래 무슨 말이냐고 물었죠. 갑자기 웬 엉뚱한 소리인가 싶었어요.

그런데 그가 '큰 성공을 거두는 대작이 될 수 있겠어요'라는 겁니다. 저는 '에이, 글쎄요. 어쩌면요. 하지만 그 내용을 가지고 어떻게 책 한 권 분량이 나오겠어요?'라고 했죠. 그러자 니콜라스는 '당장 가서 자료조사를 시작해요. 빌프레도 파레토라고 했나요? 그 사람 책도 다시 읽고, 관련 자료도 모조리 읽어요. 인터넷에 있는 자료도 전부 읽어요'라고 했어요. 인터넷에는 정말로 엄청난 양의 자료가 있었어요. 때는 1996년이었고, 책은 1997년에 출간됐습니다. 1996년은 인터넷의 황금기가 막 열리던 시기였어요. 전 사람을 고용해서 80/20 법칙에 관련된 자료는 모두 찾으라고 했어요. 그 당시에 저는 인터넷을 사용할 줄 몰랐거든요. 얼마 후에 직원이 엄청나게 큰 파일은 주더군요. '다이앤, 이게 다 80/20 법칙에 관한 자료라고요?' 물었더니 그렇다고 하는 겁니다. 아, 그렇다면 책을 쓸 수 있겠다는 생각이 들었어요. 저는 모든 자료를 면밀히 살폈습니다. 파고들수록 점점 더 심오해지고 점점 더 흥미로워졌습니다. 그렇게 해서 결국 이 책을 쓰게 된 겁니다. 저는 이 책을 먼저 제안했던 마크 앨린을 찾아가 이 책을 출판할 의사가 있냐고 물었어요. 힘들다고 하더군요. 피어슨은 이미 퇴사했고 새로운 회사는 아직 시작하지 않은 상태라고요. 니콜라스 브리얼리에게 그 소식을 전하니 매우 기뻐했습니다. 제가 첫 번째 초안을 보여줬을 때 그는 아주아주 정중하게 말했어요. '아무래도 자료조사를 좀 더 하는 게 좋을 것 같네요.' 얼마나 절망스러웠는지 모릅니다. 하지만 두 번째 원고는 완벽하게 손봤기 때문에 거의 제 원고 그대로 출간됐습니다. 책을 쓰는 과정은 사고 연습을 할 좋은 기회이기도 했습니다.

제가 이 책을 쓴 주된 목적은 80/20 법칙의 도달 범위와 영향력을 넓히는 것이었습니다. 80/20 법칙에 대해서는 청취자분들 대부분이 아시리라 믿습니다. 이를테면 매출과 다른 변수 간의 관계, 시간과 다른 변수 간의 관계를 살펴보면 보통 소수의 사건이나 데이터가 전체 결과의 대부분을 만들어냅니다. 기업의 고객별 수익구조를 보면 대개 회사 전체 수익의 80%, 어쩌면 100% 이상의 매출을 일으키는 소수의 고객이 전체 고객 수에서 차지하는 비중은 매우 적습니다. 제품별 수익구조를 따져봐도 똑같은 현상이 나타나죠. 경영학을 전공한 분들에게는 익숙한 경제 개념일 겁니다. 당시에는 일반적으로 파레토 규칙Pareto rule이라고 불렸습니다.

하지만 저는 '80/20 법칙'이라고 부르는 것이 더 적절하다고 생각했습니다. 규칙rule이라고 하면 어떤 결과를 얻기 위해 꼭 따라야 하는 지침 같은 느낌이 들었어요. 법칙Principle이라고 부르는 것이 더 어울린다고 생각했습니다. '80/20 법칙'이라는 이름은 제가 만들어낸 말입니다. 그전에는 그렇게 부른 사람이 아무도 없었던 것 같아요. 80/20 규칙, 파레토의 규칙이라고 불렸죠. 전 이 아이디어를 기존에 사용되던 매출과 수익 분석이라는 영역을 넘어 다른 곳에도 적용할 수 있을 것 같았습니다. 80/20 법칙을 다른 영역에 적용해볼 수는 없을까? 생각했어요. 이를테면 사람들의 개인 삶에 적용하는 거죠. 그래서 저는 시간과 성과의 연관성에 상당히 매료됐습니다. 거기서 한 발짝 더 나아가 그 아이디어를 확장하게 됐고요. 저는 사람들에게 이렇게 말하곤 합니다. '그러니까 80/20 법칙과 관련된 가설과 전반적인 개념은 절대적인 규칙이 아니라 관찰의 결과입니다.'

가설을 세운 후, 정보를 바탕으로 가설이 옳은지 그른지 판단하면 좋지만, 가설이 주관적이고 추상적일 때는 관찰을 통해 진위를 판단해야 합니다. 그러면 여러분은 이렇게 말할지 몰라요. '아마도 80/20 법칙은 누구에게나 참일 겁니다. 20%의 시간이 80%의 유용한 산출물을 만들어낸다는 것도 맞는 말일 수 있죠. 그렇다면 당신이 하는 일 중에 가장 가치 있는 일은 무엇인지 얘기해줄 수 있나요?'직장인들에게 이 질문을 하면 신제품을 개발했다거나 특정 고객과 큰 거래를 성사시켰다거나 아주 기발한 광고문구를 작성했다거나 웹사이트를 만들었다거나 막힘없이 대답합니다. 그럼 저는 방금 얘기한 그 일을 더 많이 하고 다른 일을 줄여야 한다고 말씀드리죠.

그리고 여러분이 다른 일보다 훨씬 가치 있는 일을 반나절 만에 해냈다면 남은 하루는 쉬어도 된다고 말씀드리고 싶습니다. 그 일을 이틀 만에 해냈다면 남은 한 주는 쉬세요. 계속 일하고 더 많은 일을 하고 싶다고 해도 전혀 문제는 없습니다. 하지만 파킨슨의 법칙에 따라 업무에 걸리는 시간은 할당된 시간에 맞춰 늘어나고, 지출 또한 회삿돈이든 개인 돈이든 쓸 수 있는 예산에 맞춰 늘어나게 마련입니다. 이 쇼의 다른 출연자가 월가를 관찰한 이야기하는 걸 우연히 들었는데 아주 흥미로웠습니다. 아마 1980년대였다고 했던 것 같아요.

무엇보다 월가 직원들이 자신이 버는 돈에 지나치게 익숙해졌습니다. 과도하게 많은 보수를 받았죠. 그래도 돈 쓸 방법은 얼마든지 찾아냈어요. 그런데 그건 많은 사람들에게 함정이었어요. 살로몬 브라더스나 골드만 삭스 같은 금융회사에서 얽매여 일만 한 대가였거든요. 시간이 갈수록 회사를 그만두기는 더 어려워졌습니다. 배우자나 자신의 개인적 취향이 너무 높아져서 그 돈을 벌어야만 했으니까요. 연간 50만 달러는 벌어야지 그보다 낮은 수입으로는 라이프스타일을 유지할 수 없었죠.

그래서 저는 사람들에게 이야기했습니다. '80/20 법칙을 개인의 삶에도 적용해보자. 일터에서 보내는 시간이 중요한 만큼 다른 곳에서 보내는 시간도 중요하다. 상대적으로 짧은 시간에서 대부분의 행복을 얻고 있을지 모른다. 성취감을 느끼고, 시간 가는 줄 모르고 몰입하는 때, 너무 좋아서 아침에 일어나는 것이 행복하다고 느껴질 때는 언제인가? 포커 게임을 할 때일 수도 있고 친구들과 이야기할 때일 수도 있다. 흥미진진한 책을 읽을 때나 영화를 보러 갈 때일 수도 있다. 그중에서도 가장 행복한 때는 언제인가? 가장 큰 행복감을 주는 그 시간을 배로 늘려라.'

이런 얘기도 했죠. '80/20 법칙은 인간관계에도 적용할 수 있다. 80/20 가설에 따르면 만족스러운 관계의 80%는 20%의 인맥에서 나온다. 좀 심한 듯싶어도 이는 엄연한 사실이다. 사람들과 이야기하다가 자기가 정말 싫어하는 사람과 시간을 보내는 경우가 꽤 많다는 사실을 발견했다. 그 사람이 상사라면 가시밭길이 따로 없다. 부서를 옮기거나 회사를 옮기는 방법밖에 없을 테니까. 이보다 단순한 경우도 있다. 가령 당신의 배우자가 좋아하는 사람들이지만 당신은 그들이 너무 싫다. 그래서 정말 함께하고 싶지 않은 이웃이나 그들의 가족들과 많은 시간을 보내게 된다. 당신은 다른 일을 하면서 시간을 보내고 싶지만 말할 수 없다.'

그런 사람들에게는 이렇게 얘기합니다. '그런 일에는 좀 단호한 태도를 보이는 게 좋습니다.' 제가 최근에 다시 읽고 있는 책에 행복에 관해 이야기하는 장이 있습니다. 내용이 꽤 괜찮더라고요. 다소 난해하고 무미건조한 경제 법칙을 삶의 다른 영역에도 적용할 수 있는지 고찰하는 내용이에요. 거기서 '행복 섬happiness islands'이라는 개념을 생각해냈습니다. 삶의 작은 부분을 구성하지만 아주 커다란 만족감을 안겨주는 곳을 말합니다. 그래서 전 이렇게 얘기해요. '우리는 행복 섬에 살면서 가능하면 이를 '행복 대륙'으로 만들려고 노력해야 한다. 일터에서 특별히 좋아하는 유형의 일이 있다면 그런 종류의 업무에 온전히 시간을 할애할 수 있는 위치에 오르도록 노력해라.'

저는 80/20 법칙이 여러모로, 미하이 칙센트미하이Mihaly Csikszentmihalyi가 창시한 '몰입Flow' 이론의 아마추어적 해석이라고 생각합니다. 80/20 법칙은 한 페이지에 압축해서 담을 수 있어요. '몰입'에 관한 내용도 한 페이지에 모두 담을 수 있다고 생각합니다. 정말이지 굉장한 이론입니다. 제가 말하고자 하는 바를 좀 더 세련되게 설명하고 있거든요. 몰입 이론에서도 돈, 일, 행복과 같은 여러 주제를 다뤘습니다. 저는 그 법칙을 비즈니스 영역뿐만 아니라 개인 생활에도 적용할 수 있도록 재해석한 것입니다. 그리고 진짜로 유용하고, 머릿속에 담아둘 만한 핵심 몇 가지를 이야기하려고 노력했습니다. 페리스 씨가 하는 일도 그렇지 않나요?

팀 페리스 맞습니다. 저도 핵심을 전달하려고 노력하고 있어요. 제 책장에서 가장 눈에 잘 띄는 자리에 『80/20 법칙』을 꽂아두고 항상 그 점을 되새기고 있습니다.

인터뷰 전문 -https://tim.blog/2020/09/29/richard-koch-transcript/

회의적이고 비관적인 생각은 버려라. 부정적인 생각은 긍정적인 생각과 마찬가지로 자기실현적인 경향이 있다. 진보에 대한 믿음을 되찾아야 한다. 미래는 이미 우리 곁에 와 있다. 기업식 농업, 산업, 서비스, 교육, 인공지능, 의학, 물리학을 비롯한 모든 과학 분야의 눈부신 성과뿐 아니라 사회 및 정치 실험에서도 이전에는 상상도 할 수 없었던 목표가 초과달성되고 새로운 목표가 줄줄이 달성되고 있지 않은가.

80/20 법칙을 명심하라. 진보는 언제나 과거에 받아들여졌던 상한선이 모두의 하한선이 될 수 있다는 사실을 증명하는 소수의 사람과 조직된 자원에서 나온다. 진보에는 엘리트가 필요하지만, 그 엘리트는 사회에 대한 봉사와 명예를 중시하며 모두를 위해 기꺼이 재능을 내놓을 줄 아는 엘리트여야 한다. 탁월한 성취와 성공적인 실험의 결과를 공유하고, 기득권층이 세운 구조를 허물고, 소수의 특권층만 누리던 기회와 혜택을 모두가 누릴 수 있도록 확대하는 것이 진보다. 조지 버나드 쇼가 말했듯이 무

엇보다 진보는 비합리적인 것을 요구하는 사람들에게 달려 있다. 80%를 생산하는 20%를 찾아 우리에게 소중한 가치를 배가하고자 노력해야 한다. 현재의 역량을 뛰어넘고 싶다면, 즉 진보를 이루려면 소수가 달성한 성취를 파악하고 그것이 모두를 위한 최소한의 기준이 되도록 만들어야 한다.

80/20 법칙의 가장 큰 장점은 다른 사람을 기다릴 필요가 없다는 점이다. 직장과 개인 생활에서 곧바로 실천할 수 있다. 작지만 중요한 성취, 행복, 타인에게 봉사하는 시간을 삶의 더 큰 부분으로 만들 수 있다. 긍정적인 경험은 배로 늘리고 부정적인 경험은 최소화하라. 무의미하고 가치가 낮은 활동을 파악해 쓸모없는 거죽을 하나씩 벗겨나가라. 성격, 작업방식, 라이프스타일, 인간관계에서 들이는 시간과 에너지에 비해 큰 가치가 있는 부분을 찾아내 분리하고, 용기와 결단력을 발휘해 그 가치를 배가하라. 그러면 당신은 더 나은 사람, 더 유능하고 더 행복한 사람이 될 수 있다. 그리고 한발 더 나아가 다른 사람들도 당신과 같은 삶을 살 수 있도록 도와라.

먼저 이 책의 아이디어를 처음 제안해준 마크 앨린에게 감사를 표한다.

두 번째로는 이 책에 많은 지적 노력을 기울여준 니콜라스 브리얼리에게 감사하며, 이 책이 그의 출판사에 도움이 되기를 진심으로 바란다! 폰 만슈타인의 법칙(7장 참조)에 따르면 니콜라스처럼 영리하면서 근면한 사람은 영리하면서 게으른 사람만큼 성공하지 못한다. 진정한 스타가 되려면 니콜라스는 하는 일을 훨씬 줄여야 한다. 만약 그가 출판하는 책의 수를 절반으로 줄이고, 거기에 모든 노력을 기울인다면 지금보다 월등히 많은 돈을 벌 수 있을 거라고 생각한다.

샐리 랜스델 영Sally Lansdell Yeung은 이 책의 구조와 텍스트를 정돈하는 작업을 함께한 '세 번째 사람'이다. 그녀는 누가 봐도 재능 넘치는 발행인이다.

다음으로 감사할 사람은 이 책의 자료조사를 맡았던 닉 우스터링크Nick Oosterlinck로 1897년부터 1997년까지 80/20 법칙의 역사를 재구성하는 작업을 훌륭하게 해냈다. 지금은 어떻게 지내는지 모르지만, 연락이 닿아 그가 좋아하는 샴페인을 대접할 수 있다면 더없이 기쁘겠다. 또한, 파레토의 법칙을 정립한 파레토뿐만 아니라 그 법칙을 더욱 정교하게 발전시킨 주란, 지프, 크루그먼, 1960년대 IBM에서 근무했던 이름 없는 영웅들에게 감사를 표한다. 80/20 법칙에 관한 글을 잡지에 기고해준 각계각층의 여러분에게도 감사를 드린다. 이분들의 글은 80/20 법칙을 활용할 수 있는 방법에 대한 증거로 광범위하게 인용하려고 노력했다. 참고문헌에서 사의를 표하려고 최선을 다했지만, 혹여 누락된 부분이 있더라도 너그러이 이해해주시고 향후 개정판에서 수정할 수 있도록 제보해주시길 바란다. 버밍엄 대학교 경영대학원에서 경영 경제학 및 비즈니스 전략을 강의하신 데이비드 파커David Parker 교수님에게 특별한 감사의 마음을 전한다. 카오스 이론을 비즈니스 전략에 적용하는 방법에 관한 그의 연구는 뛰어난 통찰로 가득하며, 그중 많은 부분을 실제 현실에서 유용하게 활용할 수 있었다.

신봉자에게는 신뢰할 수 있는 회의론자가 필요한 법이다. 회의론자 역할을 훌륭하게 수행해준 패트릭 위버Patrick Weaver와 리 뎀시Lee Dempsey에게도 감사를 전한다.

마지막으로 이 책을 홍보하면서 뉴욕 타임스 베스트셀러 1위 작가이자 팀 페리스 쇼의 스타 진행자인 팀 페리스에게 큰 신세를 졌다. 아무런 금전적 대가도 바라지 않고, 최고 인기 팟캐스트 프로그램에 무명이나 다름없는 나를 초대해 80/20 법칙, 도박의 기술 등 다양한 주제로 토론할 기회를 주었다. 팀은 자신의 베스트셀러 저서 『나는 4시간만 일한다The 4-Hour Workweek』에서 80/20 법칙에 관해 썼으며, 여러분의 두 손에 들린(또는 오디오북으로 듣고 있는) 이 책을 부단히 알려왔다. 왜 그렇게 열심일까? 이 책이 여러분에게 도움이 될 뿐 아니라 아마도 그가 장려하는 '성과를 기반으로 한 생활'을 꾸려나갈 수 있게 한다고 믿기 때문일 것이다. 물론 책을 읽는 데서 그치지 않고 실생활에서 활용해야 한다. 수백만 명의 사람들이 80/20 법칙을 활용한다면(이미 실천하고 있는 사람들도 있겠지만) 더 나은 세상, 더 행복한 세상이 될 것이다. 모든 것은 여러분의 손에 달려 있다. 책을 읽어주신 독자분들에게 감사드리며, 여러분의 삶이 좀 더 짜릿하고 충만한 삶이 되기를 기원한다.

THE **80**
20

주와 참고문헌

1장 성공의 비밀

1. Josef Steindl, Random Processes and the Growth of Firms: A Study of the Pareto Law, London: Charles Griffin, 1965, p.18.
2. 연구 과정에서 80/20 법칙을 언급하는 많은 단편기사들을 발견할 수 있었으나, 이에 관한 서적을 찾는 데는 실패했다. 만일 출판되지 않은 학술논문일지라도 80/20 법칙에 대한 책이 존재한다면 독자 여러분들이 알려주시길 바란다. 최근에 출판된 책 한 권이 비록 80/20 법칙 자체에 대한 것은 아니지만 그 중요성에 대해 언급하고 있다. John J. Cotter의 The 20% Solution(Chichester: John Wiley, 1995)은 서문(p.19)에서 올바른 해답을 제시하고 있다. '하는 일 중 미래의 성공에 가장 많이 기여할 20%를 파악하고 시간과 에너지를 그 20%에 투자하라.' Cotter는 파레토에 대해 잠시 언급하고 있으나(p.21) 서문을 제외하면 파레토나 80/20 법칙은 나오지 않으며 파레토는 색인에조차 등장하지 않는다. 많은 저자들과 마찬가지로 Cotter는 80/20 법칙 자체를 파레토의 공으로 돌리는 시대착오적인 실수를 하고 있다. '빌프레도 파레토는 프랑스인 경제학자로 기업 수익의 80%가 고객의 20%에서 얻어지는 것처럼, 대부분 상황의 요인 중 20%가 결과의 80%를 초래한다는 사실을 100년 전에 관찰했다. 그는 이를 파레토의 법칙이라 불렀다.'(p.21) 사실 파레토는 '80/20' 또는 이와 비슷한 표현을 쓴 적이 없다. 그가 '법칙'이라 부른 것은 실제로는 주 4에 제시된 것처럼 수학 공식이었으며 우리가 현재 알고 있는 80/20 법칙의 궁극적인 근원이긴 하지만 조금 다른 성격을 갖고 있다.
3. The Economist, Living with the Car, The Economist, 22 June, 1996, p.8.
4. Vilfredo Pareto, Cours d'Economique Politique, Lausanne University.
    일반적인 통설과 달리 파레토는 수입 불균형에 대한 논의 또는 그 어떤 곳에서도

'80/20'이라는 표현을 쓴 일이 없다. 그는 노동인구의 20%가 수입의 80%를 얻는다는 단순한 관찰조차 하지 않았다. 파레토가 발견하여 그와 그 제자들을 흥분시킨 사실은 고소득자들과 그들이 향유한 총수입의 백분율 간에 나타나는 일정한 관계였다. 이 관계는 일정한 대수법칙을 따랐으며 한 나라의 어떤 시기를 예로 들어도 비슷한 결과를 나타냈다.

그 공식은 다음과 같다. N을 x보다 높은 수입을 올리는 수입자들의 숫자라고 하고 A와 x는 상수라고 하자. $\log N = \log A + m \log x$

5. 파레토나 그 제자들이 안타깝게도 한 세대가 지나도록 이를 단순화하지 못했다는 사실은 염두에 두어야 한다. 하지만 이는 그의 방법을 합리적으로 추론한 것이며 파레토 자신이 제시한 설명보다 훨씬 더 접근하기 쉽다.

6. 특히 하버드 대학이 파레토를 높이 평가한 듯하다. 언어학에 끼친 지프(Zipf)의 영향을 제외하고도 경제학과의 교수들은 '파레토의 법칙'에 대해 매우 높은 평가를 내렸다. 이에 대한 가장 뛰어난 설명을 보려면 파레토가 Quarterly Journal of Economics(Vol.LXIII, No.2, May 1949)에 기고한 글을 참조하라.

7. 지프의 법칙에 대한 훌륭한 설명을 보려면 Paul Krugman의 The Self-Organizing Economy(Cambridge, Mass: Blackwell, 1996, p.39)를 참조하라.

8. Joseph Moses Juran, Quality Control Handbook, New York: McGraw-Hill, 1951, pp.38~39. 이는 초판인데 2,000쪽이 넘는 가장 최근 판과 비교하면 고작 700쪽에 지나지 않는다. 주란은 '파레토의 법칙'을 분명히 언급하고 그 중요성도 올바르게 제시하고 있지만 초판에서는 80/20이라는 개념을 쓰지 않고 있음을 염두에 두자.

9. 이는 2020년 10월 8일에 이메일로 받은 영국 킬 대학교(Keele University) 스티븐 새들러(Steven Sadler) 박사의 미발표 박사학위 논문을 참조한 것이다. 'A canon of collaboration: an interdisciplinary study of literary value as an individual experience', 정보를 제공해주신 새들러 박사님께 감사드린다.

10. Paul Krugman, 앞의 책, 주 7.

11. Malcolm Gladwell, The Tipping Point, New Yorker, 3 June, 1996.

12. Malcolm Gladwell, 같은 책.

13. James Gleik, Chaos: Making a New Science, New York, Little, Brown, 1987.

14. 이에 대해서는 다음의 글을 참조하라.
W. Brian Arthus, Competing Technologies, Increasing Returns, and Lock-In by Historical Events, Economic Journal, Vol.99, March 1989, pp.116~131.

15. George Bernard Shaw, John Adair, Effective Innovation, Pan Books, London, 1996, p.169.

16. James Gleik, 앞서 언급한 주 12의 책에 인용되어 있다.

2장 20은80보다 크다

1. Donella H. Meadows, Dennis L. Meadows, Jorgen Randers, Beyond the Limits, London: Earthscan, 1992, pp.66f.
2. Ronald V. A. Sprout, James H. Weaver, International Distribution of Income: 1960~1987, Working Paper No.159, Department of Economics, American University, Washington DC, May 1991.
3. Health Care Strategic Management, Strategic Planning Futurists Need to be Capitation – Specific and Epidemiological, Health Care Strategic Management, 1 September, 1995.
4. Malcolm Gladwell, The Science of Shopping, New Yorker, 4 November, 1996.
5. Mary Corrigan, Gary Kauppila, Consumer Book Industry Overview and Analysis of the Two Leading Superstore Operators, Chicago, Ill: William Blair & Co., 1996.

3장 자유선언

1. 이 표현은 The Civilized Market(Oxford: Capstone, 1997)의 제2장에서 저자 Ivan Alexander가 진보에 대해 밝힌 그의 생각을 체면 불구하고 훔쳐서 인용한 것이다.
2. Ivan Alexander(1997) The Civilized Market: Corporations, Conviction, and the Real Business of Capitalism: Oxford, Capstone, p. 28.

4장 시간혁명의 7단계

1. Oxford Book of Verse, Oxford: Oxford University Press, 1961, p.216.
2. Hiram B. Smith(1995) The Ten Natural Laws of Time and Life Management, London: Nicholas Brealey, 1995.
    이 책은 가장 훌륭하고 진보적인 시간경영 개념에 관한 지침서다. Smith는 Franklin Corporation에 대해 폭넓게 다뤘지만 이 기업의 몰몬적 기원에 대해서는 상대적으로 덜 다루었다.
3. Charles Handy, The Age of Unreason, Chapter 9, London: Random House, 1969. 더불어 다음의 책도 참조하라. Charles Handy, The Empty Raincoat, London: Hutchinson, 1994.

4. William Bridges, JobShift: How to Prosper in a Workplace without a Job, Reading, Mass: Addison-Wesley/London: Nicholas Brealey, 1995. Bridges는 대형조직의 전임채용은 관례보다는 예외가 될 것이며 'job'의 의미는 'task'라는 원래의 뜻으로 돌아갈 것이라고 강력히 주장하고 있다.

5. Roy Jenkins, Gladstone, London: Macmillan, 1995.

6장 좋은 인맥을 만드는 80/20 법칙

1. Donald O. Clifton, Paula Nelson, Play to Your Strengths, London: Piatkus, 1992.

2. Re/Search Magazine(San Francisco, October 1989, pp.21~22)에 실린 J. G. Ballard의 인터뷰.

3. 성 바울은 아마 기독교의 성공에 있어 역사상의 예수보다 더 중요한 의미를 가질 것이다. 바울 때문에 로마는 기독교를 우호적으로 받아들이게 되었다. 성 베드로와 나머지 대부분의 사도들이 심하게 거부했던 이런 수단을 취하지 않았다면 기독교는 세상에 잘 알려지지 않은 종파로 남았을 것이다.

4. Vilfredo Pareto(1968), The Rise and Fall of Elites(intr. Han L. Zetterberg, New York: Arno Press, 1968)를 참조하라. 1901년에 이탈리아에서 초판 발간된 이 책은 파레토의 후기 저서들보다 사회학에 대한 그의 더 짧고 훌륭한 서술을 담고 있다. 파레토를 '부르주아적 칼 마르크스'라고 칭한 것은 사회주의 신문 「아반티(Avanti)」가 1923년에 실은 추모기사에서 그를 이와 같이 간접적으로 칭찬한 데서 비롯되었다. 파레토는 마르크스와 마찬가지로 행동 양식을 결정하는 데 있어 계급과 이데올로기의 중요성을 강조했기 때문에 이는 적절한 표현이라고 할 수 있을 것이다.

5. 음악과 시각예술은 아마 제외될 것이다. 하지만 이 분야에서도 일반적으로 인식되는 범위보다 협조관계가 더 중요할 수 있다.

7장 꿈을 성취하는 11가지 방법

1. Robert Frank와 Philip Cook의 The Winner-Take-All Society(New York: Free Press, 1995)를 참조하라. 80/20이라는 표현을 사용하진 않지만 저자들은 확실히 80/20과 비슷한 법칙의 작용을 이야기하면서, 이처럼 불균형적인 성과를 수반하는 낭비를 매우 개탄하고 있다. 내가 이 부분에서 광범위하게 사용한 이 책에 대한 논평은 「이코노미스트(The Economist)」(25 November 1995, p.134)에 실린 통찰력 있는 에세이를 참조하라. 「이코노미스트」에 실린 글을 보면 1980년대 초 시카고 대학의

Sherwin Rose가 스타들의 경제학에 대해 두어 편의 논문을 썼다는 사실을 떠올릴 수 있다.

2.   Richard Koch의 The Financial Times Guide to Strategy(London: Pitman, 2021, pp.17~30)을 참조하라.

3.   G. W. F. Hegel, trans. T. M. Knox, Hegel's Philosophy of Right, Oxford: Oxford University Press, 1953.

4.   Louis S. Richman의 The New Worker Elite(Fortune, 22 August 1994, pp.44~50)을 참조하라.

5.   이 경향은 경영자들이 너무 많다고 판단되고 효율적인 기업에서는 '행동하는 사람'의 자리만 있다는 '경영의 종말'의 한 부분이다. 이에 대해서는 앞서 인용한 Richard Koch, Ian Godden의 책 제3장, 주12를 참조하라.

8장 돈을 버는 투자 10계명

1.   다음에 제시될 것은 매우 단순화된 경우다. 진지하게 개인투자를 해볼 사람은 다음을 참조하기 바란다. Richard Koch, Selecting Shares that Perform, London: Pitman, 1994, 1997.

2.   BZW Equity and Gilt Study, London: BZW, 1993.에 기반을 두었다. Richard Koch의 같은 책 p.3.도 참조하라.

3.   앞서 인용한 빌프레도 파레토의 책.

4.   Janet Lowe와 Benjamin Graham의 The Dean of Wall Street(London: Pitman, 1995)를 참조하라.

5.   이전 해 발표된 수입에 기반을 두는 역사적인 P/E 외에도 주식 시장 분석가들이 추정한 미래수입에 기반을 두고 예상하는 P/E가 있다. 만일 수입이 오르리라 추정될 경우 예상되는 P/E는 역사적인 P/E보다 낮게 나타나기 때문에 주식이 싸다고 느껴질 것이다. 예상되는 P/E는 경험 많은 투자자들이 생각해야 할 부분이지만 추정했던 수입이 실현되지 않을 수 있고 또 실제로도 그렇기 때문에 잠재적 위험이 있다. P/E와 관련된 보다 자세한 논의에 대해서는 앞서 인용한 Richard Koch(주 1을 보라)의 책을 참조하라(pp.108~112).

6.   현재 나는 매슈 스태퍼드와 계약 관계에 있고, 나인아더스와 진행 중인 일은 없다.

7.   Peter Thiel의 『제로 투 원』, 제이슨 칼라카니스의 『Angel』, Brad Feld와 Jason Mendelson의 『Venture Deals』, 그리고 대차대조표를 읽는 데 자신이 없다면 Anthony Rice의 『Accounts Demystified』를 추천한다. 인터넷에도 엔젤투자에 관한 유용한 자료가 풍부하다.

9장 행복으로 가는 7가지 습관

1. 이는 Daniel Goleman의 Emotional Intelligence(London: Bloomsbury, 1995, p.179)에서 인용된 의미심장한장 제목이다.

2. Steve Jones 교수의 책 In the Blood: God, Genes and Destiny(London: Harper Collins, 1996)를 인용한 Dr. Dorothy Rowe의 The Escape from Depression (Independent on Sunday(London), 31 March, 1996, p.14)을 참조하라.

3. Dr. Peter Fenwick, The Dynamics of Change, Independent on Sunday(London), 17 March, 1996, p.9.

4. 앞서 인용한 Ivan Alexander의 책(제3장 주1를 보라), 제4장.

5. 앞서 인용한 Daniel Goleman의 책(주1을 보라), p.34.

6. 같은 책, p.36.

7. 같은 책, p.246.

8. 같은 책, pp.6~7.

9. 앞서 인용한 Peter Fenwick의 책(주 3을 보라), p.10.

10. 앞서 인용한 Goleman의 책(주 1을 보라)에 인용되었다(p.87).

11. 같은 책, p.179.

12. 나는 다음과 같은 80/20 법칙의 매우 중요한 작용을 지적한 친구 Patrice Trequisser에게 감사의 뜻을 표한다. 사람은 몇 초 만에 사랑에 빠질 수 있고 이는 나머지 인생에 지배적인 영향을 끼칠 수 있다. Patrice는 25년 전 첫눈에 사랑에 빠져 지금까지 행복한 결혼생활을 하고 있기 때문에 내 경고를 받아들이지 않았다. 하지만 이 사람 역시 프랑스인이다.

13. Ed Diener(2005) Income and happiness, http://www.psychologicalscience. org/observer/income-and-happiness, 24 April 2005, pp 1~2.

14. Betsey Stevenson and Justin Wolfers(2013) Subjective well being and income: is there any evidence of satiation?', NBER Working Paper 18992, Cambridge, MA, https://www.nber.org/papers/w18992 www.nber.org/papers/w18992, April 2013, Abstract(p 0) and p. 16

10장 당신의 숨겨진 친구

1. Quoted in Joseph Murphy, The Power of Your Subconscious Mind, Radford, VA: Wilder Publications, 1963, 2007, p.29.

2. Quoted in Leonard Trilling, Sincerity and Authenticity, Cambridge MA:

University of Harvard Press, 1972, p.5.

3. Henri F. Ellenberger, The Discovery of the Unconscious: The History and Evolution of Dynamic Psychiatry, New York: Basic Books, 1970, 1981.

4. Sigmund Freud, The Question of Lay Analysis, New York: W. W. Norton & Co., 1927, 1990.

5. Carl Jung, Man and His Symbols, Brooklyn, New York: Laurel Press, 1964, 1997, p.37.

6. Marshall McLuhan, Understanding Media: The Extensions of Man, London: Routledge, 1964, 1993.

7. Joseph E. LeDoux, The Emotional Brain: The Mysterious Underpinnings of Emotional Life, New York: Simon & Schuster, 1996, p.302.

8. H. A. Williams, The True Wilderness, Harmondsworth(England): Pelican/ Penguin, 1965, 1968, p.67.

9. Emile Coué, Self-Mastery Through Conscious Autosuggestion, New York: American Library Service, 1922.

10. Harry W. Carpenter, The Genie Within – Your Subconscious Mind: How It Works and How to Use It, Fallbrook(California): Harry Carpenter Publishing, 2011, p.74.

11. Nancy C. Andreasen, The Creative Brain: The Science of Genius, New York: Plum, 2006, p.44.

12. Alan J. Rocke, Image and Reality: Kekulé, Kopp, and the Scientific Investigation, Chicago: University of Chicago Press, 2010.

13. John Reed, From Alchemy to Chemistry, Mineola, New York: Dover Publications, 1957, 2013, pp.179~80.

14. Watt를 제외한 나머지 예들에 대해서는 앞서 인용한 Joseph Murphy의 책 pp.80~82.를, Watt 및 또 다른 예들에 대해서는 역시 앞서 인용한 Harry Carpenter 의 책 pp.120~122.를 참조하라. 출처가 불문명하거나 포장되었거나 과학자들이 만 들어낸 이야기들이라 생각하는 사람도 있겠지만 이 예들의 다수는 사실이고, 이 과 학자들은 새로운 이론을 떠올릴 때 정말로 무의식을 사용했을 것이다.

15. Thomas S. Kuhn, The Structure of Scientific Revolutions, Chicago: University of Chicago Press, 1962, 2012, p.90(emphases added).

16. David Brooks, The Social Animal, New York: Random House, 2011, pp. 244~245.

17. 읽기 쉽고 알찬 최신 신경과학 가이드로는 1) Timothy D. Wilson (2002) Strangers to Ourselves: Discovering the Adaptive Unconscious, Cambridge, MA: The

Belnap Press of Harvard University Press, 2) Leonard Mlodinow, Subliminal: The New Unconscious and What it Teaches Us (2012, 2014), London: Penguin, 3) David Eagleman (2011, 2016) Incognito: The secret lives of the brain, Edinburgh: Canongate가 있다. 난해하긴 하나 좀 더 전문적인 통찰을 원한다면 19 편의 학술 연구 논문 모음집인 Ran R Hassin, James S Uleman, John A Bargh의 (2005) The New Unconscious, New York: Oxford University Press를 참고하라.

18. Matthew Walker(2017) Why We Sleep: The New Science of Sleep and Dreams, London: Penguin, pp 206-34.를 보라.

19. See Nancy C. Andreasen (2005) The Creative Brain: The Science of Genius, New York: Penguin, pp 163-4.를 보라.

20. Wilson, op. cit., pp 159-81.

11장 80/20 법칙으로 성공한 기업들

1. Joseph Moses Juran의 앞서 언급한 책(제1장 주 8을 보라), pp.38~39.

2. Ronald J. Recardo, Strategic Quality Management: Turning the Spotlight on Strategies as well as Tactical Issues, National Productivity Review, 22 March, 1994.

3. Niklas Von Daehne, The New Turnaround, Success, 1 April, 1994.

4. David Lowry, Focusing on Time and Teams to Eliminate Waste at Singo Prize-Winning Ford Electronics, National Productivity Review, 22 March, 1993.

5. Terry Pinnell, Corporate Change Made Easier, PC User, 10 August, 1994.

6. James R. Nagel, TQM and the Pentagon, Industrial Engineering, 1 December, 1994.

7. Chris Vandersluis, Poor Planning Can Sabotage Implementations, Computing Canada, 25 May, 1994.

8. Jeff Holzman, And Then There Were None, Electronics Now, 1 July, 1994.

9. MacWeek, Software Developers Create Modular Applications that Include Low Prices and Core Functions, MacWeek, 17 January, 1994.

10. Barbara Quint, What's Your Problem?, Information Today, 1 January, 1995.

11. Richard Koch, Ian Godden이 쓴 Managing Without Management(London: Ncholas Brealey, 1996) 중 특히 제6장(pp.96~109)를 보라.

12. Peter Drucker, Managing in a Time of Great Change, London, Butterworth-

Heinemann, 1995, pp.96f.

13. Richard Koch, Ian Godden의 앞서 인용한 책(주 12를 보라)의 제6장과 p.159를 보라.

13장 80/20이란 단순화의 힘

1. Henry Ford, Ford on Management, intr. Ronnie Lessem, Oxford: Blackwell, 1991, pp.10, 141, 148. Henry Ford의 My Life and Work(1922)와 My Philosophy of Industry(1929)의 신판.

2. Gunter Rommel, Simplicity Wins, Cambridge, MA: Harvard Business School Press, 1996.

3. George Elliott, Ronald G. Evans, Bruce Gardiner, Managing Cost: Transatlantic Lessons, Management Review, June, 1996.

4. Richard Koch, Ian Godden, 앞의 책(제11장 주 12를 보라).

5. Carol Casper, Wholesale Changes, US Distribution Journal, 15 March, 1994.

6. Ted R. Compton, Using Activity-Based Costing in Your Organization, Journal of Systems Management, 1 March, 1994.

14장 핵심 고객을 확보하는 4단계

1. Vin Manaktala, Marketing: the Seven Deadly Sins, Journal of Accountancy, 1 September, 1994.

2. 20세기 초반의 몇몇 중추적 기업가들이 이상주의와 능력으로 이룬, 의도적이고 성공적인 사회변화를 잊기 쉽다.
   이들은 가난이 널리 퍼져 있기는 하지만 없앨 수 있다는 주장을 폈다. 여기에서 다시 헨리 포드를 예로 들 수 있다. '보다 비참한 형태의 가난과 빈곤을 없애야 하는 의무는 쉽게 수행할 수 있다. 지구는 너무나도 비옥하기 때문에 음식, 의복, 일자리와 여가가 충분할 수 있다.' 그가 쓴 Ford on Management(intr. Ronnie Lessem, Oxford: Blackwell, 1991, pp.10, 141)를 보라. 나는 그 첫 장에서 내가 빌린 이 논점과 다른 여러 주안점들을 제시한 The Civilized Market(Oxford: Capstone, 1997)의 초고를 보여준 저자 Ivan Alexander에게 깊은 감사의 뜻을 표한다.

3. Ivan Alexander의 같은 책 참조.

4. Michael Slezak의 Drawing Fine Lines in Lipsticks(Supermarket News, 11 March,

1994)에서 인용했다.

5. Mark Stevens, Take a Good Look at Company Blind Spots, Star-Tribune(Twin cities), 7 November, 1994.

6. John S. Harrison, Can Mid-sized LECs Succeed in Tomorrow's Competitive Marketplace?, Telephony, 17 January, 1994.

7. Ginger Trumfio, Relationship Builders: Contract Management, Sales & Marketing Management, 1 February, 1995.

8. Sidney A. Friedman의 Building a Super Agency of the Future(National Underwriter Life and Health, 27 March, 1995)에 인용된 보험회사 컨설턴트 댄 설리번이다.

9. 특정 사업과 기업에 대한 많은 기사들이 이를 입증하고 있다. Brian T. Majeski의 The Scarcity of Quality Sales Employees(The Music Trades, 1 November, 1994) 등을 참조하라.

10. Harvey Mackay, We Sometimes Lose Sight of How Success Is Gained, The Sacramento Bee, 5 November, 1995.

11. The Music Trades, How Much Do Salespeople Make?, The Music Trades, 1 November, 1994.

12. Robert E. Sanders, The Pareto Principle, Its Use and Abuse, Journal of Consumer Marketing, Vol.4, Issue 1, Winter, 1987, pp.47~50.

15장 성공으로 가는 10가지 포인트

1. Peter B. Suskind, Warehouse Operations: Don't Leave Well Alone, IIE Solutions, 1 August, 1995.

2. Gary Forger, How More Date + Less Handling = Smart Warehousing, Modern Materials Handling, 1 April, 1994.

3. Robin Field, Branded Consumer Products, in James Morton(ed.), The Global guide to Investing, London: FT/Pitman, 1995, pp.471f.

4. Ray Kulwiec, Shelving for Parts and Packages, Modern Materials Handling, 1 July, 1995.

5. Michael J. Earl, David F. Feeny, Is Your CIO Adding Value?, Sloan Management Review, 22 March, 1997.

6. Derek L. Dean, Robert E. Dvorak, Endre Holen, Breaking Through the Barriers to New Systems Development, McKinsey Quarterly, 22 June, 1994.

주와 참고문헌 ● 425

7.　Roger Dawson, Secrets of Power Negotiating, Success, 1 September, 1995.

8.　Orten C. Skinner, Get What You Want through the Fine Art of Negotiation, Medical Laboratory Observer, 1 November, 1991.

17장 80/20 네트워크로 성공하라

1.　이에 대한 식은 다음과 같다.

　　1,000!/(2!×998)=499,500

　　2,000!(2!×1,998!)= 1,999,000

2.　Silicon Valley Insider, 31 March, 2011. 그리고 저자의 계산들이다.

3.　Shaomei Wu, Jake M. Hoffman, Winter A. Mason, and Duncan J. Watts (2011), 'Who Says What to Whom on Twitter', Yahoo Research, http://research. yahoo.com/node/3386, 2012년 9월 28일 검색.

4.　2008년 9월 경제웹진 「매킨지 쿼터리」가 Eric Schmidt와 가진 인터뷰.

5.　Parag Khanna, Connectography: Mapping the Global Network Revolution, London: Weidenfeld & Nicolson, 2016, p.49.

6.　같은 책, p xxii.

7.　Ibid, text at the bottom of illus. 37, pp 246–7.

8.　Ibid.

18장 80/20이 90/10이 될 때

1.　Marshall W. Van Alstyree et al, How Platforms Change Strategy, Harvard Business Review, April 2016, pp.54~60.

2.　Walter Isaacson, Steve Jobs, London: Little, Brown, 2011, pp.402~403.

3.　Ibid., p 403.

4.　The Perry Marshall Marketing Letter (2015), Vol 15, Issue 4, p 11, quoted by kind permission of www.perrymarshall.com.

KI신서11046

80/20 법칙

1판 1쇄 발행 2005년 11월 17일
개정 2판 1쇄 발행 2023년 7월 27일

지은이 리처드 코치 **옮긴이** 공병호
펴낸이 김영곤
펴낸곳 ㈜북이십일 21세기북스

콘텐츠개발본부이사 정지은
정보개발팀장 이리현 **정보개발팀** 강문형 박종수
해외기획팀 최연순
출판마케팅영업본부장 한충희
마케팅팀 한경화 김신우 강효원
출판영업팀 최명열 김다운 김도연
제작팀 이영민 권경민

출판등록 2000년 5월 6일 제406-2003-061호
주소 (10881) 경기도 파주시 회동길 201(문발동)
대표전화 031-955-2100 **팩스** 031-955-2151 **이메일** book21@book21.co.kr

(주)북이십일 경계를 허무는 콘텐츠 리더

21세기북스 채널에서 도서 정보와 다양한 영상자료, 이벤트를 만나세요!
페이스북 facebook.com/jiinpill21 **포스트** post.naver.com/21c_editors
인스타그램 instagram.com/jiinpill21 **홈페이지** www.book21.com
유튜브 youtube.com/book21pub

서울대 가지 않아도 들을 수 있는 명강의! 〈서가명강〉
유튜브, 네이버, 팟캐스트에서 '서가명강'을 검색해보세요!

ⓒ 리처드 코치, 2023

ISBN 979-11-711-7001-2 03320